사라진 시간과 만나는 법

강인욱의 처음 만나는
고고학이라는 세계

강인욱의 처음 만나는 고고학이라는 세계

사라진 시간과 만나는 법

강인욱 지음

김영사

고고학의 세계로 여러분을 초대합니다

매해 가을 학기가 되면 저는 '고고학 연구의 기초'라는 수업을 준비합니다. 고고학이 무엇인지 신입생에게 강의하는 일종의 개론 수업입니다. '개론'이라고 하는 단어에서 느껴지는 이미지는 상반되는 것 같습니다. 뭔가 수많은 전문용어와 수식이 등장하는 딱딱한 수업 같기도 하고, 영화 〈건축학개론〉처럼 일상생활에서는 전혀 알 수 없는 새로운 지식의 세계로 끌고 들어가는 길잡이의 역할도 떠오릅니다.

제가 이 책을 쓰게 된 동기는 바로 고고학을 전공하지 않는 사람들과도 고고학이라는 학문이 지닌 매력, 그리고 그 숨은 의미를 함께 나누고 싶어서입니다. 보통 고고학이라고 하면 과거의 미스터리한 유물과 문명을 밝히는 학문이라고 생각합니다. 하지만 정작 고고학에 입문하면 도저히 이해할 수 없는 기술과 용어가 줄을 잇고, 유물을 두고 상상력은 억제하고 논리적인 생각을 하도록 훈련받습니다. 저는 고고학이라는 학문의 현실을 보여주면서 이 학문을 통해 얻는 우리 삶에 대한 통찰력도 함께 보여주고 싶었습니다. 고고학이라는, 어찌 보면 너무나 특수한 학문에는 다른 분야에서는 느낄 수 없는 새로운 통찰이 있기 때문입니다.

그래서 저는 지난 몇 년간 고고학의 매력을 더 많은 분에게 알리기 위하여 고고학과 관련하여 여러 방송 매체에 출연하고 신문에 기고하고 있습니다. 이것은 우리와 함께 있지만 잘 모르는 분야인 고고학을 알리는 과정이면서, 여러분이 고고학에 대해서 어떻게 생각하는지를 직접 접할 수 있는 기회가 되기도 합니다. 여러 댓글과 반응을 보면 고고학에 대한 많은 일반인의 이해가 참 양면적이라는 생각이 듭니다. 우리 역사와 문화재에 무한한 관심을 보이는 반면에 문화재 발굴 때문에 아파트 등 공사가 지연되어서 우리의 생활을 방해한다는 민원도 넘칩니다. 한마디로 고고학에 대한 '애증'이 느껴지더군요.

얼마 전 방송의 진행자가 저에게 돌발 질문을 했습니다. "고고학을 이해하기 쉬운 개론서가 있으면 추천해주세요." 하지만 저는 금방 답을 할 수 없었습니다. 놀랍지만 사실입니다. 한국에는 해외의 개론서가 여럿 번역되어 있습니다만, 선뜻 생각나는 책이 없었습니다. 미국에서 만든 개론서는 인류학의 맥락에서 파악하는 반면에 중국이나 일본에서 만든 개론서는 다른 접근 방법을 씁니다. 본문에서 설명하겠지만, 고고학은 각 나라마다 서로 다른 전통에서 출발했기 때문에 개론서의 관점도 서로 다릅니다. 한국의 고고학자도 유학을 다녀온 나라에 따라서 고고학을 다르게 바라봅니다. 마이너한 학문이면서도 서로 다르게 꼬였다 보니 그렇지 않아도 어려운 고고학은 더욱 멀게만 느껴지겠지요. 변명이 길어졌습니다만, 한마디로 한국에서는 발굴 현장에 참여할 고고학자가 참조할 개론서는 있습니다. 그렇지만 일반인도 함께 읽을 수 있는 고고학에 대한 친절한 안내서는 아직 없는 셈이지요.

저는 이 책에서 유물과 유적을 넘어서 과연 고고학은 무엇인지 한번 여러분과 함께 생각하고 이야기해보고자 합니다. 전공자만을 위한 개론서가 아닌, 누구나 읽을 수 있도록 전문용어와 기술적인 내용은 최대한 자제하고, 고고학이라는 학문이 무엇인지를 느끼고 이해할 수 있게 구성했습니다.

고고학의 본질은 시간 여행입니다. 현장에서 한 삽을 뜨는 순간, 박물관에서 고대의 유물과 만나는 순간, 그리고 연구실에서 과거 유물이 있는 책을 펴는 순간 우리는 그 시대로 떠나는 시간 여행자입니다. 그 과정이 주는 낭만적인 느낌으로 고고학은 마치 보물찾기라는 인식이 강했던 것도 사실입니다. 하지만 고고학자는 지난 150여 년 동안 과거에 대한 사람들의 관심을 하나의 과학으로 발전시키기 위해서 노력했습니다. 19세기 중반에 '진화론'과 '유물론'이 등장하면서 고고학은 빠르게 발전했습니다. 진화론은 바로 다양한 환경에 적응하고 살아가는 인간의 본질을 말합니다. 우리가 어떠한 유물을 발견했다면 그것은 그 환경에서 적응하고 살고 있었던 누군가가 그 흔적을 남겼다는 것을 의미합니다. 또한 유물론은 이념을 말하는 것이 아닙니다. 물건에 인간의 생활이 남을 수 있다는 것을 의미합니다. 어떤 유물이 발견된 것은 그것을 만든 사람의 흔적이 남아 있고, 또 유물의 연구를 통해서 그것을 만든 사람을 연구할 수 있다는 것을 의미합니다.

이렇듯 유물 속에 숨겨진 인간의 모습을 밝히고 그들이 기후와 환경에 적응해서 살았음을 밝히는 것, 바로 '살아 있음'을 밝히는 것이 고고학입니다. 그렇게 남아 있는 유물을 통해서 우리와 똑같은 사람으로 살았던 과거의 이야기를 구성하는 과정이 바로 고고학입니다. 그 과정은 때로 긴장으로 가득하고 육체적으로도 쉽지 않지만 고고학을 전공하는 사람은 언제나 그 즐거움과 함께 살고 있습니다.

때마침 지난 2021년에 EBS 〈클래스-e〉라는 프로그램에서 10회에 걸쳐서 고고학을 강의할 수 있었습니다. 그리고 김영사와 새 책을 논의하면서 구체화되었습니다. 그 강의를 준비하고 다시 모든 사람이 이해하기 쉽게 자료를 정리하면서 전공자가 아니라 일반인도 쉽게 이해할 수 있는 깊이 있는 교양으로서의 고고학 책을 준비하게 되었습니다. 여기에 평소에 수업을 준비하면서 차분하게 이야기할 수 없었던 고고학을 바라보는 저의 느낌을 곳곳에 넣었습니다.

저에게 고고학은 언제나 그 끝을 모르는 여행과도 같습니다. 매일매일 새로운 유물이 발견되고 그 안에는 과거의 상식을 뒤엎는 새로운 사실이 기다리고 있기 때문입니다. 이제 그 고고학의 세계로 여러분을 모십니다.

차례

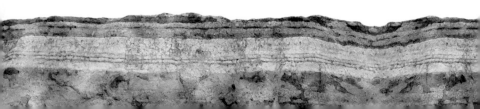

7장 | 가짜와 진짜, 고고학을 바라보는 또 다른 시선

8장 | 고고학, 미래를 꿈꾸다

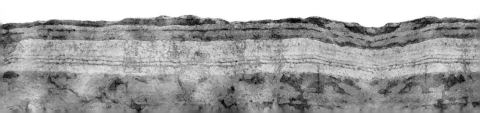

1장

고고학,
익숙하지만 낯선 세계

1 고고考古,
오래된 것을 생각하다

땅을 파서 과거 역사를 연구한다는 생각은 누가 처음 했을까? 모르긴 해도 한 명이 아닐 것이며, 인간이 등장한 이후부터 오래된 전통이었을 것이다. 고고학考古學의 정의는 간단하게 말하면 땅을 파서 유물을 발굴하여 잃어버린 과거 사람들을 연구한다는 뜻이다.

그런데 고고학을 한자 그대로 본다면 '옛것古'을 '생각한다考'는 뜻이다. 고고학이라는 용어는 서양에서 먼저 쓰인 'archaeology'라는 용어를 번역하며 생겨났다. 이 단어는 글자 그대로 '옛것arch'을 연구하는 '학문logos'이라는 뜻이다. 글자 그대로 보면 서양에서도 과거를 연구하는 학문이라는 의미이다. 이 영어 단어를 '考古'라는 말로 번역한 것은 메이지 시절의 일본인들이었다. 당시 일본은 동아시아에서 가장 먼저 서양 문물을 받아들이며 많은 단어를 번역했다. 그 와중에 비슷한 뜻이면 기존에 썼던 말을 재활용하기도 했다. 'Culture'는 《여씨춘추》에 나오는 '문치교화'를 뜻하는 '문화'로 번역했고, 서양의 작위는 동양의 제후들이 받은 작위인 '공·후·백·자·남'을 따서 각각 '공작·후작·백작·자작·남작' 등으로 번역했다. 원래 '考古'라는 단어 역시 전통적으로 중국에서는 《논어》, 《맹자》와 같은 옛 문헌을 읽고 다시 해석한다는 뜻으로 사용되었다. 1990년대 초반 내가 대학원을 다니던 시절에는 인터넷이 없었다. 당시 학과 사무실에 우편으로 배달되는 중국 책의 카탈로그를 보고 주문을 하는 식으로 필요한 자료를 모았다. 워낙 고고학 책이 귀하던 때라 수많은 중국 책에서 考古라는 글자만 보면 일단 주문하고 보는 식이었다. 그런데 막상 받고 보니 고고학이 아니라 읽을 수도 없는 《논어》나 《맹자》의 해석을 달아놓은 책이라 난감했던 기억이 난다.

동서양을 대표하는 考古와 archaeology라는 단어에 고고학을 이해하는 키워드가 숨어 있다. 고고학은 옛날을 제대로 생각하는 것이 목적이지 유물 자체의 화려함이나 값어치를 매기는 학문이 아니라는 뜻이다. 지금도 가끔 내 전공이 골동품의 가치를 매기는 것인 줄 알고 문의를 하는 사람이 있다. 물론 그 유물의 역사적 가치를 평가할 수는 있지만, 값을 매기는 것은 상상할 수 없다.

고고학에 대한 오해

"고고학은 역사학인가?"라는 질문을 던지면 대부분의 사람은 선뜻 이해하지 못할 것 같다. 일반 독자라면 고고학은 당연히 역사학의 일부라고 생각하기 때문이다(이 글을 쓰는 나도 사학과에 속해 있다). 그에 대한 답은 절반은 맞고 절반은 틀리다고 애매하게 답할 수밖에 없다. 과거의 인간을 대상으로 한다는 점에서 고고학은 넓게 본다면 역사학도 될 수 있고, 인류학도 될 수 있다. 물론, 주민의 커다란 이동 없이 한반도에서 계속 살아온 한국인은 자신의 조상을 인류학적 관점에서 본다는 발상에 쉽게 동의하기 어려울 것이다. 신대륙적 관점과 달리 동아시아 전통의 역사 학문의 일부로 고고학을 바라보는 것이 더 합당할 것이다. 그렇다고 고고학을 막연하게 역사의 일부라고 생각하는 것도 큰 오해이다. 우리가 생각하는 역사라는 것은 흔히 《삼국사기》나 《조선왕조실록》 같은 기록, 즉 주로 문헌에 기록된 것만을 대상으로 한다. 기록에 근거한 역사학을 보통 '문헌사'라는 명칭으로 따로 부르기도 한다. 실제로 기록이 역사학에서 대부분을 차지한다. 역사를 전공하는 사람은 기록에 있는 글자 하나하나를 정성과 공을 들여 해석하고 과거를 판단한다.

반면에 고고학은 기본적으로 발굴한 유물을 해석하는 것이 주목적이다. 특정한 역사 기록을 증명하기 위해서 존재하는 것이 아니다. 가끔씩 역사적인 사실을 발견하기도 하지만 극히 일부의 상황에서만 가능하다. 등산으로 비유하면 역사, 인류학, 고고학 모두 하나의 정상을 향해 올라가는 사람과 같다. 다만 각자가 택한 길과 등산 도구가 다를 뿐이다. 다양한 시간과 공간 사이에서 옛날 사람의 모습을 밝히는 것은 똑같다.

천의 얼굴을 가진 학문

고고학은 여러 분야의 학문 범주에 걸쳐 있다. 현재 한국 대학에서 고고학 전공 교수가 있는 곳은 대략 30곳이다. 그런데 순수하게 고고학과라고 하는 경우는 3곳밖에 없다. 그 외에 사학과(이 경우는 고고학 전공이 설치되어 있는 경우만 해당됨), 문화유적학과, 고고미술사학과, 고고인류학과, 인류학과, 문화인류학과, 융합고고학과, 문화재보존학과, 역사고고학과 등 다양하게 나뉘어 있다. 이것은 단순히 고고학자가 명명을 잘못해서가 아니다. 여기에는 고고학을 바라보는 다양한 관점이 반영되어 있다.

고고학을 바라보는 관점은 크게 세 가지로 나뉜다. 먼저 고고학을 역사학의 일부로 보는 관점이다. 아마 한국을 포함한 많은 나라가 견지하는 입장일 것이다. 과거 사람의 삶을 밝히는 과정을 역사학의 일부로 보기 때문이다. 하지만 고고학에 대한 수요가 많아지면 자연스럽게 두 학문은 분리될 수밖에 없다. 고대 역사서를 읽어내는 능력과 실제 현장에서 유물을 발굴하고 그 데이터를 분석하는 일은 너무나 다르기 때문이다.

두 번째 관점으로 역사학과 고고학을 별도의 학문으로 분리하는 관점이 있다. 주로 고고학이 매우 발달한 나라에서 그렇게 한다. 대표적인 나라로 영국이 있다. 그리고 최근에 중국이 국가 차원에서 고고학을 역사학에서 분리시켜서 고고학을 학제상 별도의 항목으로 설치했다. 별것 아닌 것 같지만 이는 고고학을 역사학과 동급으로 생각한다는 뜻이다. 자기 영토 안의 문화재를 국가적으로 발굴하고 조사하는 것을 최고의 가치로 삼겠다는 뜻이다. 최근 몇 년간 고고학에 대한 투자는 상상을 초월한다. 특히 티베트나 신장처럼 근대 이후에 영토로 편입한 지역에 대해서는 엄청난 자본을 투자해서 발굴 조사를 한다. 중국 지린성의 대표 대학인 지린대학은 고고학과에서 한 단계 더 나아가 전 세계 최초로 고고학 단과대학인 고고학원을 만들었다. 지린대학의 고고학원에는 2024년 기준으로 45명의 교수가 근무한다. 2024년 한국에서 박사 학위를 받고 활동하는 고고학자는 250명 내외이며(한국연구재단 인물정보 기준) 한국 전체의 고고학 전공 교수를 다 합쳐도 70명이 되지 않는다. 중국의 고고학에 대한 투자를 짐작할 수 있다.

마지막 세 번째로 미국을 중심으로 한 신대륙에서는 대부분 인류학과 안에 고고학 전공을 편입시킨다. 고고학으로 밝혀내는 역사는 이미 사라져 버린 인류를 밝힌다는 점에서 궁극적으로 인류의 모든 것을 알아가는 학문의 일부라고 생각하기 때문이다. 비교적 역사가 짧은 미국적인 사고가 반영된 것이다. 북아메리카에 백인이 들어와서 활동한 시점은 몇백 년 되지 않는다. 대부분의 고고학적 발견은 그들과 크게 관계가 없는 원주민의 역사였다. 그러니 미국은 고고학을 다른 인간을 연구하는 인류학의 범주에 포함시켰다. 고고학이 대상으로 하는 사람이 현재 미국에 거주하는 대다수 주민들과 문화든 혈연적으로든 거의 관계가 없는 미국에서 지지를 받을 수밖에 없는 관점이다. 한국으로 비유한다면 한국 사람이 아프리카나 호주 같은 지역의 고고학을 연구하는 것과 다름없다. 한국의 많은 대학에서 고고학 전공이 인류학과 같이 있는 이유가 여기에 있다. 심지어 어떤 학교에서는 인문대학이 아니라 사회과학대학에 고고학이 속해 있기도 하다. 일반인은 선뜻 이해하기 어려운 학문적 분류이다. 하지만 해방 이후 다른 학문과 마찬가지로 고고학도 미국에서 공부를 한 연구자가 많았고, 학제도 그 영향을 받아서 현재와 같이 편제가 된 것이다.

'고고미술사'라고 편제가 된 학과 역시 마찬가지이다. 고고미술사학과는 글자 그대로 고고학과 미술사art history라는 두 학문을 함께 공부하는 것이다. 전통적으로 유럽과 20세기 초반 미국 일부의 대학에서 이러한 학과의 편제를 유지했다. 유물의 아름다움을 평가한다는 점에서 고고학과 미술사는 일맥상통한다. 실제로 19세기 후반까지 그리스나 로마의 조각상이나 건축을 발굴하는 데에는 고고학과 미술사적 관점을 모두 필요로 했다. 이에 유럽의 전통적인 학문 체계는 고고학과 미술사가 같이 있고, 그 영향이 한국에도 미쳤다.

한편, 러시아는 미국과 상황이 비슷하다. 러시아는 우랄산맥을 넘어서 시베리아를 지배한 것이 400년 정도밖에 되지 않는다. 하지만 러시아가 택한 방법은 달랐다. 그들은 고고학을 역사학의 범주 안에 두었고, 인류학anthropology이라는 용어 대신에 민족학ethnography이 발달했기 때문에 고고/민족학을 함께 연구하는 경우가 많다.

이렇듯 고고학은 역사학의 범주에 넣는지조차 의견이 다를 정도로 그 실제 적용은 각 나라마다 다르다. 누구나 다 아는 학문이지만 정작 그 학문에 대한 이해는 천차만별이다. 전공자도 많지 않은데 이렇게 중구난방식으로 이해를 하는 것은 지리환경이 다르고 학문으로 형성된 과정도 비교적 짧아서 나라마다 다양하게 적용되기 때문이다. 하지만 과거 물건을 발굴해서 역사를 추적한다는 기본 원리는 모두 동일하다.

1장 고고학, 익숙하지만 낯선 세계

2 과거,
영원한 화두

고고학이라고 하면 황금이나 보물을 찾는 신나는 모험을 떠올린다. 그러나 실제 발굴의 과정은 음침한 남의 무덤을 발굴하는 것과 크게 진배없다. 2024년 개봉해서 흥행몰이를 한 영화 〈파묘〉는 무덤의 이장을 둘러싼 이야기이다. 으스스한 분위기의 영화를 보면서 고고학자에게는 일상적인 무덤을 파는 것이 다른 사람들에게는 공포영화의 소재가 된다는 것에 혼자 쓴웃음이 났다. 이렇게 죽은 자의 영역을 침범하여 그들의 물건을 꺼내 가는 학문이 어떻게 해서 동서양을 막론하고 발달할 수 있었을까. 단순한 호기심 때문만은 아니었다. 인간에게 내재된 본능의 발로였을 가능성이 크다. 바로 과거를 생각하고 그것을 통해서 미래를 예측하는 인류의 진화라는 숙명에 기인한다. 인간이 직립보행을 시작하며 다른 영장류와 다

발굴 현장에서 인골을 조사하는 필자의 모습.

른 진화 과정으로 간 것은 위험한 선택이었다. 상대적으로 두뇌가 발달한 대신에 육체적인 능력은 다른 동물과 비교할 수 없을 정도로 떨어졌기 때문이다. 인류의 진화 과정에서 현재까지 알려진 것만 30여 종의 인류가 살았지만 현생인류를 제외하고 모두 멸종한 것이 그 방증이다. 약점을 극복하고 생존하기 위해서 인간은 동물과 달리 학습을 통해 자신의 미래를 예측하고 대응하고자 했다.

인간은 과거를 통하여 지식을 습득하고 후대에 전달하기 위하여 언어와 함께 주변 현상과 사물을 상징화시키는 방법을 발달시켰다. 인간의 이러한 진화적 습성은 구석기시대 후기에 처음 등장하는, 인간만이 가지는 미술의 특성에서 찾아볼 수 있다. 네안데르탈인은 동굴에 벽화를 그려서 그들이 보고 들었던 사물의 특징을 잘 잡아서 묘사했다. 이러한 장식과 예술의 핵심은 그들을 둘러싼 사물을 상징적으로 묘사하는 것

1장 고고학, 익숙하지만 낯선 세계

이다. 사물을 모방하여 학습하는 습성이 반영된 것이다. 이러한 모방의 습성은 우리의 삶에도 잘 남아 있다. 아이의 소꿉놀이는 끊임없이 어른의 모습을 흉내 낸다. 또한 사람들이 제일 좋아하는 코미디의 기본은 흉내 내기 또는 패러디이다. 코미디언의 그럴듯한 성대모사에 지위고하를 막론하고 폭소를 터뜨리는 이유도 이렇게 다른 사람과 정보를 모방하려는 인간의 습성에 있다.

이러한 대를 잇는 지식의 전달은 언어를 통해서도 이루어졌다. 언어의 시작에 대해서는 학계에 논란이 다소 있지만 적어도 네안데르탈인 단계에서는 상당히 발달된 정보를 전달했을 것이라고 추정된다. 언어로 정보를 전달하면서 대를 잇는 지식은 바로 과거의 정보를 통해서 미래의 불행을 예측하는 식으로 이어졌다. 과거 사람의 앞선 세대 경험을 습득하는 능력은 곧 생존을 가름하는 중요한 덕목이 될 수밖에 없었다. 이 과정에서 사람은 정보를 상징적으로 받아들였고, 그들이 보는 사물을 상징적으로 표현하는 예술품도 만들었다. 동굴벽화와 같은 예술품이 본격적으로 등장하는 4만 년 전부터 이러한 인식이 보인다. 그리고 이때와 동시에 유명한 이라크의 샤니다르Shanidar 동굴 유적과 같이 무덤을 만들었다. 이후 그 뒤를 이어 세계로 확산된 현생인류는 각지에서 지금과 비교해도 전혀 뒤지지 않는 무덤을 만들었다.

이렇게 과거를 꿈꾸는 인간의 본능은 지금까지도 이어지고

폼페이 유적 발굴을 주제로 그린 작품(Girl in the excavations of Pompeii, Filippo Palizzi, 1870).

있다. 고고학의 발달로 옛 사람이 꿈꾸던 찬란한 과거란 없음이 증명되었다고 아무리 이야기해도 사람은 과거를 꿈꾼다. 이러한 과거에 대한 애착은 '타임 슬립'이라는 소재로 대중문화에서 발현된다. 〈시그널〉이나 〈선재 업고 튀어〉와 같은 한국 드라마나 영화는 물론, 〈너의 이름은〉 같은 일본 애니메이션까지 수많은 이야기에서 주인공은 시간을 쉽사리 뛰어넘고 또다른 자아에 동화된다.

보통 타임 슬립이 가지는 포맷은 크게 두 가지이다. 먼저 '미개'한 과거로 간 현대인이 최신의 기술과 정보로 과거 사람들을 압도하는 경우가 있다. 간단한 일기예보와 스포츠게임 결과의 예측으로 현대에서 평범한 능력을 가진 사람이 과거에서는 엄청난 능력자가 될 수 있다. 현실에서는 평범한 사람이 과거로 돌아가서 무소불위의 능력자가 될 수 있다는 것은 상상만 해도 매력적이지 않은가. 영화 〈백 투 더 퓨처〉처럼 미래로 가서 역대 스포츠 경기 기록을 가지고 로또를 사서 돈을 버는 식이다. 또 다른 타임 슬립의 유형은 어두운 지금의 모습을 뒤로 하고 찬란했던 자신의 전성기로 돌아가는 것이다. 자신의 젊은 모습으로 돌아가거나 이미 세상을 떠난 사랑하는 사람과 재회하는 등 가장 행복한 시간을 다시 맛보는 것이다. 이 두 가지의 상반된 관점은 우리가 과거를 바라보는 양면적인 모습이기도 하다.

사실 타임 슬립은 어떠한 드라마보다도 비현실적이다. 우리의 과학이 아무리 발달했어도 시간을 뛰어넘는 기술은 전혀 알려진 게 없다. 그러니 현실성만으로 본다면 말도 안 되는 우연으로 스토리가 이어지는 드라마보다도 더 가능성이 없다. 그럼에도 남녀노소 할 것 없이 타임 슬립을 주제로 한 드라마에 쉽게 감정이입을 하고 인기가 많은 이유는 과거라는 매개체를 통해서 현실에서 도피하고 싶어 하는 인간의 본성 때문이다. 과거를 때로는 찬란하게, 때로는 원시적으로 바라보는 역사에 대한 이중적인 시각은 바로 타임 슬립이라는 포맷에서 주로 등장하는 두 종류의 이야기와 똑같다. 원시시대에 대해 떠올리는 이미지는 상반된 것이 교차된다. 세계사에서 바라보는 인류의 기원은 원숭이와 진배없는 모습을 한 털북숭이 사람이 맹수와 싸우는 불쌍한(?) 모습을 떠올릴 것이다. 반면에 자기 나라의 기원이라면 현명해 보이는 지도자가 태양을 등지며 신천지를 바라보는 듯한 모습으로 묘사된다. 이런 현상은 한국뿐 아니라 전 세계에 공통으로 나타난다. 다른 사람들의 과거는 미개하다고 생각하면서 자기 조상의 과거는 찬란하다고 생각하는 이런 이중성은 바로 타임 슬립 드라마에 비춰지는 우리 모두의 모습이기도 하다.

고대 그리스의 작가 헤시오도스는 시집《일과 날》에서 인간의 역사를 황금의 시대, 은의 시대, 동의 시대로 간주했다. 물론, 황금이나 은을 직접 사용하던 시기는 없었다. 하지만 이런 생각을 하는 것 자체는 바로 과거는 순수하고 행복했으나, 현대로 올수록 삶은 힘들어지고 퇴보한다는 생각의 발로이다. 이런 생각은 고고학이 등장한 이후에도 여전히 영향을 발휘했다. 제2차 세계대전 당시에 히틀러의 측근으로 친위대를 지휘했던 하인리히 힘러Heinrich Luitpold Himmler는 탐험대를 파미르고원과 티베트고원으로 파견해서 순수한 아리안족의 뿌리를 찾고자 했다. 어딘가 신비스러운 산속에는 고대에 위대했던 자신의 조상이 살고 있었으리라는 생각이다.

이렇게 과거를 아름답게 생각하는 것은 인간의 기본적인 성향이다. 사람은 과거 기억에서 안 좋은 것은 금방 잊고 좋은 추억만 남기려 한다. 그리고 지금 내가 살고 있는 때가 가장 힘들다는 생각을 주로 한다.

지금은 고고학이 발달하면서 석기시대-청동기시대-철기시대로 이어짐이 밝혀졌고, 인간의 역사는 기술의 발달과 함께 해온 것으로 바뀌었다. 고대 사람이 황금의 시대를 산 것이 아니라 동굴 속에서 초라하게 불을 피우며 고기를 뜯던 사람이라는 것이 밝혀지면서, 고대는 미개하다는 이미지가 덧붙여졌다. 과거 역사를 원시적이라며 자신의 현재 모습을 위안하거나, 반대로 찬란한 시기로 간주하여 그때로 돌아가자고 주장하거나 하는 과거에 대한 양면적인 인식은 우리의 마음속에서 여전히 자리 잡고 있다. 과거를 미개하게 보든 찬란하게 보든 현실에서 아쉬운 것을 과거에 빗대어서 해소하려는 것은 인간의 자연스러운 감성일 것이다. 타임 슬립 이야기가 꾸준한 인기를 얻고 있는 배경이기도 하다.

인류의 회귀 본능

이런 과거에 대한 인간의 관심은 고고학이 발달하는 원동력
이 되었다. 인간은 고대부터 조상의 물건을 모으고 그것을 해
석하려고 많이 노력했다. 고대 근동의 아시리아나 중국의 춘
추시대부터 과거 유물을 모았다는 기록이 심심치 않게 등장했
다. 서양에서는 15세기경부터 1,000년을 끌어온 중세의 암흑
시대를 끝낼 때에 그리스와 로마의 예술품을 수집해서 품평회
를 하는 모임, 이른바 딜레탕티즘Dilettantism(호고주의)이 유행
했다. 이러한 딜레탕티즘은 근대 고고학의 시초가 되었다. 중
국에서도 상황은 비슷했다. 놀랍게도 지난 2,000년간 동아시
아 정치철학의 근간을 이루었던 공자의 사상이 알려지게 된
것은 그 후손의 발굴에 의한 결과이다. 중국에서는 예술품 대
신에 과거의 책을 다시 찾고자 했다. 한나라 때에 춘추전국시
대 제자백가의 책을 다시 복원하려고 발흥한 '훈고학'을 말한
다. 특히 한나라 경제景帝(기원전 157~141년 재위)의 아들 노공
왕魯恭王이 공자 사당의 벽을 헐다가 과두문자(마치 애벌레가 지
나가는 듯이 흘려서 쓴 옛 글자)로 쓴 다량의 고문서를 발견했다
고 한다. 이것을 공자의 후손 공안국이 사람이 알 수 있는 문
장으로 풀어서 46권으로 정리한 《고문상서》를 펴냈다. 예전
집을 발굴해서 책을 발견했으니, 이것을 본격적인 훈고학의

시작으로 보기도 한다.

 이 이야기가 맞는다면 진시황의 출현과 분서를 예견한 공자의 덕에 지금의 유학이 발달하게 된 셈이니, 정말 극적인 이야기가 아닐 수 없다. 현재 그 실물 죽간은 남아 있는 게 없으며, 발견 당시에도 이 유물을 직접 봤다는 사람은 없다. 고고학적인 관점에서 본다면 나는 벽에서 공자의 책이 발견되었을 가능성은 없다고 생각한다. 진시황의 분서갱유는 공자 활동 이후 약 300년 뒤에 일어난 일이다. 그사이에 한문의 서체가 완벽하게 바뀌었어도 알아보지 못할 리 없다. 지난 100여 년간 발굴된 중국 춘추전국시대의 많은 문자 중에서 해석할 수 없는 글자는 거의 없다. 심지어 5,000년 전의 신석기시대 문자도 해독하는 사람이 있을 정도로 한문은 가독성이 높다. 그럼에도 공안국이 다시 풀어서 번역했다는 점은 상식적으로 납득되지 않는다. 아마도 당시 수많은 해석이 난무하니 자신의 해석에 권위를 높이기 위하여 극적인 이야기가 만들어진 것 같다. 공자 사당에서 발견됐다는 극적인 스토리텔링이 다양한 설이 분분하던 한나라 때에 큰 설득력을 지녔고, 지금까지도 이어지고 있다.

 그렇다면 공자 사당의 벽에 경전이 묻혀 있다는 이야기의 진실은 어떨까? 이제까지 중국에서 수많은 고고학 자료가 발굴되었지만 집 안이나 벽에 경전을 묻었던 흔적은 발견된 바가 없다. 대신에 전국시대부터 한나라 시대에 이르는 시기의 귀족의 무덤에서는 죽간으로 만든 책이 종종 발견된다. 당시는 아직 종이가 발명되기 전이라 모든 책은 죽간으로 만들어졌다. 당시 사람은 죽간을 이어서 만든 책을 둘둘 말아서 보관했다. 때로는 작고 긴 죽간을 통에 담아서 이동 중에 하나씩 뽑아서 읽기도 했다. 책을 쓰고 만드는 것은 비용과 시간이 많이 드는 작업이기 때문에 귀족의 전유물이었다. 실제 전국시대부터 한나라 때까지는 저승에 가서 읽으라고 죽은 귀족이 평소에 즐겨 읽던 죽간을 무덤에 같이 넣었다. 그러므로 벽보다는 무덤에 들어간 죽간을 발굴했을 가능성이 더 높다. 한나라 때에는 이미 도굴이 널리 횡행했다. 초나라 장수 항우는 진시황의 무덤을 도굴하려 했고, 《삼국지》로 유명한 조조도 옛 무덤을 파서 군자금을 마련할 정도였다. 그런 도굴 과정에서 죽간은 심심치 않게 나왔을 것이다. 다양한 경로로 다시 세상에 나온 죽간은 서로 정통성을 내세웠고, 그중에서도 공자의 후손이 인정한 공자 사당에서 나온 죽간이라는 후대의 이야기와 해석이 덧붙여져서 한나라 대에 널리 퍼졌을 것이다.

실제로 고고학자도 완전히 사라져 버린 책을 발굴하기도 한다. 1972년 문화혁명의 서슬이 시퍼렇던 중국에서 우연히 산둥성 린이현의 인췌산銀雀山에서 발굴된 한나라 무덤에서 죽간이 발견된 적이 있다. 분석 결과 대부분 병법서였다. 아마 무덤의 주인은 군사와 관계된 일을 하거나, 아니면 요즘 말로 '밀리터리 애호가'였을지 모르겠다. 그런데 그 죽간 중 일부는 그

인췌산에서 《손빈병법》이 발견되는 장면.

동안 전해지지 않았던,《손자병법》으로 유명한 손무孫武의 손자인 손빈孫臏이 쓴《손빈병법》이었다. 손빈 역시 할아버지와 마찬가지로 군사전략가의 길을 걸었고, 자신의 병법을 남겼다는 기록은 있다. 하지만 이제까지 전해진 것이 없었기 때문에 막연히 할아버지의 책을 증보해서 자신의 이름을 붙인 것으로 추정했었다. 손빈에 대한 오해는 그가 죽고 나서 2,500년이 지나서야 풀렸다.

아마 한나라 때에 훈고학이 발달하면서 무덤을 도굴하면 이런 고대의 지혜를 담아놓은 죽간이 비싸게 거래되었을 것이다. 그중에는 가짜도 많았을 것이고, 여러 사람의 손을 거치면서 몇 차례에 걸쳐서 후대에 덧붙여진 책도 한두 개가 아니었다. 여하튼 한나라 때 훈고학이 발달하는 데에는 이러한 고대의 무덤을 발굴해서 사라져 버린 고대의 지혜를 얻는다는 인식이 널리 퍼져 있었다는 점이 중요하다. 즉 과거 유물은 고대의 잃어버린 지혜를 찾는 주요한 도구가 되었다.

한국과 일본에서도 이런 골동품을 모은 흔적이 있다. 비파형동검이 엉뚱하게 신라시대 주거지에서 나오는 경우도 있고, 백제시대 주거지에서 비파형동검문화 시기의 청동 도끼가 나오기도 한다. 일본 홋카이도 치토세의 조몬繩文시대 주거지에서는 백악기의 화석유물 암모나이트가 발견되기도 했다. 그런데 치토세 근처에는 암모나이트 산지가 없다. 멀리서 교역을 해야만 가져올 수 있는 것이니, 특별히 수집했다는 것을 의미한다. 이렇듯 동서양을 막론하고 과거 사람은 옛것을 수집하고 그것을 소중히 했다. 과거에 대한 호기심과 함께 조상 숭배를 통해서 자신의 정체성을 찾으려는 노력의 발로였다.

이렇듯 '과거'는 단순히 지나간 이야기가 아니라 우리의 삶을 지탱해가는 지식의 원천이기에 사람은 언제나 과거를 알고 싶어 했다. 고고학은 갑자기 탄생한 것이 아니었다. 인류의 영원한 화두, 과거라는 인류 공통의 관심이 만들어낸 학문이다.

유토피아에 대한 향수

몇 년 전에 봉준호 감독의 〈설국열차〉라는 영화가 크게 흥행한 적이 있다. 주요한 이야기는 인간의 과욕으로 다시 빙하기가 도래한 지구 위에 유일하게 생존한 사람들이 열차를 타고 궤도를 무한히 돈다는 내용이다. 영화는 프랑스에서 출판된 동명의 만화를 각색한 것이다. 원작에서는 세 개의 이야기가 엮여서 디스토피아 시대의 '노아의 방주'에 탄 군상을 그렸다. 인간의 전쟁으로 지구가 한랭화되고 그 안에서 생존한 사람이 미래가 불투명한 상태에서 목적 없는 여행을 계속한다. 그들에게 남겨진 희망은 다시 이전처럼 땅에서 사는 것이고, 희미하게 전파에 잡힌 음악을 찾아 사생결단으로 궤도 이탈을 해서 마지막 모험을 한다는 내용이다.

설국열차라는 디스토피아적 상황에서 인간은 과거의 따뜻했던 지구를 갈망하고, 그들의 바람과 기대는 고고학적으로 표출된다. 인간이 스스로 환경을 파괴하고, 미래에 대한 확신이 없이 갈수록 생활은 비참해지는 상황이다. 이럴 때에 사람들은 과거에 의지하고 과거를 열망한다. 이 만화에 등장하는 고위층에 속하는 어떤 신부님은 과거의 유물을 기를 쓰고 모으고, 남아 있는 과거의 영화나 영상을 보는 것을 낙으로 삼는다. 이러한 광경은 바로 고고학의 시초인 딜레탕티즘과 맞닿는다. 고대 그리스 이래로 19세기까지는 고대 사회를 찬란한 유토피아로, 현실을 디스토피아로 묘사했다. 즉 고고학은 찬란한 과거로 돌아가고자 하는 몸부림이었다.

토머스 모어Thomas More는 《유토피아》라는 책에서 과거를 이상향으로 보면서 플라톤이 우화를 들기 위해서 예를 들었던 아틀란티스를 실제 있는 이상향의 나라로 설정했다. 이것은 지금도 종종 아틀란티스 대륙을 찾았다는 가십성 기사가 인터넷에 난무하는 계기가 되었다. 지난 20세기에 과학이 무한히 발전하면서 우리의 현실은 계속 발달하여 유토피아가 되는 듯했다. 그러나 21세기가 되면서 다시 세계는 고립되고 세계화도 급격히 붕괴되어 가면서 '레트로'가 유행하는 것도 같은 맥락이다.

흔히 고고학이라고 하면 미개하고 원시적인 과거를 해석하는 것이라고 생각한다. 과거에 지금보다 뛰어난 사회제도와 물질문화를 향유했다고 생각하지 않는다. 하지만 이런 관념은 근대 이후에 등장한 것일 뿐, 그 이전에는 과거를 이상향으로 보기도 했다. 만화《설국열차》는 우리의 미래에 고도로 발달한 현대 문명도 붕괴될 수 있다는 메시지를 전한다. 그렇게 본다면 고고학은 인간의 이상향이었던 유토피아를 다시 보여주어 인간이 현실을 탈피할 비상구를 제시하는 역할을 하는 것일 수도 있다.

과거가 지금보다 찬란했는지 또는 미개했는지를 평가하는 것은 의미가 없다. 하지만 사람은 현재의 관점에서 과거를 끊임없이 해석한다. 따라서 과거는 고정된 것이 아니라 끊임없이 해석에 해석을 더하는 뫼비우스의 띠와도 같다. 이런 점에서 고고학은 현대라는 렌즈로 과거를 바라보는 카메라와 같다.

3 엄청나게 오래되고,
    믿을 수 없을 만큼 광대한

흔히 고고학이라고 하면 생각하는 오해가 그 시간적인 범위이다. 인식이 많이 달라졌다고 하지만 여전히 어떤 사람은 고고학자가 공룡을 발굴한다고 생각한다. 고고학의 범위는 인간이 살던 모든 시대를 대상으로 한다. 학자에 따라 다르지만 대체로 인류의 시작을 400만 년 전으로 보니, 대략 그 정도가 고고학의 시작이 될 것이다(참고로 공룡은 7,000만 년 전에 멸종했으니 전혀 상관이 없다). 그런데 200만~400만 년 전이라면 오스트랄로피테쿠스 또는 그와 비슷한 호미니드가 활동하던 시기로 아프리카대륙에 한정되며 별다른 석기가 없다(최근에 200만~300만 년 전에도 석기를 사용했다는 주장이 대두하고 있다). 게다가 이들은 현생인류와 직접적인 관련이 없기 때문에 고고학 안에서도 매우 한정된 학문 분야인 '고인류학'에서 주로 논의된다.

1장 고고학, 익숙하지만 낯선 세계

영국에서 발견된 25만 년 전의 주먹도끼. 위에 조개화석이 박혀 있는데, 고대인이 신기한 형태를 일부러 활용해서 만들었을 가능성이 있다(케임브리지대학 박물관 소장).

현생인류와 관련이 있는 호모속의 선조인 호모에렉투스는 꽤 발달된 아슐리안Acheulean 계통의 석기(주먹도끼)를 사용하며 약 170만(200~160만 년 사이로 추정되며 학자들마다 조금씩 이견이 있다) 년 전에 아프리카를 탈출하여 세계 곳곳으로 확산했다. 석기를 사용하는 호모에렉투스가 세계 곳곳에 확산되는 시점부터 비로소 본격적인 고고학 연구가 시작되는 시기라고 할 수 있다.

한편, 고고학이 연구하는 우리와 가장 가까운 시대는 언제일까. 많은 사람이 고고학은 선사시대 또는 삼국시대만을 대상으로 한다고 오해한다. 하지만 고고학의 시간적인 범위는 고려, 조선시대는 물론 일제강점기와 대한민국도 포괄한다. 현대 시기를 발굴한다는 것이 얼핏 이해가 안 될지 모르겠지만, 이에 대한 수요는 최근 많아지고 있다. 그 시작은 제2차 세계대전이 끝난 직후인 1950년대에 영국에서 18세기의 산업혁명과 관련된 유적을 조사하면서이다. 그래서 초기에는 산업혁명 고고학industrial archaeology으로 불리기도 했다. 일본의 경우 제2차 세계대전 때의 방공호를 조사하는 '방공호고고학'으로 현대 시기 발굴이 시작되었다.

20세기 후반에 들어서며 세계 곳곳은 경제개발로 급격히 산업이 발달하고 도시가 성장했다. 그와 동시에 우리를 둘러싼 물질문화가 빠르게 바뀌고 있다. 과거의 흔적을 제대로 발굴하고 남기는 작업은 매우 시급하다. 한국의 경우도 20세기 이후의 고고학은 많은 이슈가 되고 있다. 예컨대 2023년 하반기에 개방된 경복궁의 월대가 좋은 예이다. 일제가 훼손한 월대를 복원하기 위하여 고고학자가 투입되었고 그 과정에서 일제 때 월대 위를 지나간 전차 철로도 파악되었다. 지금도 서울 사대문 안에는 수많은 근대의 유적이 있다. 대한민국 시기도 마찬가지이다. 서울은 많은 주택지에 아파트가 건설되고 예전에 건축된 아파트는 다시 재건축되는 과정이 반복된다. 대한민국이 전쟁의 상처를 딛고 일어난 1960~1980년대의 모습을 제대로 파악하려면 이제 발굴 조사가 필요한 시간이 되었다. 고고학의 시간적 경계는 이렇듯 곳곳에서 허물어지고 있다.

　　　　　1장 고고학, 익숙하지만 낯선 세계

고고학자가 다루는 시간의 범위는 수백만 년을 넘나들지만, 정작 발굴은 엄격하게 법적으로 제한되고 있다. 고고학 자체는 학문의 일부이지만, 발굴 작업은 유적이 어쩔 수 없이 파괴되기 때문에 제한을 하는 것이다. 고고학 발굴이 이루어지는 대부분의 경우는 새로운 건설 사업과 맞물려서 땅속의 유적이 파괴될 때이다. 그러니 고고학적인 발굴은 순수한 고고학의 영역보다 넓어서 순수 학문과 사업의 경계에 있는 셈이다. 한국에서도 고고학에 종사하는 사람의 대부분은 매장문화재를 발굴하는 재단에 소속되어서 현장 발굴을 담당한다. 예컨대 2022년에는 발굴 조사가 1,827건이 이루어졌고 전체 비용은 3,027억 원이었다. 대략 1건당 1억 원이 넘는 비용이 소요된다. 이러한 규모는 고고학이라는 학문을 지탱하는 배경이 된다.

과거와 미래를 오가는 뫼비우스의 띠

우리는 역사를 공부하면 미래를 알 수 있다고들 말한다. 그것은 고고학도 마찬가지이다. 고고학자는 과거를 발굴하지만, 그 목적은 단순한 과거 자료의 수집이 아니라 인간의 본성에 대한 새로운 발견에 있기 때문이다. 고고학은 크게 보면 역사학의 범주에 속하지만, 흔히 생각하는 역사학과 다르다. 그 가장 큰 이유는 바로 고고학이 다루는 자료에 있다. 지금도 매일 수백 건의 논문이 발표되고 수만 건의 유물이 출토된다. 그러니 매일 고고학자가 다루는 자료는 급격하게 바뀐다. 반면에 문헌을 중심으로 하는 고대사는 큰 내용이 바뀌기는 어렵다. 50년 전에 남한의 청동기시대는 기원전 7세기부터 시작했다고 생각했다. 지금은 그보다 거의 1,000년이나 빠른 기원전 15세기부터 시작했다고 생각한다. 대부분의 독자는 역사책에서 "구석기시대에 토기는 없었다"고 배웠겠지만 30여 년 전부터 구석기시대의 토기가 사방에서 발견되었고, 지금 대부분의 고고학자는 아직 빙하기였던 2만 년 전부터 토기를 사용했다고 생각한다.

그렇다면 과거가 바뀌었을까? 그렇지 않다. 객관적인 과거는 변하지 않지만, 고고학자가 발굴하는 유물이 계속 늘어났을 뿐이다. 결과적으로 사람들이 느끼고 배우는 과거는 변한다. 200년 전만 해도 서양 사람은 역사가 6,000년이고 하느님이 세상을 창조했다고 생각했다. 그리고 50년 전에는 구석기시대 사람은 다들 미개하다고 생각했다. 지금 보면 모두 틀렸다. 인간의 역사는 수백만 년 전으로 거슬러 올라가고 구석기시대인 1만 5,000년 전에 이미 토기가 만들어졌다는 것이 밝혀졌다. 앞으로 얼마나 더 많은 과거의 모습이 나올지 모른다. 바로 이 점이 역사학과 고고학의 가장 큰 차이이다. 물론 역사학도 새로운 문헌자료가 등장하고, 또 기존에 알려진 문헌을 다르게 해석하기도 한다. 하지만 고고학만큼 누구도 예상할 수 없는 자료가 등장하는 일은 정말 드물다.

이런 점에서 고고학은 진정한 미래 지향적인 학문이라고 할수 있다. 고고학이 미래를 지향한다고 해서 당장 다음 주의 주가를 예측한다든지 범죄를 예방하고 평화로운 사회를 만드는 구체적인 대안을 제시하는 것은 아니다. 설사 수천 년 전의 지중해를 둘러싼 고대 문명의 교역을 배운다고 해서 당장 내년도 해외수출업의 대안을 마련할 수는 없다. 그 밖에 우리가 알고 싶어 하는 수많은 현상을 예측하는 데에 거의 도움이 되지못한다. 그럼에도 고고학이 미래 지향적인 학문인 이유는 바로 다양한 시간과 공간에서 이루어지는 인간의 행동과 생존을 위한 방법을 공부하기 때문이다.

얼마 전 내 수업을 듣는 법학과 학생이 고고학은 현실과 관계없는 과거의 지나간 일을 공부하는 것인데 학문의 생존을 위하여 미래를 예측할 수 있다는 식으로 포장하는 것은 아니냐고 질문했다. 나는 그 학생에게 판결을 내릴 때에 과거의 판례를 중요시하는 것과 같은 원리라고 대답한 적이 있다. 인간은 자신의 앞날을 과거 데이터에 근거해서 판단한다. 증권계의 애널리스트, 법조인, 그리고 의료인 등 대부분의 전문직은 다양한 과거 데이터를 통해서 앞날을 판단한다. 심지어 인공지능 AI의 딥러닝deep learning이 구사하는 알고리듬 또한 마찬가지이다. 과거의 데이터를 근거로 앞날을 그럴듯하게 예측한다. 인간에게 과거란 단순하게 지나간 일이 아니다. 사피엔스는 발달된 지능으로 자신의 과거 데이터를 이용하여 불확실한 미래를 예측해왔다. 그 수십만 년간 쌓인 노하우로 인간은 자신의 문명을 일구어왔다. 혹자는 첨단 학문은 최근의 자료를 분석하지만 고고학자는 우리와 관계없는 머나먼 과거의 자료를 연구하는 것 아니냐고 반문한다. 하지만 인간에게 절대적으로 '의미 있는 시간'이란 기준은 없다. 사피엔스만 해도 약 10만 년 전에 등장했을 때의 두뇌와 신체 구조는 지금 디지털시대의 우리와 전혀 차이가 없다. 심지어 사피엔스 이전 20만 년 전 네안데르탈인의 유전자가 지금도 전해지고 있고, 그들이 전한 유전자에는 코로나 바이러스를 잘 막아내는 구조가 있다는 연구도 등장했다. 이렇듯 우리가 알아야 할 우리 자신의 모습은 그 시간과 공간에 제한이 없다. 다양한 환경과 시간 속에서 인간은 자신의 과거로부터 끊임없이 배우고 미래를 판단했다. 고고학은 그 시간과 공간의 범위가 확대되고 있지만 어쨌든 기본으로 하는 데이터가 인간이 직접 남긴 물질이라는 점은 변하지 않는다.

2장

발굴의 과정,
고고학자의 시간 여행

1 　 땅 위의 흔적을
추리하다

　고고학자의 발굴을 '수술 자국이 작을수록 좋은 외과수술'
에 비유하면 설명하기 편하다. 발굴도 수술처럼 규모가 크면
클수록 비용도 많이 들고 유적의 파괴도 심하기 때문이다. 그
러니 최소한의 노력으로 땅을 파서 유물을 조사하는 게 이상
적이다. 고고학 발굴 조사의 첫 단계는 마치 의사가 환자를 청
진기로 진찰하듯 땅을 파지 않고 땅속의 상황을 판단하는 것
이다. 이것을 '지표조사surface survey'라고 한다. 일반인은 땅을
파지 않은 채 유적이 어디에 있고 상태가 어떨 것이라는 고고
학자의 진단에 대단한 비결이 있을까 기대한다. 사실 그런 것
은 없다. 다만 지표조사를 반복하면서 어떤 지형에 유적이 있
지 않을까 예측한 것에 불과하다.
　지표조사는 고고학의 첫걸음이다. 준비 과정도 그렇게 어렵

지 않다. 유적이 있을 법
한 지역을 다니면서 땅 위
에 있는 유적의 징후를 찾
는다. 그것은 주로 토기 편
(조각)이다. 땅은 가만히
있는 것 같지만 사실은 끊
임없이 변화하며 이동한
다. 지하수나 바람으로 흙
은 이리저리 쌓인다. 또 동
물이 파놓은 땅, 식물 뿌
리 등으로 땅속의 유물은
계속 파괴되고, 그 흔적이
땅 위에 보인다. 그리고 인

땅 위에 토기와 기와가 깔려 있는 흉노 유적
(몽골 하르가닌 두르불진).

간의 활동으로 땅이 파헤쳐지는 경우가 많다. 고고학자는 길을
만들거나 건물을 지으면서 땅을 깎아놓은 곳을 집중적으로 살
펴보는데, 이런 경우는 굳이 땅을 파지 않아도 땅속의 유적을
쉽게 짐작할 수 있기 때문이다. 그러니 지표조사에는 전체 유
적의 범위를 미리 파악해서 그 지역에서 더 이상의 건설 사업
이 이루어지는 것을 방지하는 목적도 있다.

내 경험상 지표조사 중에서도 특히 힘들었던 것은 구석기
유적 조사였다. 유라시아 한가운데에 위치한 몽골과 알타이
지역은 세계 구석기의 주요 연구지이다. 얼마 전 화석 인골이

나와서 더 유명해진 데니소바Denisova 동굴은 발굴과 고고학자의 숙소를 겸하는 곳이다. 나도 알타이를 조사할 때는 데니소바 동굴을 베이스캠프로 삼았는데, 어느 날 구석기 전공자가 "같이 석기 주우러 갈까?"라며 나를 부추겼다. 석기를 줍다니? 구석기를 발굴하려면 '홍적세'라고 하는 단단한 진흙층을 깨야 나오는 게 정상이다. 고고학 발굴 작업 중에서도 가장 중노동으로 꼽히는 작업이다. 그런데 석기를 줍는다는 게 신기하기도 해서 따라가 봤다. 러시아 알타이공화국을 가로지르는 추이스키 도로를 따라서 몽골 방향으로 반나절을 달려 코그-아쉬가치에 도달하자 반사막 지역이 나타났다. 러시아 군용트럭으로 초원을 가로질러 유적에 도착하니 사방에 석기가 널려 있었다. 심지어 커다란 바위에 몇만 년 전 사람이 돌을 떼어낸 흔적이 생생하게 남아 있었다. 마치 지금 막 원시인이 다녀간 듯했다. 그 놀라움도 잠시, 석기를 수집하면서 돌이 배낭에 쌓여갈 때 드디어 이 답사의 의미를 알게 되었다. 하나둘씩 석기를 배낭에 넣다 보니 곧 묵직해져 걷기조차 힘들어지는 것 아닌가. 그래도 같이 간 연구원은 '여기 하나 더, 저기도…' 하면서 돌을 건네니 그렇게 미워 보일 수가 없었다. 결국 난 반기를 들었다. "좀 버리고 가지. 여기서 10만 년 이상 놓여 있었으니 앞으로도 계속 있을 것 아닌가."

이것은 비단 알타이만의 이야기는 아니다. 30년 전 한국의 연천 전곡리 일대도 비슷한 상황이었다. 학부 시절 전곡리 답

지표조사 중에 발견한 유적지의 파괴 현장. 3,000년 전 청동기시대 유적으로 지층 단면의 검은색이 주거지의 흔적이다(중국 옌벤자치주 허룽시 싱청興城 유적).

사를 따라갔을 때 답사팀의 막내인지라 배낭은 내 몫이었다. 유적이 정비되기 전이었으니 주민들은 밭을 갈고 경지정리도 맘대로 하고 있었다. 석기를 발견했다는 기쁨도 잠시, 묵직해지는 배낭의 무게로 발걸음은 느려져만 갔다. 그러던 중에 교수님이 석기를 찾았다는 소리를 듣고 달려가 보니 비닐하우스 밭이었다. 비닐하우스가 날아가지 말라고 괴어놓은 돌들이 전부 석기였던 것이었다. 유물을 발견했다는 기쁨도 잠시, 그 무거운 석기를 주워서 배낭에 넣을 생각에 앞이 캄캄해졌었다. 나중에 농담처럼 내가 구석기가 아니라 청동기를 전공으로 삼게 된 데에는 그때 구석기 지표조사와 관계가 좀 있는 것 같다고 말하곤 했다.

고고학자가 많이 받는 질문 중 하나는 "그곳에 유적이 있는 줄 어떻게 알았는가"이다. 고인돌이나 피라미드같이 외부에 잘 보이는 경우도 있지만, 대부분의 유적·유물은 땅속에 묻혀 있다. 그러다 보니 고고학자는 지표조사를 돌면서 자연적으로 땅이 침식되는 절벽이나 건설로 파헤친 부분을 중점적으로 살펴본다. 자연적 또는 인공적으로 침식되어 노출된 지역에 과거의 유물을 찾아내는 식으로 유적을 찾는다. 즉 일반인은 지나치기 쉬운 지표면에서 사소한 증거로 유적을 찾아내는 지표조사를 하기 때문에 알 수 있는 것이다.

원리는 그렇게 어렵지 않지만 정작 현장을 나가면 땅은 모두 다르고 지역별로 차이가 많다. 그러니 다양한 지표조사의 경험이 많은 학자도 놓치는 유적이 많고, 심지어는 국가적인 문제로 이어지기도 한다. 서울 풍납토성이 그 예이다. 처음 풍납토성이 사적으로 지정된 때는 아직 강남이 개발되기 이전인 1960년대였다. 한적한 논과 과수원이 있는 곳이니 당시에는 눈으로 보이는 성벽만 문화재로 지정했다. 이후 서울이 급격히 팽창하면서 풍납토성 안에도 사람이 거주하게 되었다. 그런데 집을 짓다 보면 유적이 나올 법도 한데, 풍납토성은 신기하게도 유물이 없었다. 워낙 한강이 범람한 적이 많아서 백제시대의 유적은 지면보다 5미터 아래에 있었기 때문이다. 거대한 성벽으로 둘러싸인 내부에 유적지가 없을 리가 없지만, 지표조사를 해도 유물이 안 나오니 개발을 막기는 역부족이었다.

2장 발굴의 과정, 고고학자의 시간 여행

하지만 1997년에 풍납토성 내부에 아파트를 짓기 위해서 기반공사를 하는 중에 유적이 발견되었다. IMF로 힘든 상황에서도 결국 정부는 추가 개발을 중지하고 해당 부지를 매입하는 쪽을 선택했다. 2,000년 전의 유적 때문에 재산권에 피해를 받은 현지 주민의 민원도 결코 무시할 수 없지만, 당시의 큰 결정으로 한국의 문화재법은 바뀌었다. 지표조사를 해서 설사 유물이나 유적의 흔적이 없다고 해도 일단 시굴(샘플을 선정해서 일부 발굴하는 것)해서 땅속에 유물이 없다는 것을 완벽히 확인해야 한다. 가장 기본적인 지표조사가 얼마나 우리 사회에서 중요한 과정인지를 보여주는 좋은 예이다. 또한 고고학자가 감으로 했었던 지표조사를 전적으로 신뢰할 수 없다는 것을 보여준 사건이다.

이제 지표조사는 진화하고 있다. 구글어스나 지구물리탐사 같은 것으로 땅을 파지 않고도 그 내막을 속속히 파악한다. 마치 과거 의사의 상징이었던 청진기가 사라지고 다양한 기계를 동원한 검사로 건강을 판단하듯이, 고고학자의 감으로 유적의 존재를 판단하는 시절은 지나고 있다. 그래도 지표조사를 위해 현장을 다녀보며 감을 익히는 것은 여전히 중요하다. 과거의 사람들도 기계나 지도로 살던 곳을 택하지 않고 직접 땅을 다니면서 자신의 터전을 고르고 살았기 때문이다.

지표조사의 또 다른 매력은 바로 땅을 파괴하지 않고 유적을 찾아볼 수 있다는 것이다. 그래서 모든 사람에게 열려 있는 방법이기도 하다. 문화재청 홈페이지에 가면 이제까지 고고학자가 발굴한 여러 유적이 표시되어 있다. 직접 그 유적을 돌면서 땅 위에 남아 있는 성벽의 흔적이나 토기와 기와 편을 발견할 수도 있다(토기 편이나 기와는 꼭 학술적인 필요가 있는 경우가 아니라면 사진을 찍고 그냥 그 자리에 놔두는 것이 좋다). 고고학자라고 반드시 모든 유적을 다 아는 것은 아니다. 유적이 있을 법한 곳을 답사 다니면서 직접 유적을 찾아보는 것도 좋다. 그리고 유적이나 유물처럼 보이는 것이 나온다면 고고학과 교수나 군청 또는 시청의 문화재 담당자에게 알려주기 바란다.

2장 발굴의 과정, 고고학자의 시간 여행

2   "보이지 않는 것은
      보이는 것의 실상"

　대부분의 고고학자라면 고고학에 큰 뜻을 품고 처음 발굴장에 찾아간 첫 경험을 잊지 못할 것이다. 나 역시 첫 발굴의 감격을 생생히 기억한다. 1991년 5월 하남 미사리 발굴장이었다. 호미로 땅을 긁다 보니 손끝에 툭 하는 느낌과 함께 빗살무늬토기가 드러났다. 강의실의 사진과 박물관의 전시품으로만 보던 빗살무늬토기를 손에 잡던 그때의 감격은 지금도 생생하다. 나중에 알려졌지만 그 빗살무늬토기는 신석기시대 지층이 아니라 훨씬 뒤인 조선시대의 문화층에서 나온 것이다. 한강변에 있어서 범람이 잦다 보니 빗살무늬토기가 조선시대 집자리 근처에도 나온 것이었다. 당시 발굴장을 담당하던 최종택 학예사(현 고려대 문화융합학부교수)는 발굴이 처음인 학부생에게 상대적으로 덜 중요한 조선시대 지층의 발굴을 실습

추운 겨울에 진행되는 현장 설명회. 건설 시간을 맞추기 위해서 극한의 상황에서 발굴을 해야 하는 고고학자의 상황을 보여준다(고양시 미래문화재연구원 제공).

겸 맡긴 것이었다. 하지만 아무럼 어떤가, 그 빗살무늬토기는 평생 내 뇌리에 남아 있다.

아마 이러한 경험은 나만이 아니라 대부분의 고고학자가 가지고 있을 것이다. 박물관이나 미디어에서 보았던 화려한 유물을 기대하면서 찾아간 발굴장은 황량함 그 자체일 것이다. 황금은커녕 토기나 돌 몇 조각을 조심스레 긁으며 찾는 모습을 마주친다. 흙구덩이에서 모래바람과 싸우면서 그야말로 건설 현장보다 못한 상황에서 조사를 한다. 게다가 각 지역의 풍토병과 모기가 온몸을 괴롭히기도 한다. 발굴장의 상황에 따라 몸을 제대로 씻지 못하는 경우도 있다. 그리고 화려한 유물은 거의 기대하기가 어렵다. 만약 좋은 유물이 나온다면 곧바로 보존 처리를 해야 하기 때문에 현장에서 볼 수 있는 경우는 극히 드물다. 대부분은 현장에서 발굴 중인 토기 몇 점을 보는 정도로 만족해야 한다.

2000년대 중반에 중국의 동북공정 여파가 심할 때에 국회의원 10여 명과 함께 발해 발굴 현장을 간 적이 있다. 당시 발해와 고구려의 역사에 매우 고무된 국회의원들은 바쁜 일정에도 3박 4일을 기꺼이 할애했다. 험난한 비포장도로를 달려서 현장에 도착했을 때, 기대와 매우 달랐는지 참 난감해하는 국회의원들의 표정이 인상적이었다. 근사한 고고학 유물이 기다리는 줄 알았는데, 정작 와 보니 한쪽에서는 강물에 빨래를 하고 발굴단장은 도끼로 장작을 패는 광경이 펼쳐졌기 때문이다.

처음 발굴을 가면 가장 허드렛일부터 시작한다. 큰 삽으로 퍼 올린 흙을 다른 곳으로 치우기도 하고, 삽이나 호미 같은 장비를 깨끗이 씻는 일을 하기도 한다. 현장의 분위기를 며칠 동안 익히고 나면 본격적으로 호미를 들고 발굴 구덩이로 들어간다. 처음부터 중요한 발굴지에 투입되기는 어렵지만, 땅을 직접 긁고 느낌을 익히면서 발굴을 시작한다. 유적을 찾는 첫 번째 기준은 호미나 꽃삽으로 흙을 긁을 때의 미세한 느낌이다. 한번 땅을 파서 살았던 곳은 땅의 색깔이나 토질에서 미묘한 차이가 있다. 일단 한번 파낸 곳은 유기물질이 잘 자라기 때문에 주변보다 검고 습기도 풍부하다. 그런 땅 위의 흔적을 경험으로 알아내야 한다.

"보이지 않는 것은 보이는 것의 실상"이라는 말만큼 고고학의 발굴을 잘 표현한 것이 있을까. 고고학 발굴의 원리는 그야말로 땅을 파서 유물을 찾아내고, 그 유물이 나오는 과정을 기록하는 것이다. 즉 보이지 않는 것을 직접 발굴해서 땅속에 숨어 있는 여러 자료를 드러나게 하는 것이다.

대부분 유적의 경우 땅속에 그대로 두는 것이 가장 잘 보존하는 방법이다. 아무리 세심하게 발굴을 한다고 해도 수천 년간 땅속에서 보존되어 있던 것이 지상으로 나오는 순간 보이든 보이지 않든 유적과 유물은 손상을 입을 수밖에 없다. 반면에 땅속에 그냥 두었다가는 곧 파괴되기 때문에 발굴을 빨리 진행해야 하는 경우도 있다. 주로 자연이나 기후환경의 변화로 유적이 파괴되는 경우이다. 만약 고고학자에게 바닷가 절벽의 유적지를 발굴하라고 한다면 어디부터 발굴할 것인가? 보통의 경우 가장 파기 어렵고 위험한 바닷가 절벽 쪽을 발굴지로 택한다. 그 이유는 태풍이나 침식작용으로 바닷가 쪽의 유적은 쥐도 새도 모르게 사라질 수 있기 때문이다. 한국에서도 1987년도에 남해안을 강타했던 태풍 셀마의 여파로 연대도 패총이 발견되었다. 당시 연대도를 할퀸 태풍의 여파로 바닷가 절벽이 심하게 쓸려 나가고 손상되는 가운데 고대의 유물이 드러났다.

1925년에는 을축 대홍수의 여파로 서울 암사동의 신석기시대 유적이 발견되었다. 태풍이 지나간 자리에 엄청난 양의 빗살무늬토기가 드러나서 암사동 유적이 알려지게 되었다. 이러한 파괴는 반대로 긍정적인 부분도 있었다. 서울이 한강 남쪽으로 급격히 팽창하기 이전에 이 유적이 알려진 덕택에 암사동 일대의 유적이 보존되었다. 그리고 파괴된 유적에는 수많은 토기가 널려 있었기 때문에 일제 때는 물론 1960~1970년대에 국내의 여러 대학이 발굴을 하거나 땅에서 유물을 채집했다. 그 덕에 밑바닥이 뾰족한 빗살무늬토기는 우리나라 신석기시대를 대표하는 유물로 사방에서 찾아볼 수 있다. 강가 모래언덕이 쓸려 나가면서 암사동의 유적은 계속 파괴되었기 때문에 1988년에 유적지에 새로 흙을 덮는 등 정비 사업을 하여 보존하기 시작했다. 내 기억에 1990년대 초반까지도 암사동 유적 공원의 주변을 다니면 빗살무늬토기나 돌도끼를 보는 것이 어렵지 않았다.

한편, 서울 근처의 모래언덕과 달리 인력으로는 도저히 해결될 수 없는 파괴가 있다. 바로 지구온난화와 같은 전 지구적인 기후의 변화이다. 북극권에는 영구동결대라고 하는 독특한 기후 현상이 있다. 이는 워낙 추운 지역이라 여름이 되면 땅거죽은 녹아서 풀이 우거지고 나무가 자라지만, 조금만 땅을 파면 여전히 얼음이 남아 있는 현상을 말한다. 땅속은 사시사철 냉동고인 셈이니 사소한 털 한 오라기도 잘 남아 있는 타임캡슐의 역할을 한다. 추코트카와 같은 러시아 극북 지역의 경우 무덤 발굴은 그야말로 삽 없이 솔로만 한다. 무덤을 만들 때에 땅을 깊게 팔 수 없으므로 얕게 파고 늑대나 여우 같은 들짐승의 피해를 입지 않도록 돌을 쌓아 올리는 식이다. 어떤 경우는 돌만 걷어 내면 방금 그 자리에 누운 듯한 시신이 옷의 털끝 하나 다치지 않고 누워 있다. 그러니 굳이 땅을 걷을 것 없이 발굴하면 된다.

한국에도 많이 알려진 알타이 고원에서 발견된 파지릭Pazyryk 고분은 북극권이 아니라 상당히 남쪽에 있다. 그렇지만 고원지대이기 때문에 영구동결대가 남아 있었고, 그 덕에 얼음공주라는 이름으로 유명한 미라가 발견되어서 지금까지도 세계적인 명성을 얻고 있다.

이렇듯 영구동결대는 지구가 고고학자에게 준 가장 큰 선물이 아닐 수 없다(물론 얼음 속에서 일일이 발굴하려면 엄청나게 많은 힘과 노력이 필요하다). 하지만 최근 지구온난화로 알타이산맥의 영구동결대는 빠르게 자취를 감추고 있다. 얼음 속에서 수천 년간 완벽하게 지속되어 왔다고 해도 한번 녹아버리면 수년 내에 자연적인 부패가 진행되어 각종 유기물질은 빠르게 사라진다. 설혹 향후 다시 날씨가 정상으로 돌아와서 다시 무덤 안에 얼음이 들어찬다고 해도 유기물질은 이미 부패가 진행된 이후이기 때문에 제대로 된 보존 상태를 기대하기 어렵다. 이러니 유일한 해결책은 역설적으로 아직 얼음이 있을 때에 빨리 발굴을 하는 것이다. 지구물리탐사를 통해 얼음이 녹기 시작하는 파지릭 고분을 찾아 발굴 조사를 해야 한다. 세계사적

사라지고 있는 세계유산인 알타이의 2,500년 전 고분. 땅속 얼음에 갇힌 무덤이 있었으나 지금은 사라지고 없다.

인 의의가 있는 북방 유라시아의 유목민에 대한 가장 상세한 자료가 남아 있는, 영구동결대에 존재하는 파지릭문화의 고분만이라도 세계적 차원에서의 관리할 필요가 있을 것이다.

현재로서는 지구온난화라는 현상을 막기는 어려울 테니 얼음이 남아 있는 고분을 목록화하고 그들 중 곧 얼음이 사라질 위기에 있는 고분부터 선별해서 조사하는 긴급 발굴이 필요하다. 유네스코UNESCO의 세계문화유산위원회와 같은 국제기구의 도움을 받아서라도 국제적인 조사가 절실하다. 그러나 현실은 전혀 속수무책으로 손을 놓고 있다. 파지릭 고분의 주인을 자신의 선조라고 생각하는 현지 알타이 정부에서 발굴을 강력하게 반대하기 때문이다. 파지릭 고분의 발굴 및 미라의 귀속 문제를 둘러싸고 러시아과학원과 현대 알타이 지역 원주민의 갈등은 1990년대 이후 첨예화되었다. 알타이 지역의 주민들은 미라를 자신의 선조로 간주하고 미라가 보관된 박물관에 반환을 요구하는 등 다양한 이의를 제기했고, 지역 정부는 그들의 요구에 따라 새로운 미라 발굴을 금지하고 있다. 미라 덕분에 현지 알타이인의 선조에 대한 역사 인식은 강화되었는데, 그 강해진 민족의 자의식 때문에 더 이상의 미라가 보존되기 어려운 상황에 놓였다. 갈수록 지구온난화는 심해지니 이 시간과의 전쟁에서 고고학자가 이길 가능성은 많아 보이지 않는다. 안타까운 일이 아닐 수 없다.

고고학자의 동반자, 트라울

고고학 발굴을 한번이라도 겪어본 사람이라면 고고학자의 손에 쥐어져 있는 작은 마름모꼴의 손도구를 알 것이다. 한국어로는 흔히 '흙손'이라고도 하는 트라울이다. 트라울은 정원에서 쓰는 꽃삽류를 통칭하며 용도에 따라 모양새가 다양한데, 고고학자가 쓰는 것은 마름모꼴로 그 끝이 뾰족해서 포인팅 트라울pointing trowel이라고도 한다. 끝이 뾰족하여 무언가를 파내기 좋고 밑이 납작하여 무언가를 다듬기에 적합하니 미국의 고고학자가 본격적으로 쓰기 시작했다. 한국도 미국의 고고학에서 많은 영향을 받았으니 우리에게도 고고학자의 상징처럼 되어 있다.

지금이야 발굴장에서 흔한 게 트라울이지만, 30여 년 전 내가 대학에 다닐 때에 트라울은 정말 구하기 어려운 연장이었다. 당시 미국에 유학하거나 다녀온 고고학자가 트라울을 한두 개 가져오면 그것을 신주단지 모시듯 뒤춤에 꽂아 넣고 아주 중요한 상황에만 꺼내서 긁어보곤 했다. 쉽게 말하면 미국 유학을 다녀온 사람의 명품 도구였던 셈이다. 서울에서 활동한 내가 이럴 정도이니 다른 도시에서는 '트라울'이라는 것을 구경조차 못한 고고학자도 적지 않았다. 지금은 한국 고고학의 발전과 값싼 중국산의 등장으로 10~15달러의 저렴한 가격에 일급을 받는 인부나 학부생도 애용하는 도구가 되었다.

그 당시 고고학자가 가장 애용한 상표는 미제 '마셜타운'이었다. 오죽하면 미국의 저명한 고고학자였던 켄트 플래너리

트라울을 사용해 흙을 긁어내면서 토기를 발굴하는 모습.

Kent Flannery는 〈황금의 마셜타운Golden Marshalltown〉이라는 글을 쓰기도 했다. 진정한 고고학자에게 수여하는 선물이라는 뜻으로 현장에서 열심히 일하는 고고학자를 칭송하는 글이었다.

미국과 영국을 제외한 다른 나라에서는 다른 도구를 개량해서 쓴다. 일본은 호미를 가공한 가리ガリ라는 도구를 쓴다. 내가 유학한 러시아에서는 그냥 삽날을 사용해서 땅을 팠다. 일반 삽을 사서 숫돌로 그 날을 잘 갈고 납작하게 펴서 정교하게 발굴하거나 층위를 볼 때 따로 사용했다. 나도 시베리아 현장에서 쉬는 시간만 되면 담배를 한 대 물고 내가 애용하는 삽을 열심히 숫돌로 문지르곤 했다. 이렇게 고고학자의 손에 쥐어진 도구만 보면 대충 그 사람의 출신을 알 수 있으니, 참 놀랍지 않은가.

그런데 이 트라울은 고고학자만의 전유물이 아니라 음모론에 흔히 등장하는 비밀조직 '프리메이슨'을 상징하기도 했다. 프리메이슨의 회원이었던 초대 미국 대통령 조지 워싱턴이 손에 트라울을 쥐고 있는 유명한 그림이 있다. 어쩌다가 작은 꽃삽이 프리메이슨을 상징하게 되었을까? 사실 이것은 음모론 따위와는 관계가 없다. 프리메이슨은 원래 피라미드를 만들던 석공의 회합에서 유래했다고 한다. 이집트까지 가지 않더라도 석공은 직업상 일반인이 알 수 없는 측량과 건축기술로 건물의 조화를 추구하고 곳곳에 보이지 않는 비례의 숫자를 숨겨놓는 것이 다반사였다. 그들만의 비밀스러운 힘의 원천은 바

2장 발굴의 과정, 고고학자의 시간 여행

미국 초대 대통령 조지 워싱턴의 초상화. 한 손에 트라울을 들고 있다.

로 컴퍼스와 측량기에 있었다고 해도 과언이 아니다. 대규모 측량기술이 본격적으로 도입된 것도 이집트였다. 이집트는 매년 나일강의 범람으로 농토의 경계가 모호해진 것을 다시 측량하여 구획했으며, 이런 과정에서 쌓인 노하우가 곧바로 피라미드의 건설에도 이용되었다. 지금도 측량기의 기본 원칙은 이집트인이 피라미드를 건설할 때 쓰던 방법에서 크게 벗어나지 않는다.

조지 워싱턴이 손에 트라울을 쥔 이유는 새로운 국가를 건설하는 당시 상황과 관계가 있다. 미국 건국 초창기에 프리메이슨이 미국에 확산되었고 허허벌판인 미 대륙에 건물을 짓고 도시를 만들기 위해서 건축기술은 절대적이었다. 이에 따라 트라울과 측량기로 그들만의 노하우를 간직하고 사회를 인도하는 건축물을 만들고자 했다. 워싱턴이 트라울을 쥐고 있는 초상화는 의사당의 초석cornerstone을 세우는 착공식 장면과 연결된다.

이쯤 되면 트라울은 현장에서 힘든 일을 하는 사람의 상징이기 이전에 고대 문명과 우리를 이어주는 끈인 셈이다. 이제 나이가 50살이 넘어서 청년 때처럼 직접 땅을 팔 기회는 거의 없지만, 그래도 발굴장에 갈 때는 트라울을 꼭 챙겨 간다. 마치 이것이 없으면 고고학자가 아닌 것 같기 때문이다. 그리고 트라울로 모래땅을 긁을 때의 그 느낌을 참 좋아한다. 사각사각 부드러운 소리와 함께 흙들이 밀려가는 느낌, 유물이 있는 부분을 지나가면 '챙' 하는 소리와 함께 유물의 둔탁한 느낌이 손끝에 전해지는 그 느낌을 좋아한다. 유물이 땅 위로 드러나면 트라울의 끝으로 조금씩 파내려 가면서 그 형태를 드러내는 과정의 느낌은 때론 신비롭기까지 하다. 수많은 영화와 텔레비전에서 벼락을 맞거나 신비한 동굴에 가는 등 다양한 상황과 상황으로 타임 슬립을 설정한다. 고고학자는 작은 철로 만든 꽃삽인 트라울로 타임 슬립을 하고, 고대의 유물과 만난다. 뭔가 낭만적이지 않은가? 고고학 발굴이 힘들지만 행복한 이유는 바로 과거와 현대를 이어주는, 고고학자의 손에 쥐어진 작은 트라울 덕분이다.

지금은 트라울이 흔해질 대로 흔해져서 오히려 고고학자는 호미같이 다양한 도구를 만들어서 사용한다. 대량의 흙을 파는 것은 삽 대신에 정교한 포클레인을 쓰는 일이 많아지고 있다. 그래도 능서불택필能書不擇筆(글을 잘 쓰는 사람은 붓을 가리지 않는다)이라는 말은 글쓰기에만 해당되는 것이 아니다. 생각해보면 트라울은 가장 고고학적인 도구이다. 트라울을 손에 쥐고 만능의 작업을 하는 고고학자의 모습을 보면 수십만 년 전 손에 딱 쥐기 좋은 주먹도끼를 만들어 쓰던 구석기시대의 사람이 떠오르는 듯하다.

3   보존,
   발굴의 마침표

흔히 고고학자는 땅을 파는 것만 한다고 생각한다. 하지만 고고학의 진정한 역할은 발굴 직후부터 본격적으로 시작된다. 고고학 발굴의 궁극적인 목적은 발굴된 유물을 최대한 손상 없이 보존하여 우리의 다음 세대에게 넘겨주는 것이기 때문이다. 고고학자는 이를 위해서 끊임없이 고민하고 또 기술을 발전시키고 있다.

고고학에서 발굴은 여러 작업의 첫 단추를 여민 것에 불과하다. 이후 발굴된 유물에 일일이 일련번호를 부여하고 출토 위치를 표기하고 사진을 찍는 등 객관적으로 그 흔적을 증거로 남겨야 한다. 그리고 보존 상태가 좋지 않은 것은 최대한 원래의 모습을 보존할 수 있도록 보존과학적인 처리가 뒤따라야 한다. 보존과학의 사전적인 정의는 인류가 남긴 유형문화재의 손상되고 파괴된 모습을 현대 과학의 다양한 방법을 이용하여 회복시키거나 현상을 유지하는 것을 말한다. 사람들은 발굴유물이라고 하면 토기, 석기, 금속류를 많이 떠올린다. 이들 유물만 주로 나오는 것은 목재와 같은 유기물질은 썩어서 남아 있지 않기 때문이다. 그런데 가끔 특수한 상황에서 유기물

천마총 발굴 당시의 장면. 세심한 발굴과 보존 덕에 지금 우리가 아는 천마총이 나올 수 있었다.

질이 발견되면 그것을 최대한 보존해서 남기는 것이 중요하다.

지금은 보존과학이라는 분야가 고고학에서 독립하여 별도의 학회가 운영되며, 전공 과정도 다수 생겼다. 그렇지만 고고학에서도 보존과학적인 지식은 필수이다. 다양한 현장의 환경에서 예상치 못한 유물의 출토는 빈번하기 때문에 전문가의 손을 거치기 전 현장에서 긴급하게 처리하는 과정이 필요하다. 게다가 발굴하는 유물의 재질 및 땅속에서의 보존 상태가

서로 다르기 때문에 발굴하자마자 빠르게 보존 처리 방법을 선택해야 한다. 일반인은 잘 모르지만 현장에서 옻칠, 가죽손잡이, 머리카락 등이 거의 삭아서 발견되면 급한 대로 사진을 찍거나 기록을 하는데, 그사이에 눈앞에서 하염없이 사라지는 경우가 적지 않았다. 굳이 비유하면 고고학자는 전쟁 현장에서 병원으로 이송하기 전까지 부상병을 치료하고 이송하기 위하여 응급처리를 하는 위생병인 셈이다. 백제금동대향로, 인사동 금속활자 등 우리가 아는 대부분의 국보는 이러한 고고학자의 응급처리가 성공적으로 이루어졌기에 전시되는 것이다. 이렇게 신속한 응급조치로 우리에게 전해진 한국을 대표하는 유물로는 천마총에서 발굴된 천마도를 꼽을 수 있다.

천마도에 숨겨진 비밀

천마도는 하늘을 나는 말 그림을 그린 가로 75센티미터, 세로 56센티미터, 두께 0.6센티미터 크기의 자작나무 껍질을 앞뒤로 덧대어 만든 말다래障泥를 말한다. 말다래는 달리는 말의 발굽에 채인 진흙이 기마인의 다리에 튀는 것을 막기 위한 것이다. 단순한 실용적인 용도를 넘어서서 소유자(아마 왕이나 왕족)가 말을 타고 다닐 때에 그 옆을 장식하는 가장 화려한 상징이다. 천마도는 단순한 유물 이상의 의미를 지닌다. 하늘을 날아오르는 천마처럼 1,500년 전 유라시아 대륙과 맞닿으며 거대한 국가로 웅비하려는 신라의 모습이 다시 우리 곁으로 부활한 것이다. 비록 시작은 황남대총 대신 발굴해야 했던 고분이었지만 그 안에서 발굴된 천마도는 지난 50년간 한국과 유라시아의 숨은 관계를 상징하는 한국의 대표적인 유물로 자리매김했다. 지금도 천마도와 신라의 고분을 둘러싼 연구는 이어지며 그 비상은 계속되고 있다. 가히 '천마도 코드'라고 해도 될 정도로 수많은 비밀이 숨어 있다.

한국을 대표하는 천마도는 1973년 발굴 당시 무덤 근처에 유물을 따로 넣는 부장곽에서 두 장이 포개진 채로 발굴되었다. 보존 처리에 대한 경험이 전혀 없던 발굴단은 당황했다. 수소문 끝에 화학전공자의 조언을 받아 다양한 실험을 거쳐서 안전하게 떼어낼 수 있었다. 이러한 노력으로 그 생동감 있는

국보 경주 천마총 장니 천마도(국립문화재연구원 제공).

천마도의 그림은 우리에게 전해졌고 한국에서 보존과학의 서장을 여는 계기가 되었다.

나도 유학 시절에 서부 시베리아를 발굴하던 중에 시신을 감싼, 잘 바스러지는 자작나무의 껍질을 발굴한 적이 있다. 트라울을 대기만 해도 바스러지는 데다 공기 중에 노출된 하얀 자작나무 껍질은 빠르게 변색되어 눈앞에서 사라져 갔다. 주변 수십 킬로미터 안에 사람은 살지 않는 오지라 도움을 청할 수 없었다. 결국 러시아 동료들과 상의 끝에 급한 대로 사진과 도면으로 기록하고 그나마 조금 잘 남아 있는 몇 센티미터 정도의 자작나무 껍질을 흙과 함께 담을 수 있었다.

하물며 남한에서 자생하지 않는 자작나무 껍질을 처음 맞닥뜨렸던 천마총 발굴단의 어려움은 충분히 짐작이 간다. 박물관에서 설치한 유물의 설명 판에는 화려한 유물에 대한 설명이 있을 뿐 그것을 보존하기 위해 고군분투한 고고학자의 노력은 잘 나타나지 않는다. 하지만 1,500년 전 한반도와 광활한 유라시아를 이어서 훨훨 날던 천마의 비밀을 다시 우리에게 가져다준 것은 보존과학의 힘이요 고고학자의 노력이었음을 잊어서는 안 되겠다.

50년 전 천마총의 발굴로 시작된 한국의 고고학과 보존기술은 많은 경험을 축적했다. 덕분에 지금은 공적개발원조ODA 사업을 통해서 천마의 고향인 우즈베키스탄 등 중앙아시아의 개발도상국에 우리의 노하우를 전해 주고 있다. 천마도에서 새

　　　　　　　　　　2장　발굴의 과정, 고고학자의 시간 여행

겨진 고대 한국과 유라시아의 교류는 여전히 계속되고 있다.

보고서, 지나치기 쉽지만 반드시 필요한

거의 매일같이 다양한 언론 매체에서 발굴장에서 발견된 새로운 유물이 보도된다. 으레 발굴을 하는 현장에서 수많은 유물이 스포트라이트를 받고 전문가의 인터뷰가 이어진다. 새로운 유물은 널리 조명 받는 장면이 눈에 익다. 하지만 고고학자에게 이러한 발굴의 마무리는 기나긴 연구의 첫걸음일 뿐이다. 발굴이 마무리되면 유물을 발견한 위치를 표시하고 포장하여 연구소로 가져와야 한다. 이 유물에서 흙을 털어내어 세척하고 말린다. 박물관에서 보는 화려한 유물과 달리 땅속에서 발견된 것은 산산이 조각난 것뿐이다. 이 유물을 마치 퍼즐 맞추기처럼 접착 작업을 하여 복원한다. 또한 금속이나 나무같이 특별한 보존 처리가 필요한 것은 전문 작업실에 보내서 보존 처리를 해야 한다.

유물에 대한 1차 처리가 끝나면 그 유물을 보고하기 위하여 준비한다. 기와나 토기 편과 같이 너무 양이 많으면 생략하기도 하지만, 향후 연구할 가치가 있다고 판단되는 대부분의 유물은 사진을 찍고 '실측'이라고 하는 그림을 그려서 객관적인 증거로 남긴다. 최근에는 실측을 3D 스캔으로 간편하게 하는 경우가 많지만 과거에는 일일이 손으로 도면을 그리는, 매우 시간이 많이 걸리는 작업을 해야 했다.

이러한 과정은 일반인이 생각하는 화려하고 멋있는 전시품만 해당하는 것이 아니다. 그리고 다른 사람은 모르는 작업을 작업실에서 반복하는 이유는 무질서한 유물을 객관적으로 분류하여 의미와 질서를 부여하기 위해서이다. 직접 발굴하거나 현장에 가보지 못한 다른 고고학자나 일반인에게 유적과 유물에 대한 정보를 주는 것이다. 다양한 정보를 취합해서 고고학자는 '보고서'를 간행한다. 나라에 따라 보고의 방법이 다른데, 한국은 책의 형태로 제본해서 제출하지만 대부분의 나라는 문화재청과 같은 관리기관에 보고서를 제출한다.

이렇게 '보고서'라고 불리는 발굴한 내용과 유물을 담은 간행물의 존재를 일반인은 잘 알 수 없다. 보통 서점에서 판매하지 않으며 ISBN(국제표준도서번호)을 받지 않는 것이 대부분이다. 문화재청의 홈페이지이나 발굴을 담당한 기관에 문의하면 최근 발간된 보고서를 얻어 볼 수 있지만, 그 내용은 전문적인 고고학 교육을 받지 않은 사람에게는 쉽게 이해하기 어렵다. 사실 이 보고서에는 현장 고고학자 수십 명이 흘린 땀과 정성이 고스란히 담겨 있다. 그리고 수십 년이 지난 후대에도 전해져서 그 발굴을 다시 재평가하는 근거가 되기도 한다.

미래를 향한 기다림

보고서까지 간행하면 고고학자에게는 이별의 시간이 다가온다. 바로 고고학 유물을 국가에 귀속시키고 수장고에 넣어

국립경주박물관 수장고. 최근에는 지하에 두지 않고 일반인도 관람할 수 있는 개방형 수장고가 많아졌다.

야 할 시간이다. 발굴자의 소속이 대학이나 발굴전문기관이라고 해도 모든 발굴 유물은 자동으로 국가에 귀속된다. 따라서 발굴된 유물의 분석 및 보고서가 완료되면 원칙적으로 국가가 지정한 국공립 박물관에서 관리하여 후대에게 전하기 위하여 보존된다. 그런데 발굴된 유물의 양이 워낙 많아서 대부분의 수장고에 공간이 없다. 게다가 발굴을 여러 곳에서 하기 때문에 발굴된 유물의 양도 기하급수적으로 늘어나고 있다. 이에 최근에 등장한 묘안이 바로 일제 때에 철도를 연결하기 위해 건설되었던 폐터널을 활용하는 방안이다. '예담고'라 불리는 폐터널 활용 문화재 수장고는 2023년 현재 충청권에는 대전 사진포터널, 호남권에서는 전주 신리터널에서 열렸다. 얼핏 터널이라고 하면 음침하다고 생각하지만, 지하가 아닌 공간이라 오히려 항온항습에 유리하기 때문에 유물의 보관에 적절하다. 게다가 관람할 수 있는 공간도 넓어서 문화재를 사랑하는 사람이 아무 때라도 볼 수 있으니 일석이조인 셈이다. 향후 각 도별로 이러한 문화재 수장고가 생긴다고 한다.

사실 사람들이 박물관에 가면 볼 수 있는 유물은 극히 일부분이다. 수십만 점의 유물은 보이지 않는 수장고에서 후대 고고학자의 손에서 연구되는 것을 바라며 보관되고 있다. 토기 한 점 한 점이 과연 후대에 어떻게 자료로 사용될지는 아무도 모른다. 아마도 대다수는 다시 햇빛을 보지 못한 채 수장고에 계속 보관될 가능성이 높다. 하지만 유물의 운명은 미래 고고학자의 선택이다. 현대 고고학자의 임무는 최대한 많은 정보를 남겨서 후대에 이어주는 것이다. 그런 점에서 그 누구보다 미래를 대비하는 작업이 바로 발굴이다.

3장

그림자 찾기

1 퍼즐,
깨진 유물로 맞추는 역사

대부분의 고고학자는 파편을 만지며 일생을 보낸다고 해도 과언이 아니다. 그냥 깨져서 버려진 것도 있고, 무덤에 소중하게 놓인 것도 있다. 깨진 토기 편 하나하나에서 과거 역사를 찾아내는 이유는 고고학이라는 학문이 극히 일부만 우연히 남은 파편을 매개로 과거와 인연을 잇는 학문이기 때문이다. 고고학자가 발견하는 유물은 크게 의도적으로 묻힌 것과 우연히 버려진 것으로 나뉜다. 무덤에서 출토되는 유물은 의도적으로 묻힌 것의 대표적인 예이다. 그런데 의도적으로 묻은 것이라도 타임캡슐과 같이 일부러 100년이나 1,000년 뒤에 열릴 것을 염두에 둔 것이 아니다. 그 유물은 죽은 사람과 함께 영원히 지하에 묻혀 있기를 바라고 묻은 것이다. 하지만 대부분의 고고학 유물은 그런 물건을 현대의 고고학자가 다시 꺼낸 것이다. 우리나라 최고의 황금 유물로 꼽히는 신라 금관의 경우 그런 사정을 잘 보여준다. 겉으로 화려해 보이는 금관이지만 가만히 보면 금관에 잘못 뚫은 구멍이 다수 보인다. 가야나 신라 토기에도 부장된 것 중에는 구울 때에 화도가 안 맞아서 여기저기가 부풀거나 터진 일종의 불량품도 제법 있다. 무덤 주인이 일일이 물건을 검사할 리가 없으니 그냥 넣은 것이다. 이와 달리 집자리(집터)나 조개무지에서 발견되는 유물은 사람이 살다 버리고 간 집이나 쓰레기장에서 발견되는 유물이다.

대부분의 유물은 우연히 발견될 뿐, 우리가 찾고 싶은 것을 마음대로 찾는 경우는 거의 없다. 한국은 지난 수십 년간 남해안 앞바다에서 거북선을 찾기 위해서 수없이 노력했다. 실제 임진왜란 때 남해안 일대에서 조선의 수군은 왜군을 맞아 치열한 전투를 벌였고, 그 와중에 수백 척의 배가 침몰했다. 하지만 현재 그 흔적을 전혀 찾을 수 없다. 기독교 성서에 기록된 사람과 사건을 찾아내려는 경우는 더 심하다. 기독교의 중심에 있는 예수의 무덤은 더욱더 사람들을 애타게 한다. 지난 수백 년간 수많은 고고학자와 기독교인은 예수의 무덤이 발견되기를 기다려왔다. 심지어 그 무덤을 발굴했다는 해외 토픽이 매년 나오지만, 어떤 것도 제대로 된 증거가 없다. 그 외에 노아의 방주나 칭기즈칸의 무덤을 검색하면 매년 새로운 '발견' 뉴스를 찾을 수 있다.

사실 조금만 생각해보면 찾고 싶은 유적이나 유물이 안 나오는 것이 오히려 정상이다. 생각해보자. 내가 어렸을 때 가지고 놀던 인형이 어딘가에 묻혀 있고, 그것이 수천 년 뒤에 다른 사람의 손에 의해 발견될 가능성은 거의 0에 가깝다. 고고학적 유물은 이러한 0에 가까운 가능성을 뚫고 우리 앞에 놓여 있다. 기적 같은 인연은 사실 영화가 아니라 우리가 흔히 보는 유물 모두에 숨어 있는 것이다.

그러니 고고학자의 숙명은 우연히 발견되는 작은 토기 조각 하나하나에서 수많은 과거 사람의 모습을 찾아내는 데 있다. 그리고 그렇게 찾아낸 사소한 인연의 결과는 결코 작지 않다.

사소한 유물도 놓칠 수 없는 이유

고고학자에 손에 쥐어지는 고고학 유물은 단순해 보이지만 사실 시간과 환경의 한계를 뚫고 우리 앞에 놓인 것이다. 수천 년의 세월을 견디고 발견되는 유물은 아마도 실제 사용했던 것의 수만 분의 일도 안 되는 극히 일부일 것이다. 그리고 고고학자는 그 수만 분의 일도 안 되는 몇 개의 유물을 가지고 다시 과거를 복원해내는 작업을 해야 한다. 고고학자가 발굴하기 전까지 물건이 유물이 되는 과정을 정리하면 다음과 같다.

물건을 제작 → 사용 → 폐기(쓰다가 버리거나 무덤에 묻음) → 퇴적(땅속에 묻힘) → 발굴 또는 파괴(땅속에 있는 것이 우연 또는 발굴로 다시 드러남) → 발견

　　　　　　　　　　　　　　　　　　3장 그림자 찾기

유물을 발굴하는 과정에서 고고학자에게 중요한 것은 유물 그 자체가 아니라 유물이 놓여 있는 과거 삶의 흔적이다. 우리는 이것을 '유구'라고 부른다. 비유를 하면 옛 사람이 김장을 하고 땅을 파서 묻어놓은 김장독이 발견되었다고 하자. 항아리 자체가 유물이라면 항아리를 묻기 위해 사람이 파놓은 구덩이 자체는 '유구'가 된다. 이 보이지 않는 흔적은 과거를 복원하는 강력한 단서가 된다. 서울 암사동 선사유적관을 가면 6,000년 전 신석기시대 사람이 살았던 집을 복원해놓은 것을 볼 수 있다. 지푸라기를 엮어 만든 집이 '실제로' 발견된 것이 아니다. 암사동 유적에서 과거 사람이 구덩이를 파서 집을 만들었던 흔적만이 남았을 뿐이다. 터를 잡기 위한 구덩이와 벽과 지붕을 세우기 위한 기둥을 박아 넣었던 구멍의 흔적을 찾고, 이를 바탕으로 과거 집을 재구성한 것이다. 마치 뼈 몇 개와 단서 몇 개로 범죄를 재구성하는 수사단과 같은 모습이다.

이런 그림자 같은 과거의 흔적을 찾는 것은 고고학자의 손과 눈썰미이다. 한번 사람이 팠다가 다시 묻은 구덩이는 자연적으로 퇴적된 땅과 밀도가 다르고 그 안에 비교적 공기도 풍부하기 때문에 풀과 같은 유기물이 많아서 색도 다르다. 앞에서 설명한 트라울이나 호미를 이용해서 고고학자는 흙을 긁을 때에 느껴지는 미세한 흔적과 차이를 파악하고 과거 유적의 흔적을 찾아낸다. 다양한 과학을 동원하고 논리적인 연구를 하는 고고학자도 일단 현장을 찾아서 연구하고자 하는 것은 다 이런 이유 때문이다.

고고학자가 일반인과 다르게 유적에서 관심을 두는 것은 바로 유물이 놓여 있는 주변, 즉 유물이 놓여 있는 상황(맥락)이다. 이 맥락은 유물의 용도를 파악하는 주요한 단서가 된다. 비유하면 같은 회칼이라고 해도 생선 횟집에서 발견되는 것과 조폭이 활동한 어지러운 싸움판에서 발견되는 것은 그 용도가 완전히 다른 이치이다. 그리고 이런 관심은 고고학이 단순한 유물의 감상에서 벗어나는 기준이 된다. 유물 자체보다는 그것을 사용했던 사람에 대한 관심이 이러한 고고학자의 연구방법으로 이어지는 것이다.

2   시간,
       수만 년을 뛰어넘어

　지난 2018년 여름에 나는 경희대 학생들과 함께 시베리아과 학원 고고민족학연구소가 발굴하는 데니소바 동굴에서 현장을 견학했다. 데니소바 동굴은 네안데르탈인과 같은 시기에 살았던 또 다른 인류인 '데니소바인'이 발견되어 세계적인 명성을 얻은 곳이다. 알타이산맥 속의 어두컴컴한 동굴로 빨려들어가듯 들어간 학생들은 흐릿한 백열등을 켜고 음침한 땅을 긁어대는 고고학자의 모습을 보고 다소 실망하는 눈치였다. 세계적인 유적이라고 하지만 정작 눈에 보이는 것은 컴컴한 땅속에서 하염없이 벽을 꽃삽으로 긁고 있는 모습뿐이었으니 말이다. 그런 반응을 뒤로 하고 벽의 층위를 가리키며 강의를 시작했다. 각각의 층위에는 스티커가 붙어 있었고 "여기 보이는 지층 하나하나는 각각 1만 년 정도의 시간이다"는 설명을 덧붙였다.

20만 년간 쌓인 데니소바 동굴의 지층.

100년도 못 사는 우리 인간이지만 1만 년의 시간을 쉽게 넘나들 수 있는 것이 바로 고고학자이다. 그제야 학생들은 고고학자는 수만 년의 시간을 넘나들어서 유물을 발굴한다는 점을 실감한 듯했다. 데니소바 동굴의 가장 밑 층위는 약 20만 년 전으로 판명되었고, 그 근처에서 발견된 뼛조각의 DNA를 분석한 스반테 페보Svante Erik Pääbo는 2022년에 노벨생리학·의학상을 수상했다. 고고학자는 보잘 것 없는 흙더미에 시간이라는 실마리를 부여했고, 그 실마리를 풀어낸 결과가 세계적인 수상으로 이어진 것이다.

데니소바 동굴뿐이 아니다. 고고학 현장에 가면 정말 다양한 시대의 유적과 유물이 있다. 현장에서 수많은 유물을 보면서 여전히 우리 고고학자에게 가장 중요한 질문은 "이것은 어

나이테 측정법을 쓰기 위하여 고대 목관을 채취한 장면(좌)과 절단한 고대 목재(우).

느 시대일까"이다. 현장에서 돌아와 맥주를 한잔하면서 토론할 때도 토기 한 점이나 유적의 연대를 두고 불꽃 튀는 설전이 벌어지는 경우가 흔하다.

옛 유물을 연구하는 첫걸음은 그 유물의 시간과 공간을 밝히는 것이다. 즉 언제 어디에서 만들고 쓰였는가를 밝히는 것이 모든 연구의 첫걸음이다. 어디에서 쓰였는가라는 질문은 발굴을 많이 하면 할수록 정확하게 밝힐 수 있다. 하지만 얼마 전까지만 해도 '언제'라는 질문에 고고학자는 쉽게 답할 수 없었다. 고고학자가 수만 년의 연대를 본격적으로 측정하게 된 것은 1960년대 이후로, 과학을 사용하여 측정한 기간은 60년 남짓 되었다. 물론 연대 측정 방법이 없었을 때에도 역사 기록이나 비문 등에 남아 있는 달력이나 연대를 토대로 그 시기를 짐작할 수 있었다. 다만 이런 경우가 많지도 않을뿐더러 그 연대도 5,000년 이상 올라가지 않는다. 그 이전 시기는 아무도 장담할 수 없고, 종교나 신화에서 믿는 연대를 그대로 신봉하는 식이었다. 우리가 지금 별다른 부담 없이 보는 몇십만 년의 역사는 사실 고고학자가 사회의 통념과 싸워온 시간 전쟁의 결과이다.

지층, 흙으로 덮인 세월의 나이테

고고학자의 현장 작업에서 삽질만큼 중요한 것이 지층이다. 발굴할 때 구덩이의 벽을 꽃삽으로 정돈하는 작업을 많이 한다. 고참은 후배에게 구덩이의 벽을 마치 거울처럼 닦으라고 주문한다. 땅속의 흙은 일정한 시간을 두고 케이크처럼 쌓여 있다. 그러니 한 층 한 층이 수백 년 또는 수천 년의 시간을 두고 쌓인 것이다. 영화 속 타임 슬립처럼 고고학자는 한 층 한 층 발굴을 하면서 고대의 시간으로 미끄러져 간다. 지층을 발굴하는 것은 그 시간을 하나씩 벗겨내는 과정이다. 땅을 한 삽 뜨는 순간 우리에게 펼쳐지는 유물은 수백 년 또는 수천 년의 것이다. 수천 년의 시간 동안 유적은 퇴적작용을 겪으며 흙으로 덮인다. 바로 그 흔적이 지층이다. 그러니 한 삽만 더 떠도 수백 년을 지나칠 수 있다. 그리고 순간의 부주의로 지나친 층 위는 두고두고 고고학자의 실수로 기억된다.

트로이 유적을 발굴한 하인리히 슐리만Heinrich Schliemann은 바로 그 타임 슬립을 제대로 못해서 자기가 원하는 시대를 지나쳤다. 슐리만은 트로이를 발굴하기 위하여 수천 년간 사람

슐리만이 발굴한 트로이 유적. 그가 발굴한 황금은 실제로 트로이와는 관계가 없다. II라고 쓰인 지점에서 황금이 발견되었지만 실제 트로이가 있던 시기는 VII라고 쓰인 표지판 근처의 층위이다. 즉 잘못된 층위에서 발굴한 것이다.

2007년 필자가 목탄을 채집 중인 모습.

이 살면서 지층이 쌓인 테페를 발굴하고 있었다. 그는 트로이의 화려한 황금만을 찾아서 내려가던 중 황금 유물을 발견하고 그의 젊은 아내 소피아가 유물을 착용한 모습을 사진으로 찍어 세상에 알렸다. 하지만 그가 발굴한 것은 트로이보다 수백 년 이전인 프리기아왕국의 황금이었다.

고고학자는 사실 황금같이 화려한 것과 관련이 멀다. 대부분은 먼지 구덩이에서 무슨 흙을 그리 소중하다는 듯이 긁어내고 있다. 그 이유는 바로 그 한 겹 한 겹 흙이 수백 년의 역사를 넘나들 수 있는 타임 슬립의 과정이기 때문이다. 심지어 그 한 겹씩 벗기는 과정은 육체적인 노동을 수반해야 한다.

예전에 한번 파였던 땅의 흔적을 찾아내는 데에는 사실 별다른 매뉴얼이 없고 체계적인 교육법도 만들기 힘들다. 그도

3장 그림자 찾기

그럴 것이 워낙 지역마다 땅이 다르고 현장의 기온이나 날씨 등에 따라서 그 조건이 다르기 때문이다. 층위나 토양에 대한 몇 가지 개설서는 있지만, 여전히 가장 좋은 무기는 경험뿐이다. 흔히 AI의 등장으로 인간의 일자리가 없어진다고 걱정을 많이 하는데, 고고학 발굴에서 AI가 전면적으로 도입되기는 쉽지 않을 것이다.

세상을 파괴하는 대가로 받은 선물

20세기에 들어서야 고고학자는 창조론의 한계를 완전히 벗어버리고 과거의 연대를 알기 위하여 다양한 연구를 하기 시작했다. 하지만 절대적인 연대를 아는 데에는 한계가 있었다. 이집트나 고대 메소포타미아의 글자와 함께 나온 유물을 비교해서 파악하는 식이었다. 그러니 기껏해야 문자를 쓰기 시작한 5,000년 전 이상의 연대는 아주 애매하게 알 수밖에 없었고, 그나마도 매우 부정확했다. 하지만 제2차 세계대전 후에 고고학계에서도 마치 영화의 한 장면처럼 과거의 유물을 넣으면 뚝딱 그 연대를 말해주는 기계가 실제로 발명되었다.

새로운 발명을 가져온 것은 제2차 세계대전이었다. 당시 미국에서는 핵폭탄을 개발하기 위해 유명한 '맨해튼 프로젝트'가 엄청난 자본과 인력으로 수행되었다. 미국 각지에서 핵물리학과 관련된 다양한 기술자 수천 명이 동원된 이 프로젝트의 결과는 잘 알다시피 수많은 인명을 살상할 수 있는 핵폭탄의 발명으로 이어졌다. 당시 물리화학자인 윌러드 리비Willard Frank Libby도 이 프로젝트에 참여했다. 그는 맨해튼 프로젝트를 수행하는 과정에서 고고학 현장에서 흔히 발굴되는 목탄이나 인골로 과거의 연대를 측정할 수 있는 획기적인 아이디어를 생각해냈다. 전쟁이 연합국의 승리로 끝난 후에 핵 개발의 압박에서 자유로워진 그는 자신의 아이디어를 발전시킬 수 있었다.

당시는 핵 개발을 하면서 핵물리학의 수준도 비약적으로 발달하던 때였다. 연구를 해보니 우리 눈에는 보이지 않지만 우주에서 우주선cosmic ray이 지구로 쏟아지고, 그 과정에서 중성자neutron가 발생한다는 것이 밝혀졌다. 그런데 이 중성자는 대기 중의 질소와 결합해서 방사성을 띤 동위원소인 탄소14로 바뀌게 된다. 지구상의 탄소 대부분은 주기율표의 값과 똑같은 12개의 양성자와 중성자를 가지는데, 우주선과 결합하여 중성자 2개가 더 많은 탄소14가 아주 미미하지만 존재한다. 탄소12가 전체 탄소의 98.89퍼센트이고 탄소13은 1.1퍼센트인 데에 반해서 탄소14의 비율은 0.000001퍼센트에 불과하다. 게다가 탄소14는 마치 12인승의 수레에 14명이 탄 것같이 불안정하다. 결국 탄소14는 똑같은 원자 값의 질소로 바뀌게 된다. 지구상에서 호흡하는 동식물은 대기 중의 이산화탄소를 받아들인다. 식물은 광합성을 하고 동물은 그 식물을 먹거나 다른 동물을 먹는 식이다. 즉 모든 동식물은 몸 안에 탄소14를 대기와 똑같은 비율로 가진다. 하지만 동물이나 식물이 죽고 나면 더 이상 대기에 있는 탄소14를 받지 못한다. 그리고 몸 안에 있는 탄소14는 천천히 질소로 바뀐다.

이러한 성질을 띠는 다른 방사성물질도 많지만 탄소14가 고고학에 도입된 결정적인 계기는 그 반감기였다. 각 방사성물질은 반감기가 다르다. 예컨대 의료 기기에 사용되는 방사성물질은 반감기가 짧게는 몇 분 정도이고, 후쿠시마 원전 사고의 결과로 사람들이 걱정하는 세슘137은 30년, 플루토늄239는 2만 4,300년이다. 이에 비해 탄소14는 반감기가 인류의 역사를 측정하기에 적절한 5,730±40년이다.

리비가 개발한 방법 덕분에 고고학자는 가장 큰 두통거리인 연대에 대한 고민을 덜 수 있었다. 발굴 중에 흔히 발견되는 숯 덩어리나 뼈를 잘 포장해서 방사성탄소연대 실험실로 보내고 결과만 기다리면 되기 때문이다. 세상을 파괴하는 핵폭탄의 연구 끝에 얻은 새로운 방법으로 고고학자는 글자나 역법이 없는 수만 년 전의 시간도 측정할 수 있게 되었다. 진정한 의미의 고고학자를 위한 타임머신이 발명된 것이다. 핵폭탄의 개발 과정에서 발견된 이 방법은 고고학자에게도 핵폭탄과 같은 큰 변화를 주었다. 고고학자를 옭아맸던 시간의 제약이 풀린 것이다. 리비의 연구로 고고학계는 큰 전환을 이루었고, 리비는 1960년에 노벨화학상을 받았다.

물론 방사성탄소연대 방법은 완벽하지 않다. 방사성탄소연대의 기본 원리는 통계이다. 보통 오차 범위를 표시한다. 예컨대 어떤 연대가 98퍼센트의 신뢰도로 2,000±100라는 연대가 나왔다면 확률적으로 이 시료는 1,900~2,100년 전 사이의 어딘가에서 나왔을 가능성이 98퍼센트에 이른다는 식이다. 그리고 방사성탄소연대의 기본 전제는 과거나 지금이나 대기 중의 탄소14 비율은 일정하다는 것이다. 하지만 실제로 방사성탄소연대의 비율은 계속 변하며, 실제로 측정할 때마다 차이가 나는 경우가 많으므로 그 오차를 줄이는 방법이 지금도 개발되고 있다.

2000년대 이후에는 AMSAccelator Mass Spectrum의 도입으로 좀 더 정확한 연대 산출 방법이 개발되었다. 이 방법은 탄소 원자 하나하나를 분리시켜서 일일이 그 질량을 측정하는 방식이다. 그러니 훨씬 더 적은 양의 시료를 가지고 측정이 가능하다. 예전에는 적어도 손가락만 한 숯이 필요했지만, AMS는 탄소 0.01그램이면 가능하다. 즉 토기에 남아 있는 숯검정을 긁어서 나온 가루나 쌀알 한 톨을 측정할 수 있다. 대신에 AMS 기기는 정밀한 대신에 장치의 크기도 거대하고 비용도 많이 든다. 서울대 기초공동기기연구원에 설치되어 있는 AMS 기기는 3층 건물 정도의 높이이다.

최근 러시아 노보시비르스크에 위치한 시베리아과학원 핵물리학연구소에서 탄소 입자를 측정하는 실린더를 U자형으로 돌리는 기술을 개발해서 크기는 반으로 줄이고 비용도 줄였다. 우연히 술자리에서 고고학연구소 연구원들의 푸념을 들은 핵물리학연구소의 작품이다. 고고학연구소에서 AMS 기기를 사와야 하는데 수백만 달러에 달하고 수입도 어려워서 도저히 들여올 수 없다고 푸념하는 이야기를 핵물리학자가 가만 듣고 그렇게 어려운 기술이 아니라고 판단했다. 그는 A4 용지에 연필로 슥슥 설계도면을 그리고 차고를 개조한 실험실에서 직접 만들었다. 1980년대 소련 시절에 만들어진 펌프와 모터를 재활용해서 만들어놓아 얼핏 보면 무슨 잡동사니를 모아놓은 것 같다. 서울대학교에 있는 AMS 기계의 3분의 1 정도로 작고 제작비와 유지비도 대폭 줄였다. 얼핏 헛웃음이 나오는 상황이지만, 사실 핵폭탄이라는 인간을 파괴하는 무기 대신에 발명된 신기술임이 다시 상기된다.

방사성탄소연대, 변방에 서광을 비추다

전쟁이 준 뜻밖의 선물인 방사성탄소연대로 고고학계는 일대 혁명이 일어났다. 그전까지는 영국의 스톤헨지가 이집트의 피라미드에서 기원했다고 생각했다. 방사성탄소연대를 몰랐기 때문에 막연하게 우월한 고대 문명에서 변방의 영국으로 전파되었다고 본 것이다. 사실 4대 문명에서 세계의 모든 문명이 확산되었다고 하는 과거의 주장은 방사성탄소연대측정법이 나오기 전의 견해이다. 절대연대를 알 수 없으니 크고 훌륭한 피라미드 같은 것에서 돌을 쪼개서 만든 변방의 고인돌이 생겨났다고 보는 것은 어쩌면 당연했을지 모른다. 어쨌거나 방사성탄소연대를 측정해보니 변방의 거석문화가 훨씬 연대가 오래되었음이 밝혀졌고, 4대 문명 기원론은 곧 자취를 감추었다.

또한 1960년대에 일본의 조몬시대의 토기를 측정해보니 무려 구석기시대에 해당하는 1만 2,000년이 나온 적이 있다. 처음에 후쿠이福井 동굴에서 측정한 연대가 1만 2,000년을 상회하는 연대가 나오자 고고학자들은 일제히 그 측정 방법에 불신을 보냈다. 심지어 일본에 떨어진 두 차례의 핵폭탄으로 일본 대기에 방사성물질의 비율이 높아져 방사성탄소연대에 혼란이 왔기 때문이라고 생각한 학자도 있었다. 거듭되는 측정과 발굴 방법의 개량으로 토기가 구석기시대의 유물과 같이 나오는 예가 다수 확인되었다. 이후 1980년대에 러시아 연해주에서도 비슷한 시기의 토기가 출토되었고, 지금은 중국에서 2만 년 전의 토기가 나왔다는 보고도 나오고 있다. 나아가 튀르키예의 괴베클리 테페Göbekli Tepe와 같은 유적은 구석기시대 후기에 이미 거대한 신전을 만들었다는 점도 증명한다. 이렇게 기존의 4대 문명이 아니라 변방으로 치부되었던 지역에서 다양한 문화가 일찍이 발달했음이 밝혀진 것은 전적으로 방사성탄소연대측정법의 도입 덕분이다.

방사성탄소연대측정법의 발달에 힘입어 세계 각지에서 밝혀진 사실들로 고고학계에서도 기존의 문명에 대한 통설이 무너지고 있다. 20세기에 이야기하던 '4대 문명의 위대한 발명품이 각지로 전파되면서 세계가 계몽되었다'는 식의 주장은 더 이상 통용되지 않는다. 인류의 역사는 결코 거대한 기념물과 위대한 왕이 선도하지 않았으며, 다양한 사회적 관계에 의해 형성되었음이 수많은 증거로 밝혀지고 있다. 문명은 결코 위대한 업적도 아니고, 구성원의 행복을 위한 과정도 아니었다. 각 인류는 생존하기 위해서 다양한 방법을 구사했고, 그 와중에서 그들이 선택했던 수많은 과정이 서로의 작용으로 후대에서 말하는 문명이라는 결과물로 나타났다. 중심과 변방으로만 인식되었던 기존의 선사시대에 대한 인식은 바로 방사성탄소연대측정법의 개발로 무너지게 되었다.

한국에서도 방사성탄소연대의 도입은 전쟁과 관련되어 있다. 한국전쟁 때에 한국에서 미군 상사로 근무하던 고고학자 하워드 맥코드Howard MacCord 소령은 경기도 가평의 북한강 지류인 가평천 근처에 미군 캠프를 설치하면서 개인 참호를 파다가 땅속에서 고대 집자리의 흔적과 유물을 발견했다. 한국에 오기 전에 고향인 버지니아에서도 발굴 경험이 많은 전문적인 고고학자였던 맥코드 소령은 당시 전시 상황에도 불구하고 발굴 중에 찾아낸 숯이 된 나무기둥을 갓 설립된 미시간 대학의 방사성탄소연대 실험실로 보냈다. 1958년에 공개된 이 가평리의 연대는 1,700±250라는 결과가 나왔다. 대체로 초기 백제 또는 원삼국시대에 해당한다.

이렇게 방사성탄소연대측정법의 등장으로 고고학의 경험이 비교적 짧은 지역에서도 쉽게 연대를 측정하고 고대 문화를 연구하게 되었다. 그 결과 4대 문명에서 다른 지역으로 전파되어갔다는 식의 연구도 빠르게 사라지게 되었다.

문제는 숫자가 아니다

방사성탄소연대측정법의 등장으로 연대에 대한 고민이 끝난 것은 아니었다. 숫자는 숫자일 뿐, 결국 고고학자는 자기가 좋아하는 숫자만 믿고 싶어 하기 때문이다. 방사성탄소연대측정법의 개발은 논란이 되는 많은 문제에 새로운 시사를 주기도 했다.

2003년 5월에 일본 고고학계에서는 엄청나게 큰 소동이 있었다. 일본의 국립역사민속박물관을 중심으로 한 일련의 연구자들이 방사성탄소연대측정법의 결과를 공개하며 청동기시대에 해당하는 야요이彌生문화의 개시 연대를 기존의 통설인 기원전 300년에서 무려 600년이나 올린 기원전 10세기라고 주장한 것이다. 갑자기 연대를 올리면서 일본 야요이문화의 기원지로 한반도 대신에 중국 요서 지역의 비파형동검문화를 지목했다. 새로운 야요이문화론은 여러 논란을 거치면서 일본 고고학계의 정설이 되고 있다. 자국의 역사를 오래된 것으로 보려는 경향이 강해지는 일본의 분위기도 한몫했다. 일본의 청동기시대도 다른 동아시아의 여러 지역과 차이가 없다는 뜻이다.

그런데 이렇게 연대를 올리기 전까지 일본은 방사성탄소연대를 믿지 않는 대표적인 나라였다. 바로 이웃한 한반도에서 발견된 청동기시대 유물이 기원전 15세기의 것으로 측정되었다고 해도 변함없이 기원전 300년에 청동기시대가 시작되었다고 생각했다. 그리고 남한의 청동기시대와 철기시대도 일본에 맞추어서 그 연대를 늦게 보았다. 일본 고고학의 영향을 강하게 받은 남한은 일본의 연대에 맞추어서 그 연대를 맞추는 경향이 강했다. 예컨대 2018년에 국립중앙박물관에서 열린 특별전 〈쇠·철·강〉 전시회에 설치된 철의 역사 연표를 보자. 한반도에 철기가 도입된 것은 기원전 4세기인데, 남한에서 철기가 제작된 것은 기원전 1세기라고 되어 있다. 기원전 4세기는 중국의 철기가 한반도로 도착한 연대를 말하지만, 기원전 1세기라 함은 남한과 일본의 철기시대를 한나라 낙랑군의 도입에 맞추었기 때문이다. 그런데 당시 한반도는 이미 고대국가가 성립되어 있는 상황이다. 어떻게 한반도 북부에서 남부까지 철기가 도입되는 데 약 300년이라는 긴 시간이 소요되는지 납득되지 않는다. 이뿐 아니라 대부분 남한의 선사시대는 만주 및 북한과 연대 차이가 많이 난다. 이는 북한과의 소통이 오랜 기간 단절된 상태에서 남한 중심의 역사관이 너무 깊어지며 단절적으로 역사를 인식한 결과이다.

북한은 중국 만주와 이어졌기 때문에 방사성탄소연대를 그대로 신뢰한다. 하지만 남한은 상대적으로 연대가 떨어지는 일본과 붙어 있기 때문에 연대를 더 늦게 보는 것이 안전(더 신뢰가 높다는 뜻)하다고 생각한다. 예컨대 어떤 유적의 연대가 기원전 3세기부터 기원전 1세기라는 측정치가 나왔다면 '안전하게' 보아서 기원전 1세기나 그 이후라고 생각하는 식이다. 그래서 주변 국가들의 선사시대 연대는 계속 이른 시기로 올라가는데 한국과 일본만 마치 갈라파고스제도처럼 고립된 연대를 고집해왔다. 그러던 차에 일본에서 태도를 바꿔 갑자기 연대를 올려버렸으니, 상황은 웃지 못하게 전개되었다. 일본의 연대가 한반도보다 더 빨라져서 대륙의 청동기시대가 일본으로 점프해서 건너갔다가 다시 한반도 남부 지역으로 전파된 것으로 오해할 상황이 된 것이다.

일본 야요이 연대는 바로 자연과학적 방법으로 그 연대를 추정해서 새로운 사실을 증명하고자 했다. 지금도 수많은 방사성탄소연대가 등장하고 있지만, 논쟁은 이어지고 있다. 새로운 연대 편년(고고학적 자료를 시간의 선후로 배열하고 연대를 부여하는 것) 방법이 우리를 둘러싼 모든 의혹을 해결해준 것은 아니었다. 연대의 측정은 그 수많은 문제 중에 극히 일부이며, 사실상 또 다른 해석을 위한 시작에 불과하기 때문이다.

사람들은 흔히 나이는 숫자에 불과하다는 말을 한다. 하지만 그 속뜻은 나이보다 젊게 살겠다는 강력한 의지가 내포된 것이지 숫자가 중요하지 않다는 뜻은 아니다. 우리 삶과 고고학에서 나이는 단순한 숫자 이상이다. 그 하나하나의 숫자에는 영겁의 세월 동안 쌓여온 인류의 삶이 녹아 있기 때문이다. 연대는 단순하게 숫자를 제시하는 것이 아니다. 숫자 그 이상의 과거 정보를 담아내고 있다. 그러니 각국의 고고학자는 그 숫자에 자기의 생각을 투영한다. 지금도 더 정확한 연대를 얻기 위하여 고고학자는 연구하고 있다.

3 　 문화,
　 　 파편들의 집합

　과거를 알고자 하는 인간의 욕망은 언제나 있어 왔다. 그런데 단순히 골동품을 모으는 것을 넘어서 옛 물건을 통해서 과거를 알고자 하는 고고학이 하나의 과학으로 성립되는 데에는 두 이론이 바탕이 되었다. 바로 19세기 중반에 본격적으로 등장한 '유물론'과 '진화론'이다. 유물론은 인간의 모든 생각과 감정, 역사를 물질로 나타낼 수 있다는 생각이다. 특히 사회주의권 나라에서는 마르크스주의의 사회발전단계론을 고고학적인 유물로 증명할 수 있다는 생각에서 고고학을 널리 발전시켰다. 이렇게 보면 마치 고고학이 이데올로기적인 경향을 띤다고 생각할 수 있겠지만, 그것은 유물론이 가진 전체 의의를 파악하지 못한 것이다. 고고학에서 유물론은 유물의 변천 과정이 바로 그것을 사용하는 사람의 발전 과정을 보여줄 수 있다는 것을 의미한다. 즉 고고학자가 유물을 발견한다면 그 유물은 인간 과거의 삶을 반영하고 있다는 것을 의미하는 것이다.

두 번째로는 진화론이다. 유명한 다윈Charles Darwin과 월리스Alfred Wallace가 발표한 《종의 기원》은 생물학적으로 생물은 자신이 처한 환경과 기후에 맞게 잘 적응한 것이 번성한다는 이론을 담고 있었다. 이후 진화론은 고고학에도 도입되어서 인간의 문화 역시 생물과 마찬가지로 진화할 수 있다는 가능성을 밝혀냈다.

유물론과 진화론을 결합하면 고고학자가 발굴하는 유물은 인간의 과거와 역사 발전의 과정을 밝혀낼 수 있다는 근거라는 것을 의미한다. 고고학자가 발굴해서 손에 쥐는 유물은 골동품이 아니라 인류 역사 과정의 한 발자취라는, 지금 보면 너무나 당연한 이 생각은 사실 유물론과 진화론이 도입된 이후에야 가능해졌다. 즉 고고학이 골동학과 이별하고 독립적인 학문으로 성장하기 시작한 것은 19세기 중반 이후이며, 그 근간에는 유물론과 진화론이 있다.

고고학은 인문학 중에서도 가장 과학에 가까운 편이다. 그 이유는 바로 19세기에 이루어진 주요한 과학의 발달에서 시작했기 때문이다. 그리고 1960년대 초반에는 미국과 영국을 중심으로 좀 더 적극적으로 과학적인 논증 방법으로 고고학 유적을 밝히려는 '과정고고학'이라는 물결이 등장하기도 했다(과정고고학과 관련해서는 상당히 심도 있는 연구가 필요하니, 이 책에서는 간단히 넘어가는 점을 양해 바란다). 이 모든 과정은 인디애나 존스가 등장하는 보물찾기 같은 고고학을 탈피해서 진정한 인간을 위한 연구로 나아가기 위한 노력이다.

과학의 방법을 지향하지만 고고학이 과학과 달라지는 결정적인 차이는 바로 기반이 되는 자료가 철저하게 우연적인 발굴로 발생한다는 점이다. 과학의 경우 실험을 위하여 표본 및 실험방법을 조절할 수 있다. 하지만 고고학자가 접하는 유물은 극히 단편적이고 실제 과거에 사용한 것 중에 극히 일부만 남아 있다. 그러니 온전하게 과학적으로 연역적인 논증으로 해결할 수 있는 가능성은 극히 제한적이다.

고고학자에게는 궁극적으로 과거 사람의 모든 것이 그 관심 분야라고 할 수 있다. 하지만 수천 년의 세월을 이겨내고 우리에게 남은 유물은 극히 일부분이다. 주로 잘 썩지 않는 토기와 석기류가 많다. 이렇게 남은 유물을 모아서 우리는 'ㅇㅇㅇ문화'라고 부른다. 박물관의 설명에 보이는 '청동기문화', '신라문화' 등의 이름을 붙인다. 때로는 처음 유적이 발굴된 지명을 따서 '송국리문화' 같은 이름이 붙기도 한다. 송국리문화는 부여 송국리에서 발굴된 약 2,700년 전 청동기시대의 마을 유적을 따서 붙인 이름이다.

이 문화는 우리가 흔히 알고 있는 문화라는 뜻과 비슷하다. 다만 차이가 있다면 발굴된 유물들을 모아놓은 것이다. 고고학은 유물의 연구를 통해서 과거의 문화적·행위적·사회적 실체를 규명한다. 고고학자가 발굴한 여러 파편의 집합인 셈이다. 그리고 고고학자는 주로 유물과 근처의 환경을 분석하여서 생계경제, 무덤, 마을을 만드는 방법 등을 분석한다. 지금도 과학이 발달하면서 고고학자가 분석할 수 있는 자료는 늘어가고 있다.

4   형식,
유물과 대화하는 법

박물관에 가면 여러 유물이 마구잡이처럼 진열되어 있는 듯
보인다. 심지어 신라토기 또는 가야토기라는 이름이 붙어 있
다. 사람들은 어떤 근거로 저렇게 쉽게 단정을 지을까 궁금해
한다. '과연 실제 가야인이, 또는 신라인이 그것을 사용·했을까'
하는 의구심이 들 수도 있다. 하지만 실제로 고고학자는 하나
하나에 의미를 부여한다. 유적을 답사하러 가면 예리한 눈으로
땅을 훑어보다가 토기 편을 집어서 잠시 응시하고는 곧바로
평가를 내린다. 신라, 가야와 같은 생산 지역은 물론 심지어 대
략적인 연대를 맞춘다.

나는 수업의 일환으로 학생들과 한성백제 유적인 몽촌토성
(서울 올림픽공원)이나 고구려의 요새가 몰려 있는 서울 광진구
의 아차산 일대를 주로 간다. 이 유적들은 이미 정비가 잘 되

토기로 분류한 신라와 가야의 문화. 고고학자가 유물의 특징으로 문화를 분류하는 좋은 예이다(국립대구박물관 소장).

어 있지만 여전히 자세히 보면 땅에 토기나 기와 편이 제법 발견된다. 토기를 주워서 그 연대와 특징을 한참 강의하다 보면 지나가던 등산객이나 산책하는 사람도 귀를 쫑긋거린다. 대개 사람들은 손바닥보다도 작은 토기 편을 손에 들고 가지고 그 쪼가리가 언제 만들어졌고, 누가 사용했으며 어떻게 만들었는지 일장연설을 하고 있는 나를 신기하게 바라본다. 가끔씩은 진지하게 무슨 근거로 그렇게 자신 있게 말하냐 하면서 말을 걸기도 하고 가끔은 허풍을 떠는 사람이라는 눈빛을 보내기도 한다.

고고학자를 신기한 마법사로 보이게 하는 그 재주는 흔히 '형식학typology'이라고 한다. 유물의 색깔, 크기, 재질 등을 종합해서 비슷한 것을 하나의 '형식'이라고 묶어 연구하는 것이다. 흔히 옷이나 장신구를 말할 때 쓰는 '스타일style'과도 비슷하다. 스타일은 전반적인 특징을 한데 어울러서 말하는 것이라면 형식은 유물의 길이, 색깔, 형태 등 구체적인 특징을 하나씩 분석하는 것이다. 고고학자가 유물을 분석하는 방법은 사방으로 흩어진 유물의 파편을 모으는, 무질서에 질서를 부여하는 방법이다. 각 유물의 여러 특징을 종합해서 중요한 특징(속성)을 정리한다. 일정한 그룹으로 만들어 각각 형식이라고 명명하고 각 유물의 그룹이 언제 만들어졌고 어떻게 변화했는가를 밝히는 것이 주목적이다. 이 형식의 분류는 마치 폐지더미 속에서 책을 찾아내서 다시 책꽂이에 꽂는 중고 서점과 같다. 서점 주인은 이리저리 흩어진 자료에 질서를 부여해서 다시 책장에 꽂는다. 그런데 서점 주인의 입장에서 본다면 전체 책이 다 있는 것이 아니다. 그러니 그 서점을 찾는 사람이 필요할 때 찾아볼 수 있도록 자기 나름대로의 원칙으로 배열한다. 고고학자도 각자 자기의 원칙으로 유물을 분류한다. 유물의 재질, 색깔, 손잡이의 형태 등 수많은 특징에서 그 분류할 원칙을 찾는다. 그 분류할 원칙을 '속성'이라고 한다. 하나의 유물에서 속성은 수백 가지로 나올 수 있다. 고고학자는 그 안에서 가장 효과적이고 쉬운 속성을 정해서 분류한다.

예를 들어 신라토기와 백제토기를 구분하는 기준도 별다른 비밀이 아니다. 그들을 가르는 기준에 대입해서 토기를 판단했기 때문이다. 백제토기는 대체로 우윳빛깔이 많으며 무른 편이다. 신라토기는 어두운 바탕에 아주 단단하다. 한편, 신석기시대의 토기 중에서 바닷가 모래에서 반짝거리는 성분인 운모를 섞은 것은 모래가 풍부한 서해안 해안가에서 주로 나온다. 이렇게 고고학자는 다년간의 경험에 기반을 두어서 효과적으로 유물을 구분하는 법을 만들어낸다.

본인은 잘 인지하지 못해도 각 시대의 사람들의 외모, 그리고 그들이 사용하는 물건에는 그때만의 독특한 형식이라는 것이 존재한다. 우리의 어린 시절 사진을 보자. 한껏 뽐을 내고 있지만 어쩐지 어색하고 촌스럽게 느껴진다. 아마 오늘 우리가 찍은 사진도 10~20년만 지나면 얼굴이 화끈거려서 제대로 보기 어려울 것이다. 단순하게 오래되어 색이 변했기 때문만은 아니다. 본인은 잘 느끼지 못해도 우리가 지니고 있는 물건의 형식이 이미 바뀌었기 때문이다. 그런데 정작 사람은 자신이 지금 쓰고 있는 물건이 이후에는 어색해질 것이라는 사실을 거의 못 느낀다. 그 이유는 치마나 소매 길이가 매년 조금씩 짧아지거나 길어지듯이 물건의 유행도 그것을 쓰는 사람이 느끼지 못할 만큼 서서히 바뀌어 나가기 때문이다.

고고학자는 마치 '유유상종'이라는 고사성어처럼 유물이 발견되면 서로 비슷한 형식의 유물을 모으고, 그들의 특징이 무

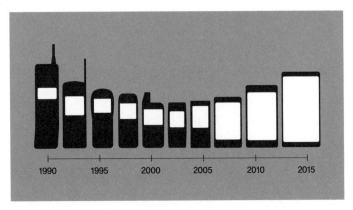

1990 1995 2000 2005 2010 2015

휴대폰과 스마트폰으로 보는 형식학.

엇인지를 밝혀낸다. 서로 비슷한 형태의 유물일수록 비슷한
시기와 장소에서 만들어졌을 가능성이 크다. 고고학자가 '이
것은 고구려 토기 같습니다'라고 말하는 이유는 그전에 이미
발견돼서 알려진 고구려 토기와 비슷한 형태와 색깔이기 때문
이라는 뜻이다. 스마트폰을 예로 들자. 예외도 있지만 대체로
지난 몇 년간 스마트폰은 비슷한 조건에서 작은 화면을 점차
키워왔다. 크기대로 배열한다면 대체로 스마트폰이 발달해온
과정과 비슷할 것이다. 그러니 토기도 그 형태에 따라서 비슷
한 것을 배열하면 몇백 년간 사람들이 사용했던 토기의 변천
사가 나올 것이다.

　고고학자의 업무는 이렇게 서로 비슷한 유물을 모으고 형식
을 만드는 것에서 시작된다. 비슷한 유물을 비슷하게 쓰고 있
다면 그들은 비슷한 시기에 살았던 사람들이고, 그 변화를 배

열하면 사람들이 살아온 과정과 일치하게 된다. 이런 과정을 거쳐서 우리 발에 차이는 사소한 유물 하나가 우리의 역사를 밝혀내는 자료로 활용된다.

얼핏 단순해 보이는 형식학이 고고학에 도입된 시기는 19세기 과학이 발달하면서 생물학의 진화론 개념이 널리 알려진 이후이다. 생물은 점진적으로 환경에 맞게 형태를 바꾸어 진화한다는 것을 인정하는 데는 오랜 시간이 걸렸다. 바로 지난 수천 년간 서양을 지배했던 '창조론' 때문이다. 창조론은 단기간에 모든 생물이 만들어졌다고 보기 때문에 점진적으로 생물이 변화한다는 진화론의 사고를 인정할 수 없었다. 그러니 창조론이 대세이던 시절에는 고고학 유물도 마치 골동품 같은 것으로 다루어졌다. 진화론이 공인된 이후 비로소 고고학에서 형식학이 확립되면서 고고학은 과학의 일부가 됐다.

이렇듯 사소해 보이는 유물을 형식으로 모아서 그 시간과 공간의 위치를 파악하고 나면 그 집단, 나아가 민족, 때로는 국가별로 고유한 문화를 볼 수 있다. 이는 수학의 프랙탈fractal과 비슷한 부분이 있다. 하나의 현상은 융합돼서 전체를 반영하고, 전체의 모습은 하나의 현상으로 표출된다는 뜻이다. 고고학자가 바라보는 사소한 토기의 차이가 사실은 각 국가나 집단 간의 큰 문화 차이를 반영할 수 있다는 뜻이다. 고고학자는 하나의 유물에 숨어 있는 과거의 모습을 보고자 하고, 또 과거의 모습은 사소한 유물에 남아 있다.

그러므로 고고학자가 가장 중요하게 생각하는 유물은 찬란한 황금이 아니라 흔하디흔하게 보이는 토기 조각이다. 토기의 무늬와 형태, 원료가 된 점토의 성분, 그리고 구운 온도 등을 보고 쉽게 그 시대를 판정한다. 사소한 토기가 중요한 자료가 되는 이유는 빨리 쓰고 버리는 물건이라 변화하는 시대를 빠르게 반영할 수 있기 때문이다. 이렇듯 계속해서 변하는 사물 속에 지난 시간 인간이 밟아온 발자취가 녹아 있다. 20~30년 전 부모님의 젊은 시절이 담긴 사진을 보면 지금과는 다른 화장법과 옷이나 물건 때문에 우리는 다소 촌스럽다고 느낀다. 하지만 그 사소한 물건의 변화에는 부모님 세대에서 우리로 이어지는 시간의 고고한 변화가 담겨 있다. 고고학은 형식이라는 틀을 가지고 사소한 유물의 변화를 통해 수천 년을 두고 이어지는 인간 세상의 흐름을 찾아나간다. 찬란한 황금에 혹하지 않고 사소한 토기의 조그마한 변화에서 진정한 인간의 모습을 찾아간다는 점에서 고고학은 소박하지만 인간을 생각하고 연구하는 학문이다.

고고학자가 수많은 경험으로 정립한 형식학이지만, 사실 사람마다 보는 관점이 다를 수밖에 없다. 가야토기, 신라토기라고 하면 혹시 저 고고학자가 주관적으로 분류하는 것이 아닌가 하는 의심이 들 수밖에 없다. 이처럼 고고학자가 그냥 자의적으로 분류하는 것이 아닐까 하는 문제를 둘러싸고 고고학계에 큰 논쟁이 발생했다. 과연 고고학자가 분류하는 형식은 과거 사람이 분류하던 원칙을 반영하는가, 아니면 후대의 고고학자가 만들어내는 자의적인 분류인가. 1950~1970년대에 미국에서 포드James Ford와 스폴딩Albert Spaulding이라는 두 학자에 의해 이 문제가 촉발되었다. 전통적인 고고학을 추구하는 포드는 실제 과거 사람의 용도를 정확히 알아낼 수 없으며, 다만 우리가 지금의 기준으로 분류하는 것이라고 보았다. 반면에 최신 과학적인 방법을 적극적으로 고고학에 도입할 것을 주장하던 스폴딩은 다르게 보았다. 두 학자의 견해 차이를 요즘 오디션으로 가수를 선발하는 '서바이벌 오디션'이나 〈복면가왕〉 같은 프로그램에 대입해보자. 심사위원은 각 경쟁자의 노래를 각자의 기준으로 판단한다. 심사위원의 결과는 대체로 비슷하지만, 서로 다른 경우도 가끔 있다. 과연 잘 부르는 노래에 대한 객관적인 기준이 존재하는 것일까? 포드의 입장에서 생각한다면 좋은 노래라는 기준은 각 사람마다 다르고 자의적이기 때문에 심사위원이 누군지에 따라 달라질 수밖에 없다고 생각한다. 이와 달리 스폴딩은 우리가 서로 다른 식으로 평가하고 그 결과도 조금씩 다르겠지만 궁극적으로 좋은 노래를 구분하는 객관적인 기준은 있을 것이라고 생각한다.

20년 넘게 이어진 두 학자의 논쟁은 결론이 나지 않은 채 끝났다. 어느 누가 분명히 맞는다고 판단하기보다는 각각 고고학 자료에 따라서 적절히 두 시각을 취사선택한다고 하게 되었다.

형식학이라는 것이 포드와 스폴딩의 논쟁에서처럼 속성·형식이 유물 속에 내재된 것인지, 아니면 후대의 고고학자가 자신의 연구를 위하여 긋는 임의의 인식을 위한 범주인지 우리는 여전히 혼동하며 때로는 논쟁한다. 지금도 고고학자들은 서로 자신이 찾아낸 형식이 맞다고 논쟁하는데, 상당수는 여전히 '감'에 의존하는 것도 사실이다. 유물은 주관적인 인간이 만들고 사용한 것이다. 그리고 그것을 분석하는 고고학자도 객관을 지향하지만 주관적인 판단에서 결코 자유로울 수 없다. 그러니 각 유물의 특성과 연구의 맥락에 따라 유연하게 생각하는 것이 현재로서는 정답일 것이다.

5 이미테이션 게임

2014년에 제2차 세계대전 당시 독일의 암호를 풀어낸 앨런 튜링Alan Turing의 이야기를 다룬 영화 〈이미테이션 게임〉이 큰 인기를 얻은 적이 있다. 복잡한 수식이 등장하는 영화이지만 단편적으로 남아 있는 숫자 속에서 법칙을 파악하고 그 의미를 알아내는 과정이 마치 고고학자의 작업과도 같다는 생각이 들었다. 과거의 유물을 이해하는 것은 마치 외국어를 공부하는 것 같다. 우리가 살아보지 않은 과거의 유물을 분류하고 정리하는 과정은 마치 전혀 모르는 언어를 들으면서 그 안에서 문법을 찾아 공부하는 과정과 비슷하다. 실제로 나는 유학 시절에 러시아어를 독학해야 했는데, 변변한 사전이 없어서 간신히 한러 사전을 구했다. 단어 약 2,000개 정도를 냉전시대 군사용어 중심으로 번역해놓은 아주 간략하고 허점도 많은 것이었다. 어쨌든 3개월의 발굴 기간이 끝나갈 무렵에는 그럭저럭 러시아어가 입에 익었다. 문법을 제대로 배우지 않았지만 책을 좀 읽으며 소통에도 크게 지장 없게 되었다. 난 지금도 러시아어의 문법적인 용어 자체는 잘 모른다. 하지만 읽고 쓰는 데 별로 불편하지 않다. 평범하지 않은 방식으로 외국어를 공부하면서 느낀 점은 바로 고고학자의 형식학은 우리가 외국어를 배우는 프로세스와 상당히 유사하다는 것이다.

원래 언어에서 문법이라는 것은 존재하지 않는다. 자기 모국어를 구사할 때 사람은 문법을 따로 생각하지 않는다. 하지만 외국어를 공부할 때는 나름의 규칙을 이해하기 위해 문법을 공부한다. 문법은 외국어를 배우는 사람이 해당 언어를 인지하기 위한 도구로 개발되었다. 마찬가지로 고고학자 역시 지금은 사라져 버린 사람들이 만들었던 유물에서 법칙을 발견하고자 한다. 그런데 문법이라는 것이 실제 원어민의 인식을 반드시 반영하는 것은 아니다. 우리가 현존하는 모든 문법을 완벽하게 구사한다면 방송국의 아나운서나 컴퓨터 프로그램이 말하는 것 같은 어색함을 느낄 공산이 크다. 이렇듯 문법은 실제 언어 그 자체가 아니라 원어민의 인식 체계를 이해하기 위해 만든 인공적인 결과물이다.

고고학자가 만들어내는 형식도 마치 문법과 비슷하다. 고고학자는 과거를 실제 살아보지 못한 현대인에게 과거를 이해시키기 위해 형식을 만들어서 설명하는 것이다. 과거를 제대로

3장 그림자 찾기

설명하기 위하여 현재적 관점으로 유물을 분류하는 것이 형식이다. 만약 고고학자가 나눈 형식을 타임머신을 타고 가서 당시 사람에게 보여준다면 아마 대부분 쉽게 이해하지 못할 것이다. 그럼에도 분류를 통해서 우리는 과거인에게 다가갈 수 있다. 나는 영어를 배울 때에 5형식, 관사, 동명사 등과 같이 원어민은 거의 인지하지 못하는 문법 단어로 배웠다. 그런데 놀랍게도 문법을 통해서 외국어를 배운 학생 중 상당수는 원어민을 능가하는 수준에 도달하기도 한다. 문법이라는 것이 모국와 외국어를 비교하고 반조하는 일종의 거울 또는 기반 역할을 하기 때문에 이렇게 드물지만 성공을 이룰 수 있다.

고고학자의 유물 분석도 마찬가지이다. 고고학자는 다양한 방법으로 유물을 분석하고 누가 언제 사용했는지를 밝힌다. 하지만 그런 고고학자의 연구가 과거 인간의 생각 및 제작 패턴에 직접 접근한다는 보장은 없다. 형식학적 분류가 과거 인간의 사용 패턴 및 인지된 유물의 분류 체계와 맞아떨어지는 경우는 극히 일부이다. 중국 청동기에 대한 분류가 그러한데, 심지어 청동기에 명문이 새겨져 어떤 연유로 만들었는지 밝혀져 있다. 하지만 정작 발굴이 될 때는 증여, 약탈, 전래 등 다양한 변수를 거쳐서 땅속에 묻혀 있는 것을 고고학자가 발굴한 것이다. 너무 많은 변수가 있으니 우리가 직접 유물에 접근하기가 어렵다.

이렇게 비교하면 정말 유물을 분석하는 고고학자의 노력은 외국어의 뜻을 알아내려는 언어학자의 문법과 정말 비슷하다. 조각나 있는 유물을 조합하고 그들 안에서 나름대로의 규칙을 발견하는 과정에서 우리는 유물의 속삭임을 알아듣기를 기대한다.

　대만 출신이며 미국 하버드대학 고고학 전공 교수였던 장광즈張光直는 동아시아 고고학을 이렇게 평가했다. "고고학자의 시간과 힘의 80~90퍼센트는 그의 자료를 분류하는 데에 소비한다. 나머지 10~20퍼센트 정도를 무언가 지적이고 의미 있는 결과가 나올 법한 일을 한다." 그가 이 말을 한 지 50년이 지난 지금의 고고학자도 크게 차이가 없다. 많은 고고학 자료를 다루는 기술이 발달되어도 결국 고고학자가 하나하나 유물을 정리하고 손질하는 데에 많은 시간을 보낸다. 주변에서 고고학을 전공하고 싶어 하는 사람에게 흔히 혼자서 꾸준히 단순한 작업을 잘할 수 있는 사람이 고고학에 적합하다고 조언하는 이유가 여기에 있다. 지금 이 시간에도 대부분의 고고학자는 토기 조각 하나하나를 분석하고 분류하면서 시간을 보낸다. 그 무료해 보이는 과정은 사실 과거를 구체적으로 이해하기 위한 벽돌을 한 장 한 장 쌓는 귀한 과정이다. 그렇게 수십 명의 고고학자가 수십년 고생을 해서 쌓아올린 역사가 바로 당신이 읽고 있는 고고학 책의 한 줄인 셈이다.

4장

유물 뒤에
숨겨진 역사

1 고고학자의
유물 분류법

산더미같이 쌓여 있는 유물 속에서 고고학자는 능숙하게 유물을 분류하고 정리한다. 도대체 파편으로 남은 것을 어떤 기준으로 분류할까. 고고학을 전문적으로 공부한 사람이 아니라면 '삼시기법'이라는 용어를 거의 이해할 수 없다. 하지만 '석기시대, 청동기시대, 철기시대'라고 하면 쉽게 알아들을 것이다. 삼시기법은 이렇게 돌, 청동, 철이라고 하는 세 물질을 기반으로 과거의 시대를 나누는 방법을 말한다. 누구나 역사책에서 흔히 볼 수 있는 이 용어 뒤에는 글자가 없는 시대의 유물을 나누고 인간의 역사를 연구해야 하는 고고학자의 고충이 숨어 있다.

역사책은 마치 일기장에 비유할 수 있다. 쉽게 알 수 없는 나의 많은 이야기가 들어 있다. 그런데 나의 추억은 일기에만

4장 유물 뒤에 숨겨진 역사

있는 것이 아니다. 옛날 사진, 돌아가신 할아버지의 유품, 그리고 수십 년 전 가슴 설레며 받았던 이성친구의 선물까지 내 삶의 순간순간에 물건이 보여주는 기억은 일기의 한 페이지와는 다르다.

일기와 다락방 속의 물건이 내 개인의 역사라면, 인류의 역사는 훨씬 더 복잡하다. 수백만 년에 이르는 다양한 맥락과 환경 속에서 땅속에 묻혀 있으니, 매번 새롭게 발견되는 유물들 뒤에는 언제나 다른 역사가 있는 셈이다. 게다가 인류의 수백만 년 역사에서 역사가 기록된 시대는 기껏해야 5,000년밖에 되지 않는다. 그러니 인간 역사 99.9퍼센트는 말 없는 유물 속에 숨어 있는 셈이다.

박물관에 가면 박물관의 학예사는 잡다하게 엉켜 있는 수많은 유물을 마치 솜뭉치에서 실을 뽑아내는 물레처럼 솜씨 좋게 방마다 차례로 유물을 정리해서 전시한다. 그렇게 수백만 년을 이어온 인류의 역사를 진열하는 비결은 바로 인류 진화의 역사를 염두에 두고 유물을 배열하기 때문이다. 비록 흔적을 찾기 어렵지만, 인간은 역사의 순간마다 자신의 지능을 동원해서 자연과 환경에 적응할 수 있는 다양한 도구를 만들어왔다. 석기, 청동기, 철기에 따라 삼시기법으로 하는 분류도 결국은 우리가 각 시대의 지혜를 동원해서 만들어온 도구의 재질에 따른 분류이다.

역사에 관심이 없는 사람도 석기시대, 청동기시대, 철기시대라는 명칭을 잘 알고 있다. 누구나 다 알고 있는 이 이름이 등장한 것은 사실 200여 년밖에 되지 않는다. 근대 서양에서 본격적으로 고고학이 시작되면서 고고학자는 수많은 도구를 어떻게 분류할까 고민해왔다. 그런데 이 놀라운 방법이 처음 도입된 나라는 그리스나 이탈리아같이 고전 문명이 발달한 곳이 아니었다. 제대로 된 글자나 문명도 발달하지 않았던 덴마크 지역이었다. 북유럽 일대는 글자의 사용이 아주 늦었기 때문에 박물관에 들어온 수많은 유물이 언제 만들어진 것인지, 또 어떻게 정리해야 할지 정하기 쉽지 않았다. 그러던 중에 덴마크의 톰센Christian Jürgensen Thomsen이라는 사람이 19세기 초에 그 유물의 재질에 따라 분류하는 방법을 고안했다. 즉 생성연대를 모르는 유물은 그것이 만들어진 재질(석기-청동기-철기)로 나눈 것이다. 이후 석기는 다시 구석기시대와 신석기시대로 나누었다. 우리가 박물관에 가면 쉽게 볼 수 있는 분류법이 된 것이다.

이것은 단순히 박물관의 분류를 의미하는 것이 아니다. 수백만 년 이어진 인간의 진화와 발달은 바로 그들이 남긴 도구에 남아 있다는 뜻이다. 석기, 청동기, 철기로 이어지는 그 과정은 다른 어떠한 학문으로도 발견할 수 없는, 도구로 보는 인류의 삶을 보여준다. 그런 의미에서 도구의 역사는 고고학자만이 들려줄 수 있는 인류의 이야기라 할 수 있다.

뼈에 새겨진 과거의 삶

 수백만 년 동안 인류는 대부분 석기를 사용했지만 인간 생활에 극적인 변화를 이룬 것은 지난 1만 년 사이의 일이었다. 이 시기 동안 삶은 크게 바뀌었는데, 인류의 골격과 DNA는 거의 변화하지 않았다. 하지만 드물게 도구의 사용이 우리 몸에 흔적을 남기기도 한다. 예를 들면 스마트폰을 쓰는 인류와 그렇지 않은 인류의 삶은 하늘과 땅 차이이다. 스마트폰을 사용하면서 얻는 생활의 수많은 이익과 편리는 셀 수 없다. 그렇다고 그런 차이가 둘 사이에 진화적으로 의미가 있는 차이(손가락 개수나 두뇌의 모양)를 만들지는 않는다. 굳이 찾아본다면 볼펜을 잡는 손가락의 굳은살 정도가 있을 것이다. 컴퓨터나 스마트폰이 일반화되기 전에 사람은 일일이 손으로 서류를 썼다. 평생 책상 위에서 일하는 사람은 펜대를 잡은 검지와 중지에 굳은살이 박이곤 했다. 그래도 이런 정도만 가지고 도구가 인간의 몸을 바꾸었다고 하기는 어렵다.

 반면에 신체를 변형시키는 변화도 있다. 초원의 기마인은 허벅지의 뼈가 O자형으로 휘어져 있다. 어려서부터 말을 타고 다녔기 때문이다. 농사를 짓는 사람은 하루 종일 무릎을 꿇고 갈돌로 곡물의 씨를 갈아서 제분했다. 그러다 보면 무릎 뼈에 변형이 온다. 현대의 경우 하이힐이나 전족 같은 것이 심한 변형을 만들기도 하지만, 이것은 아름다움을 위한 변형일 뿐 실제 도구를 통한 변화는 아니다. 하지만 사람들이 선호하고 이상형으로 생각하는 체형과 몸의 구조에 사람은 적응해간다. 마찬가지로 사람의 편리를 위하여 도구가 발명되면 또 자신의 몸과 생활습관을 도구에 맞춘다. 기마인들의 사례에서 보듯이 도구에 쉽게 적응하는 사람이 더욱 생존할 가능성이 높으니, 계속 사람은 도구에 맞추어서 변화할 수밖에 없다. 물론 이런 변화가 우리가 사는 짧은 시간에 보이지는 않는다. 그러나 수천 년이 지나면 인간의 삶은 많이 바뀌어 있을 것이다. 한 세대의 사람들에게는 전혀 보이지 않을지라도 우리는 수천 년의 진화 과정을 지금도 밟고 있다.

쓸모없어진 도구가 말해주는 것

고고학자가 유물을 바라보는 방법은 일반인과 다르다. 쉽게 찾아낼 수 없는 작은 유물의 생김새와 보이지 않는 재질의 성분까지, 고고학자는 망각된 과거의 기술을 찾아서 더욱더 디테일하게 연구한다. 더군다나 도구의 발달은 아주 민감하게 인간 삶의 변화를 대변하기 때문이다. 도구의 발달로 인간의 몸이 변화할 뿐만 아니라 인간의 지능도 변화한다는점이 더 중요하다. 또한 새로운 도구의 발달은 일방적으로 인간의 발달을 의미하는 것만은 아니다. 인간에게 도구의 발달은 동시에 망각의 역사라는 점도 잊으면 안 된다. 예컨대 전자계산기의 등장 이후 40~50년 전까지 고등학생에게 필수였던 주판을 튕기는 기술은 거의 사라졌다. 그리고 자동차의 발달로 능숙하게 말을 부리는 기술도 지금은 거의 사라지고 없다. 흔히 미디어나 인터넷상에서 '로스트 테크놀로지'라는 제목으로 춘추 시대의 녹슬지 않는 청동검이나 그리스의 앞바다에서 발견된 안티키테라 같은 기술이 등장한다. 그것을 외계인의 기술이라고 오해할 필요는 없다. 지금은 망각된 과거 기술자들의 노하우를 집약한 기술일 뿐이다. 반대로 그러한 뛰어난 기술도 지금은 사라졌다는 것이 더 중요하다. 지나치게 하나의 도구에만 의존하면 그 문명은 멸망으로 이어질 수도 있다. 도구는 발달했지만 인류의 문명은 멸망을 거듭했다. 도구의 발달과 개량은 결국 인간이 자신의 환경에 다양하게 적응하기 위한 지혜의 소산이었고, 살아남은 자만이 도구를 남겼다. 즉 우리가 박물관에서 보는 보잘것없어 보이는 수많은 유물은 바로 과거 환경을 이겨내고 생존했던 우리 선조의 흔적이다.

인류는 도구를 만들었고, 또 도구는 인류를 만든다. 과연 수천 년 뒤 인류의 모습은 어떻게 바뀌어 있을지 상상해보는 것은 어떨까? 분명한 것은 그 변화의 주체는 도구가 아니라 우리 인간 자신이다.

2 돌에 담긴
250만 년 인간의 역사

인간의 역사는 석기와 함께 시작되었다. 석기란 글자 그대로 돌을 쪼개서 만든 도구를 말한다. 그런데 그냥 깨진 돌과 석기의 차이가 무엇인지 궁금한 사람이 많을 것이다. 아주 정교하게 만든 화살촉 같은 것은 누구나 안다. 하지만 거칠게 쪼아낸 찍개와 같은 도구는 헷갈리기 쉽다. 인간이 인위적으로 돌을 때려서 깬 경우 깨진 각도가 자연적인 것과 다르며 특정한 형태를 띤다. 그렇게 만들어진 돌과 떼어낸 부스러기(격지라고 부른다)의 형태를 보고 고고학자는 인공적으로 만든 것인지 종합적으로 판단한다. 물론 실제로 현장에서 돌을 보면 석기인지 헷갈리는 경우가 많다. 한국처럼 워낙 차돌같이 단단한 재질이 많은 곳에서는 가공한 석기여도 자연석인 듯 거칠게 보이기도 하지만, 대체로 인간의 지능이 발달하면서 돌을

4장 유물 뒤에 숨겨진 역사

깨고 가공하여 정교한 석기를 만드는 기술이 발달한다. 돌을 깬 사람은 사라지고 없지만 석기는 아주 특수한 상황이 아니면 고스란히 세월이 지나도 남아 있다. 그렇게 남아 있는 석기가 수백만 년 인간의 역사를 증명하는 도구가 된다.

돌과 함께 시작된 인류의 역사

인류의 진화에서 호모하빌리스라는 인류가 등장하는 것은 180만 년 전이다. 이 화석을 발견한 진화인류학자인 리키Louis Leakey는 이 고인류를 '도구를 사용하는 인간'이라는 뜻인 '호모하빌리스'라고 명명했다. 바로 도구의 사용이 인간의 발달에서 중요한 순간이라는 뜻이다. 뒤이어 등장한 호모에렉투스 단계에서 인류는 아프리카를 탈출해 전 세계로 퍼졌다. 이후 인류의 역사 매순간마다 인류는 새로운 환경과 고난을 만났고, 그것을 극복하기 위하여 다양한 도구를 사용해왔다.

인류는 크게 세 차례에 걸쳐서 아프리카에서 새로운 인류가 발달해서 전 세계로 확산되었다고 한다(여기에서는 인류가 아프리카에서 기원했다는 현재 학계의 정설에 기반해서 서술한다. 학자에 따라서는 호모사피엔스가 세계 다른 지역에서 기원하여 번성했다는 견해도 있다. 그리고 연대도 학자 간에 다른 의견이 많으니, 크게 세 가지 흐름이 있다는 정도만 이해하기 바란다).* 그 첫 번째가 170만 년 전의 호모에렉투스이고, 두 번째는 네안데르탈인과 데니소바

* 사라시나 이사오, 2020,《절멸의 인류사》, 부키

인으로 대표되는 초기 호모사피엔스 단계로, 이들은 약 20만 년 전에 아프리카에서 나와서 전 세계로 확산되었다. 세 번째 는 현생 호모사피엔스로, 현생인류는 상당 기간 네안데르탈인 과 공존하다가 경쟁에서 이겼다. 이 모든 과정에서 인간의 진 화에는 그들과 함께한 도구가 있었다.

그런데 이 도구의 사용이라는 것은 바로 인간의 목숨을 건 선택이었다. 도구를 사용하려면 손이 필요하기 때문이다. 인간 은 손을 쓰기 위해서 직립을 택했고, 그 결과 인간의 삶은 더 취약해졌다. 반면에 그만큼 대가는 컸다. 인간은 도구를 만들 었고, 편리한 도구는 다시 인간을 진화시켰다. 인간이 만든 최 초의 도구는 돌로 만든 석기이다. 지금까지 밝혀진 가장 빠른 석기는 아프리카 탄자니아의 올두바이 협곡에서 발견되었다. 그 연대는 얼마 전까지 약 180만 년 전이었는데, 최근에는 케 냐 투르카나 호수나 에티오피아에서 250만 년 전후한 시기에 석기가 꽤 많이 발견되고 있다. 250만 년 전부터 아프리카 일 대에서 살던 호모속이 만든 석기는 거칠게 돌을 깨서 만든 것 으로 '올도완Oldowan석기'라고 한다. 그리고 180만 년경부터 는 여기에서 한 단계 발달하여 주먹도끼가 등장했으니, 이것 은 '아슐리안 석기'라고 한다.

약 30만 년 전에 등장한 호모사피엔스(네안데르탈인)는 중기 구석기시대로 한 단계 발달한 거북등날식 석기를 사용했다. 현재의 인류인 사피엔스는 약 5만 년 전부터 후기 구석기시대

한반도에서 발견된 주먹도끼(강원대박물관 소장).

를 차지했으니, 이들은 작고 날카로운 좀돌날이라는 석기를 만들어서 사용했다.

　그런데 좋은 석기를 만들수록 그것을 만든 인류의 지능이 높아진다는 것은 불변의 진리일까? 한국과 동아시아의 경우를 보면 꼭 그렇지도 않다. 1970년대 후반에 한국의 연천 전곡리에서 발견된 유적은 세계 고고학계에 충격을 주었는데, 연천 전곡리에서 출토된 주먹도끼는 동아시아에서 최초로 발견된 것이었다. 그 이전까지 동아시아에서는 전기와 중기 구석기시대의 석기류는 제대로 발달하지 않아서 주먹도끼보다 더 거친 찍개류만 있다고 알려져 있었다. 이 때문에 하버드대학 교수였던 모비우스Hallam L. Movius라는 고고학자는 20세기 중반에 '모비우스의 이론'을 제시했다. 동아시아의 인류는 서구의 구석기시대 인류와 달리 열등해서 발달된 석기를 만들 수 없었다는 것이다. 지금 같으면 인종차별주의로 큰일 날 소리겠지만 당시에는 그의 이론이 정설로 받아들여졌다. 실제로 동아시아에서는 제대로 된 석기가 없었기 때문이다. 그러던 중에 연천 전곡리에서 주먹도끼가 나와서 오래된 고고학계의 편견을 깰 수 있게 되었으니, 세계 고고학계가 놀란 것도 결코 무리는 아니었다.

하지만 문제는 여전히 남아 있었다. 바로 연천 전곡리 유적에서 발견된 주먹도끼의 연대가 너무 늦다는 것이다. 전곡리 유적은 약 20만 년 전에 만들어졌다. 반면에 아프리카의 호모 에렉투스가 만든 주먹도끼는 180만 년 전에 만들어진 것이었다. 너무나 연대 차이가 크다. 그리고 한국과 동아시아에서 발견되는 석기는 전반적으로 발달이 안 된 형태이다. 제대로 된 중기 구석기(거북등떼기 기법)의 석기도 거의 없다. 또한 연천 전곡리에서 주먹도끼가 나왔다고는 하지만 여전히 주먹도끼의 수는 너무나 적고 만드는 방법도 유럽이나 아프리카에 비해서 너무 거칠다. 전반적으로 아시아의 석기가 매우 조악하다는 것은 분명한 사실이었다. 왜 아시아는 이렇게 석기가 늦게 발달했을까? 고고학자는 다른 가능성에 주목을 하게 되었다. 바로 인간의 지능이 아니라 환경과 석재 문제로 시선을 돌린 것이다. 한국은 예전부터 차돌이 풍부한데, 차돌은 잘 깨지지 않는다. 그러니 아무리 좋은 기술이 있어도 석기를 제대로 가공할 수 없으니, 그냥 거칠게 만든 찍개를 더 선호했다.

도구의 역사는 단순한 기술의 발달만을 의미하지 않는다.

기술은 각 사람이 처한 상황에 따라 적절하게 적용되는 것이다. 단순하게 도구의 유무만으로 사람 간의 우열을 판단하는 것은 지난 시절의 인종주의적 시각의 연장일 뿐이다.

아메리카 대륙을 정복한 시베리아의 도구

동아시아가 전기와 중기 구석기시대에 다른 나라보다 부족해 보이는 거친 석기를 더 선호했음은 사실이다. 하지만 이런 상황은 약 5만 년 전에 시작된 후기 구석기시대가 되면서 완전히 돌변했다. 이때부터 사람은 나무나 뼈로 만든 손잡이에 작고 날카로운 돌날을 끼워서 쓰기 시작했다. 요즘으로 비유하면 면도날을 끼워 쓰는 면도칼 같은 것을 생각하면 된다. 그리고 이들은 빙하기가 시작되면서 매머드를 사냥하는 노련한 사냥꾼으로 변했다.

사실 이런 석창은 훨씬 전부터 사용되었다. 독일의 쇠빙겐에서는 약 30만 년 전의 하이델베르크인(네안데르탈인 이전에 존재했던 인류)이 남긴 유적에서 180~250센티미터 정도 길이의 되는 소나무와 가문비나무로 만든 창의 손잡이가 발견되었다. 여기에 석창을 끼워서 실험해보니 약 70m미터를 날아가는 훌륭한 도구임이 밝혀졌다. 하지만 사피엔스가 등장하기 전에 사용되었던 도구는 그들의 멸종과 함께 더 이상 발전하지 못했다. 발달된 후기 구석기가 큰 효과를 발휘한 곳은 추운 시베리아였다. 추운 곳이라 살기 어려울 수 있었지만, 대신에 추운 지방에서 사는 매머드라는 훌륭한 사냥감이 있었고, 그러한 이점을 최대한 살렸던 매머드 사냥꾼은 돌날을 사용한 사냥도 구로 이 지역 곳곳에서 적응하고 살았다. 그리고 이들은 바다 건너 신대륙으로까지 확산되었다.

1970년대에 세계에서 가장 추운 곳으로 유명한 동부 시베리아의 야쿠티아에서 약 2만 년 전 사람이 살았던 둑타이 D'uktai라는 유적이 발견되었다. 이들은 돌날으로 만든 창을 이용해서 매머드를 사냥하던 사람들이었는데, 그들이 만든 도구는 아메리카 대륙에서 가장 이른 시기에 만든 것과 똑같았다. 바로 1만 7,000년 전에 베링해를 건너간 매머드 사냥꾼의 기원지가 밝혀진 것이다. 이후 시베리아, 특히 바이칼 호수 일대에서도 비슷한 유물이 많이 나왔고, 빙하기에 최적화된 도구는 동북아시아와 멀리는 신대륙까지 사람이 이동하는 원동력이 되었다. 물론 이 사람들은 매머드만 잡은 것은 아니었다. 한반도에서 매머드 뼈는 거의 발견된 적이 없다. 가장 추운 함경북도 일대에서 매머드 뼈가 발견되었지만 남한에서는 구석기시대의 사람이 매머드를 사냥했다는 증거는 아직 없다. 면도칼 같은 잘 갈아낸 돌칼을 세심하게 만들어낸 사람은 자신이 사냥할 수 있는 동물에 적합한 무기와 도구를 다양하게 창조했다. 후기 구석기시대 빙하기의 사람이 그 험난한 세상을 이겨낼 수 있었던 것은 단순한 도구의 사용이 아니라 그 도구로 다양한 환경에 적응하는 적응력 덕분이었다.

석기와 휴대폰의 '그립감'

신석기시대라고 하면 우리는 간석기(마제석기)를 떠올린다. 단순하게 돌을 간다고 간석기가 되는 것은 아니다. 간석기와 뗀석기(타제석기)의 차이는 무엇일까? 단순한 기술의 문제가 아니라 석재의 선택과 효율성의 문제이다. 잘 갈 수 있는 석재는 따로 있고, 또 만드는 과정과 드는 시간과 비용도 차이가 크다. 사실 돌을 갈아서 석기를 만드는 방법은 구석기시대부터 존재했다. 한국에서도 전라남도 장흥군의 신북 유적에서 약 2만 2,000년 전의 구석기시대 유적이 발굴되었고, 여기에서 간석기도 함께 발견되었다.

석기는 청동기시대, 철기시대에도 계속 쓰였다. 고인돌로 대표되는 한반도의 청동기시대라고 하면 가장 먼저 비파형동검이 떠오를 것이다. 하지만 실제로 비파형동검은 별로 쓰이지 않았고, 고인돌을 만든 인간은 대부분 돌을 갈아서 만든 석검을 썼다. 심지어 김해 진동리의 고인돌에서 발굴된 비파형동검은 그 날을 갈아서 석검처럼 만들기까지 했다. 아마 당시 족장은 자신의 권위를 나타내는 도구로 청동기보다는 그동안 오랫동안 써왔던 간돌검을 더 선호했을 것이다.

석기는 이후 철기시대에도 여전히 쓰였다. 두만강 유역 일대의 옥저인은 철로 만든 농기구를 사용하는 한편 여전히 거칠게 돌을 쪼아서 만든 곰배괭이를 만들어 사용했다. 석기는 단순한 원시적인 도구라고 볼 수 없다. 사람은 자신이 구할 수 있는 주변의 환경을 최대한 활용했고, 적절한 도구를 선택해서 가장 효율적인 도구를 사용했다. 도구는 이렇듯 인간 지능의 발달과 다양한 환경에 적응했던 인간의 능력을 보여준다.

흔히 석기라고 하면 미개한 이미지의 털북숭이 원시인이 거칠게 돌을 깨는 모습을 생각한다. 하지만 고고학자의 입장에서 본다면 석기를 만드는 조상의 감각이 지금도 이어지는 것 같다. 엉뚱하게 들리겠지만, 최첨단 스마트폰을 보면 그런 생각이 든다. 보통 스마트폰을 고를 때 가장 먼저 직접 손에 집고 흔히 말하는 '그립감'을 느낀다. 무겁지 않은지, 손에 착 감기는지 오감으로 그 기계를 느낀다. 과거 고인류도 현재 우리가 느끼는 오감으로 돌을 들고 이리저리 깨고 손으로 수십 번 잡으면서 그 감으로 석기를 만들었을 것이다.

나는 구석기 전공이 아니기 때문에 구석기를 직접 만지고 연구할 일은 많지 않다. 다만 러시아 알타이 지역을 조사할 때는 노벨상의 산실이었던 데니소바 동굴 근처에 설치된 연구 기지를 중간 기착지로 삼는다. 데니소바 동굴에서는 1년에 6개월 가까이 사람들이 상주하면서 발굴하고 있다. 우리 일행이 가면 오랜 친구인 발굴단장 미하일 슌코프는 동굴 옆의 현장 정리실에서 갓 발견된 유물을 들고 설명하고 우리는 토론한다. 유물이 정리된 탁자 위에서 하나하나 집으며 설명을 듣다 보면 수십만 년을 건너서 손에 잡고 고민하며 돌을 깨던 고대인의 감각이 느껴지는 듯하다.

4장 유물 뒤에 숨겨진 역사

3 청동기가 증명하는
국가의 탄생

　전 세계적으로 청동기는 약 6,000년 전에 본격적으로 인류 사회에 도입되기 시작하면서 새로운 국가와 문명의 등장을 인도했다. 고고학자가 청동기의 발생을 문명의 지표로 사용하는 이유는 청동기의 제작과 사용은 석기와 달리 여러 사람의 협동과 노력, 그리고 값비싼 재료인 청동기를 사용할 수 있는 경제적인 부가 뒷받침되어야 가능하기 때문이다.

　청동기의 사용에는 채광, 정련, 주조, 제작, 보급, 관리와 보수 등 일련의 과정이 필요하다. 단순하게 청동기를 만들 수 있다고 해도 그것을 비싼 값으로 살 수 있는 사람이 없으면 청동기는 발달할 수 없다. 또한, 원료 광석을 찾아내는 기술과 그것을 캐내고 청동기를 만드는 장인과 기술자와 같은 전문 집단이 있어야 한다. 이들은 고도의 노하우를 가지고 있는 기술자이기 때문에 자신만의 전문적인 기술만으로 생활이 가능했던 인류 최초의 전문가 집단인 셈이다. 또한 청동기는 공급 망이 제대로 있어야 한다. 청동기라는 것은 구리 80퍼센트 정도에 주석이 20퍼센트 내외가 들어간다. 이렇게 섞어야지만 녹는 온도도 900도 정도로 떨어져서 가공하기 편하고 빛깔도 아름답다. 문제는 주석이었다. 전 세계에 거의 골고루 퍼져 있는 구리광산과 달리 근대까지 사람이 채굴할 수 있는 주석광산은 극히 한정되어 있었다. 그러니 주석광산이 없는 곳에서는 청동기를 제때에 만들려면 주산지 사람과 교역해서 주석을 안정적으로 공급받아야 한다. 게다가 청동기를 비싼 값에 사들일 수 있는 사람은 청동기를 구매한 다음 사람들에게 배분해 주는 통치 체제 또는 교역 체계가 있어야 한다.

즉, 유적지에서 작은 청동기가 하나 발견되었다고 하면 단순하게 '신기한 물건'이 발견된 것이 아니라 거대한 사회의 발달을 의미하는 것이다. 또한 청동기의 쓰임은 석기와 다르다. 석기는 주로 농사와 같은 거친 일을 하는 생산도구로 사용되었다. 하지만 청동기는 찬란한 황금빛으로 전쟁에 사용되는 무기는 물론 사람들의 결속력을 높이는 제사의 주요한 도구로 사용되었다. 지금도 제사에 사용되는 그릇은 황금빛이 나는 제기이니, 중국이건 한국이건 청동기는 제사에 쓰이는 주요한 도구였다. 중국에서는 다양한 청동기로 만든 제사 그릇이 유행한 반면에, 한국에서는 청동방울, 칼, 청동거울 등 샤먼이 주

청동기를 만드는 데 쓰이는 광석(타지키스탄 사라즘 박물관 소장).

로 사용하던 도구로 나타났다.

　고조선과 관련된 청동기 유물로는 비파형동검(기원전 9~4세기)과 세형동검(기원전 4~2세기)이 있다. 비파형동검은 발해만 유역에서 한반도 일대까지 널리 분포한다. 비파형동검을 고조선과 연결시키기 시작한 것은 60여 년 전으로 거슬러 올라간다. 1960년대 북한의 고고학계에서는 '비파형동검, 석관묘, 미송리형토기'라는 이른바 '고조선의 3대 요소'가 랴오둥-서북한 일대의 기원전 9~6세기 유적에서 출토된 것을 고조선의 근거로 들었다. 게다가 중국 선진시대의 역사 기록에 본격적으로 고조선이 등장하는 거의 최초의 문헌인 《관자》는 후대에 많이 가필되었지만 관중管仲은 기원전 7세기경의 인물이기 때문에 이러한 사실과 많이 부합된다.

　고조선의 화려한 청동기문화를 증명하는 대표적인 유적은

랴오닝성의 성도인 선양의 남부에서 1965년 발굴된 정가와자鄭家窪子 유적이다. 특히 정가와자 6512호 묘에서는 동경과 다수의 동검이 출토되어서 고조선 귀족의 무덤 또는 왕족일 가능성이 제기되고 있다. 이렇듯 청동기는 세계 문명의 등장부터 한국 최초의 국가인 고조선에 이르기까지 새로운 역사의 등장을 대표한다.

철기시대에 청동기가 번성한 이유

사람들은 흔히 철기시대가 되면 청동기를 모두 철기가 대신했다고 생각한다. 하지만 사실은 그렇지 않다. 청동기와 철기는 쓰임이 서로 다르기 때문이다. 청동기는 황금빛을 내며 거친 작업을 하기엔 다소 무르다. 게다가 그 재료인 주석을 구하는 것도 비용이 많이 들어서 도구로 사용하는 경우는 별로 없다. 대신에 고급 무기나 제사 용기에 적합하다. 반면에 철기는 잘 만들어도 어두운 회색이며 그나마도 녹이 잘 슬어서 모양은 별로 좋지 않다. 게다가 주조를 해야 하기 때문에 아름다운 모습의 장신구나 그릇을 만들기도 쉽지 않다. 그러니 무기와 땅을 파는 농기구로 주로 사용되었다.

새로운 소재가 기존 사회의 주요한 소재를 대체하는 것은 단순한 소재의 발견이 아니라 사회적인 변동과 문화 체제의 변화와 관련이 있다. 새로 들어온 재질이 기존 사회의 물질문화를 바꾸는 정도가 아닐 경우, 기존의 전통적인 도구 체계에

4장 유물 뒤에 숨겨진 역사

동화되는 현상은 흔히 볼 수 있다. 예컨대 17~18세기에 러시아의 카자크인이 북극권의 축치인과 모피 교역을 통해 철기를 전해 주었지만, 기존의 석기 날에 철기를 대신 쓰거나 일부 석기만을 대체했을 뿐 기본적인 문화는 바꾸지 못했다. 즉, 새로운 금속기의 도입은 급박한 전쟁이나 정복이 아닌 다음에는 그것을 도입하는 사회의 조건에 더 좌우된다.

한국은 기원전 4세기가 되면서 본격적으로 철기시대가 되었는데, 이때 오히려 청동기를 만드는 기술은 절정에 다다른다. 만주의 고조선 지역에서 만들고 사용하던 청동거울과 동검은 한반도는 물론 일본 규슈 지역에 이르기까지 발견된다. 이들 모두가 고조선 지역은 아니지만 고조선에서 발달된 특유의 청동기 제작 기술과 제사가 전래된 증거이다. 고조선, 삼한, 왜의 소국 등이 지역과 시간 차이를 두고 수장(우두머리)의 무덤에 동경과 동검을 부장했다.

남한에서는 특히 다뉴동경과 초기 세형동검의 조합이 남한 금강 유역에 등장하는데, 이것은 고조선의 유민이 남한으로 이동하여 마한을 만드는 데에 참여했다는 증거로도 사용된다. 하지만 철기는 극히 일부만 사용되었고, 오히려 고조선의 영향을 받은 화려한 세형동검과 청동거울이 더 많이 사용되었다. 그렇게 청동기와 철기는 서로 적절하게 조화를 이루며 이후 남한에서 삼국시대가 탄생하는 배경이 되었다.

다뉴세문경, 고대의 하이테크놀로지

한반도의 청동기는 바로 인접한 중국 중원 지역과는 완전히 다르게 발달했다. 중국의 청동기는 약 4,000년 전부터 본격적으로 시작되었는데, 화려한 도깨비문양饕餮文을 시문한 거대한 제사용 그릇이 특징이다. 반면에 한국은 족장(또는 샤먼)이 사용하는 무기인 동검과 제사를 위한 거울과 방울을 주로 청동기로 만들었다. 또한 그 표면에는 지그재그의 추상적인 기하학적 무늬를 사용했다. 한국의 청동기는 중국과는 별도로 유라시아 초원 지역에서 유래해서 고조선을 거쳐서 온 것이다.

한국 청동기는 단순히 유라시아의 것을 모방하지 않고 자신만의 독특한 경지로 승화시켰으니 바로 다뉴세문경(정문경)이 대표적이다. 기하학 무늬를 넣은 거울은 약 4,000년 전 유라시아 초원과 중국 북방 지역에서 처음 등장했는데, 약 2,800년 전에 고조선 지역으로 유입되면서 번개무늬의 거울로 발전했다. 바로 이 번개무늬의 거울이 다시 한반도로 오면서 세계적으로 가장 정밀한 무늬를 넣은 다뉴세문경으로 이어졌다. 예컨대 국보로 지정된 숭실대 소장 다뉴세문경은 손바닥보다 조금 큰 정도의 크기이지만 그 표면에는 0.2밀리미터의 미세한 선이 무려 1만 3,000개나 들어 있다. 이 미세한 무늬를 청동기에 표현하는 것은 결코 쉽지 않다. 먼저 나무나 돌로 만든 제도기로 거푸집에 그 무늬를 새겨야 한다. 그리고 거푸집에 새긴 무늬 틈으로 빠짐없이 청동 주물을 넣고 굳혀서 만든다. 게

국보로 지정된 다뉴세문경(정문경). 거울 뒷편에 옷에 부착하기 위한 두 개의 고리가 붙어 있고 매우 화려한 잔무늬가 세공되어 있다(숭실대 소장).

다가 거울을 만드는 청동기는 다른 것보다 주석의 함량이 많아서 표면이 아름다운 대신에 잘 깨진다는 단점이 있다. 진정한 장인 정신으로 만든 명품이 바로 다뉴세문경인 셈이다. 지금도 많은 학자가 그 기술의 비밀을 밝히고자 노력하는 중이니 가히 한국을 대표하는 고대의 테크놀로지이다. 한국에는 피라미드와 같이 거대한 건축은 없지만 대신에 장인의 놀라운 집중과 집적도로 만들어낸 정밀 기술이 발달했다.

청동기와 반도체

다뉴세문경은 얼굴을 비추며 몸은 단장하는 일반적인 거울과 다르다. 샤먼의 가슴팍에 걸고 의식을 행할 때 태양빛을 반사하는 용도이다. 거울의 위쪽에 두 개의 꼭지가 붙은 이유는 바로 샤먼의 옷에 부착하기 위한 것이다. 이 청동거울의 사용법은 지금도 활동하는 시베리아의 샤먼들 사이에 잘 남아 있다. 지금 시베리아 샤먼도 2,500년 전 한반도의 샤먼과 마찬가지로 몸에 청동방울을 달고 움직이며 의식을 하는데 영롱한 방울소리와 함께 찬란한 태양빛을 반사하여 사방을 비춘다. 보는 사람으로 하여금 경외감이 들 수밖에 없다.

그런데 다뉴세문경의 잔무늬는 다른 사람들은 볼 수 없는 거울의 뒷면에 붙어 있다. 남들이 볼 수 없는 곳 가장 비밀스러운 면에 최첨단의 기술을 숨겼다는 뜻이다. 샤먼의 거울은 바로 샤먼의 신통력과 힘을 상징하는 것이니 고대 샤먼은 첨단 기술 자체를 신의 것으로 생각하고 숭배했다는 증거이다. 흔히 한국 사람은 전통사회를 쌀농사에 기반을 두고 기술을 경시했던 사회로 생각한다. 하지만 이는 조선시대 이후의 일이며 한국 최초의 국가인 고조선과 그것을 계승한 남한의 삼한은 누구보다도 기술을 존중했던 사회였다.

청동을 만드는 송풍관

4장 유물 뒤에 숨겨진 역사

청동기에 기하학적 무늬를 새겨 넣은 것은 한국이 처음이 아니다. 하지만 한국의 다뉴세문경은 특별하다. 다른 지역에서 흉내 낼 수 없는 매우 정교한 새김이 들어 있다. 최근 연구에 따르면 여기에는 비법이 숨어 있었으니, 바로 거푸집의 혁신이 있었다. 흔히 사용하는 돌로 만든 거푸집에 무늬를 새겨서 청동기를 만드는 방식으로는 정밀한 무늬를 구현하는 데에 한계가 있다. 이에 한반도의 청동기술자는 돌 대신에 흙이나 모래를 굽고 그 위에 컴퍼스를 이용한 정교한 제도법을 개발했다.

청동기의 제작 자체는 뜨거운 불을 이용한 금속제련술이 필요하다. 반면에 그 위에 무늬를 넣는 것은 차가운 돌 위에 새기는 기술이 필요하다. 한반도의 청동거울은 이렇게 외부에서 들어온 청동기 기술에 한반도에서 발달했던 정밀한 거푸집 제작 기술이 결합된 것이다.

이렇듯 한국의 청동기는 주변 나라와 많이 다르다. 세계 여러 문명과 한반도 주변의 동아시아 여러 나라는 거대한 청동기를 만드는 것을 선호했다. 유라시아 초원에서는 청동기로 전차와 기마 도구를 만들었다. 중국은 거대한 제사 그릇으로 만들어 제후국을 다스리는 도구로 썼다. 한국에서 작은 다뉴세문경을 만들던 시기에 베트남 일대에서는 크기로 사람을 압도하는 청동북銅鼓을 만들었고, 일본에서는 청동으로 종을 만들어서 마을 사람들이 모이면 그것을 두들기며 제사를 지냈다. 베트남이나 일본은 모두 청동북이나 종으로 울리는 거대

청주 오송에서 발굴된 다뉴세문경은 현미경으로 봐야 구분이 가능할 정도로 가는 무늬를 새겨 넣었다.

한 소리로 사람을 압도했다.

왜 한국은 다른 나라처럼 거대하고 웅장한 청동기를 만들지 않았을까? 단순히 청동을 몰라서가 아니다. 청동기의 원재료인 주석이 없어서 청동기의 대량생산이 불가능했기 때문이다. 한반도에서 청동기시대에도 석검을 많이 사용한 이유가 여기에 있다. 이에 비해 베트남 일대는 청동기가 풍부해서 농기구까지도 청동으로 만들 정도였다.

이러한 지리와 자원 분포의 불리함은 역설적으로 한반도에서 세계 어디에도 볼 수 없는 기술을 구현시키는 기반이 되었다. 대형의 청동기 대신에 석기 제작으로 갈고닦은 제조 기술이 결합되어 무늬를 넣은 특별한 청동거울을 만들어냈다. 진일

보한 기술로 승화된 청동기 제작 기술은 이후 일본으로도 건너가서 천황의 3종 신기 중 하나인 청동거울로 이어졌다.

다뉴세문경은 유라시아에서 시작된 신기술에 한국이 자체적으로 발달시킨 섬세한 기술을 결합했다. 21세기 한국의 주력 산업인 반도체의 발전은 많은 점에서 2,400년 청동거울의 발명을 연상시킨다. 실제로 반도체를 찍어내는 실리콘으로 만든 동그란 웨이퍼는 마치 청동거울을 찍어내는 거푸집을 떠올리게 한다. 형태와 크기뿐 아니라 당대 최고의 집약적인 기술을 구현한다는 점에서 시대를 달리하는 두 기술이 한국을 대표한다는 것은 참으로 놀랍다. 이집트의 피라미드, 튀르키예의 구석기시대 제사 유적 괴베클리 테페 등 세계 곳곳에는 지금은 쉽게 밝히기 어려운 고대의 기술이 있었다. 한국은 거대한 건축이나 문명은 없지만 세계적으로 자랑할 수 있는 기술이 있으니, 바로 다뉴세문경이다. 마치 반도체의 웨이퍼를 연상시키는 외형처럼 다뉴세문경에는 지금도 완벽히 풀리지 않은 고대 문명의 첨단 기술이 들어 있다. 시퍼렇게 생긴 청동기에 그렇게 고고학자가 열광하는 이유가 조금은 이해되지 않는가!

4 토기의 깨진 파편이 보여주는 역사의 퍼즐

고고학을 꿈꾸는 대부분의 사람은 화려한 황금을 생각한다. 하지만 구석기 전공을 제외한 대부분의 고고학자는 토기를 만지며 일생을 보낸다고 해도 과언이 아니다. 나 역시 마찬가지였다. 본격적으로 대학원에서 고고학을 전공하기로 마음먹고 발굴장을 찾아갔을 때 제일 먼저 한 일은 고무장갑을 끼고 갓 발굴해 온 토기를 칫솔로 문질러 닦는 일이었다. 흙을 뒤집어쓰고 허리도 제대로 못 펴면서 흙 구정물 속에서 솔질을 하는 내 모습이 참 불쌍하게 느껴지기도 했다. 그래도 좀 적응이 되니 재미있는 순간이기도 했다. 이리저리 솔질을 하면서 흙속에서 잘 안 보이던 토기의 무늬가 드러나는 광경은 때로는 신비롭기까지 하다. 닦아낸 토기는 신문지 위에 올려놓고 잘 말린다. 유물 정리는 이제 시작에 불과하다. 토기 편에는 일일이 잘 지워지지 않는 잉크로 출토지 일련번호를 적어야 한다. 박물관에 전시된 조각조각 이어 붙인 토기를 자세히 살펴보면 토기 편 하나하나에 깨알같이 일련번호가 적혀 있는 것을 볼 수 있다. 귀한 유물에 뾰족한 펜촉으로 긁어서 번호를 적는다는 것이 선뜻 이해하기 어려울 수 있다. 하지만 별도의 종이에 적거나 스티커를 붙였다가 나중에 떨어지거나 하면 유물의 존재가 사라지는 것과 마찬가지가 된다. 그러니 보기 흉하더라도 직접 유물 위에 적어야 한다. 단, 이러한 일련번호는 토기의 뒷면같이 실제 유물에서 가장 보이지 않는 부분에 쓴다. 이후 실습실로 가져온 유물은 넓은 탁자 위에 펼쳐 놓는다. 고고학자를 위한 퍼즐 맞추기가 시작된다. 벌여놓은 토기를 접착제로 다시 붙이는 지루한 작업을 해야 한다. 지금은 록타이트라는 접착제를 주로 쓰지만, 예전에는 일반 본드를 쓰기도 했다. 그렇게 힘들게 복원된 토기는 실측이라고 하는 일종의 설계도를 그리고 사진을 찍는 등 많은 시간을 걸쳐서 정리한다.

흔해 빠진 토기의 가치

토기는 고고학의 처음과 마지막이라고 해도 과언이 아닐 정도로 중요하고 양도 많다. 그 이유는 당연하지만 흙을 구워서 만들었기에 썩지 않아서 그 양이 많기 때문이다. 토기의 기본적인 기능은 음식물의 저장이다. 물론 가마나 풀, 목제 그릇도 그런 기능을 하지만 이런 것은 거의 남아 있지 않다.

2,000년 전 한강 유역의 주민이 쓰던 토기(국립춘천박물관 소장).

발굴된 토기 편을 하나하나 이어붙여 복원한 토기를 조사하는 필자의 모습.

4장 유물 뒤에 숨겨진 역사

고고학 자료로서 토기가 가진 장점은 즉시성에 있다. 토기는 금방 깨지기 때문에 여러 번 구워야 한다. 한 사람이 일생 동안 살면서 엄청나게 많은 토기를 만들고 또 깨서 버린다. 게다가 토기의 위에는 다양한 무늬를 그리거나 새겨 넣는다. 마치 몇 년을 주기로 자주 바꾸는 휴대폰처럼 토기는 시간에 따른 변화를 민감하게 반영한다.

그리고 각 문화의 사람은 자신만의 독특한 그릇을 만들어낸다. 만약 현대를 미래에 발굴한다고 가정해보자. 식당가를 발굴하면 중국집, 파스타집, 한정식집은 비록 요리 재료는 남아 있지 않더라도 출토된 그릇은 서로 다를 것이다. 마찬가지로 각 지역의 사람은 자신만의 독특한 그릇을 사용한다.

토기는 지역 간의 교류를 증명하기도 한다. 보통 토기는 선사시대에 여성이 주로 만들었다. 그리고 각 주민은 자신만의 독특한 무늬를 토기에 새겨 넣고, 그 작업을 습득한다. 어머니로부터 기술을 전수한 딸은 결혼을 하고 다른 지역으로 이동한다. 인간은 극히 예외적인 경우를 제외하면 배우자는 최대한 먼 곳에서 선택했고, 그러한 결혼을 매개로 사람들은 이동했다. 새로운 곳으로 시집간 여성은 자신이 배운 기술로 토기를 만들기 때문에 두 집안의 토기 기술과 무늬가 혼합된다. 실제 고고학 현장에서 토기를 분석하면 정말 다양한 무늬와 형태가 복잡하게 얽혀 있다. 어쨌거나 수많은 교류의 흔적이 그들의 토기에 반영되는 셈이다. 현장에서 작은 토기 편 하나를 들어 이거는 신석기시대, 청동기시대, 고구려시대, 신라시대, 백제시대라고 고고학자가 자신 있게 말할 수 있는 것은 이러한 토기의 특성에서 기인한다.

왜 빗살무늬토기는 뾰족하고 무늬가 새겨졌을까?

고고학 강연을 하면 어린아이든 어른이든 나이 고하를 막론하고 많은 사람이 질문하는 문제는 왜 신석기시대에 빗살문을 새겼을까 하는 것이다. 실제로 토기를 빚고 그 위에 일일이 선을 그어서 무늬를 만드는 것은 무척 시간이 많이 걸리는 일이다. 게다가 각 지역은 자신만의 독특한 무늬를 만들었으니 큰 의미가 숨어 있음은 분명하다. 자연현상(태양, 번개, 구름)을 묘사했다는 설도 있고 고대의 세계관을 표시했다는 견해도 있다. 아쉽게도 고고학이 그 숨겨진 의미를 밝히기란 현재로서는 거의 불가능하다. 분명한 것은 빗살문은 한국뿐 아니라 유라시아 북반구 전체에서 모두 유행한 풍습이다. 약 8,000년 전부터 300년 전 러시아인이 시베리아로 밀려오기 전까지도 핀란드, 오스트리아 등 유럽에서 한반도와 시베리아, 나아가 아메리카 신대륙에도 빗살문이 등장한다. 특정한 나라의 유산이 아닌 지극히 보편적인 현상이다.

한편 왜 뾰족하게 만들었는지도 재미있는 질문이다. 신석기시대에는 주로 바다와 해안가에서 살았기 때문에 모래땅에서 사용하기 좋게 만들었다는 주장, 불 위에서 요리를 하면 열기

4장 유물 뒤에 숨겨진 역사

핀란드에서 사용했던 여러 형태의 빗살무늬토기(헬싱키 박물관 소장).

가 골고루 퍼지기 때문에 타원형으로 만들었다는 주장 등 여러 가설이 제기되었다. 하지만 그 모든 주장이 설득력이 있으려면 한국뿐 아니라 전 세계의 비슷한 환경에서 밑이 뾰족한 토기가 나와야 한다. 실제는 그렇지 않다. 유라시아 전역에서 밑이 뾰족한 빗살무늬토기는 한반도 서남부 지역을 제외하면 바이칼 호수 일대와 우랄산맥 지역에서 나올 뿐이다. 나머지 지역은 다 밑바닥이 평평하다.

토기의 형태를 무조건 실용적으로만 볼 수 없는 이유이다. 밑이 뾰족하다는 것은 어쨌거나 실제로 사용하려면 분명 불편한 것이다. 어쩌면 오랫동안 부지불식간에 만들어진 전통인지도 모른다. 실용적으로 이해되지 않는 풍습이 문화의 일부가 되면 불편함을 잘 못 느끼거나 그냥 참고 사는 경우가 대부분

한반도 서해안의 빗살무늬토기(국립중앙박물관 소장).

이다. 우리 주변에도 실용적인 기능은 전혀 하지 않지만 오히려 목을 죄는 답답함을 주는 넥타이, 그리고 뼈의 변형은 물론 골절의 위험이 높은 하이힐을 사용하고 있지 않은가. 뾰족한 바닥의 토기도 아마 그 토기를 세울 때는 땅을 파서 반쯤 묻어야 하는 불편함이 있지만 당시 사람은 이미 그 불편함을 크게 느끼지 못했을 수 있다.

고고학자의 답이 너무 답답하다고 느낄지 모르겠지만, 사실 그것이 고고학의 본질이다. 물질을 통해 연구하기 때문에 분명한 논리와 수치를 통해 제시할 수 없다면 답하기 어렵다. 하지만 그러한 질문 자체를 안 하는 것은 아니다. 지금도 꾸준히 토기의 용도와 기능에 대해서 토론과 연구가 이루어진다. 또한 지금도 선사시대의 생활을 지속하면서 토기를 직접 만들어

굽는 사람에 대한 비교연구도 이어진다. 당분간은 상상의 나래를 펴면서 그 답을 기다려보는 것이 어떨까?

봄과 가을에 내가 속해 있는 사학과는 학과 답사를 다닌다. 유적지에 내리면 다른 역사 전공 선생님들은 주변의 풍광을 보는 데에 반해 고고학 전공인 나는 버릇처럼 땅바닥을 눈으로 훑으며 지나간다. 습관적으로 토기를 찾는 것이다. 영화 속 고고학자는 신나게 모험을 하지만, 실제 고고학은 사소한 유물 속에서 끈기 있게 과거의 조각을 찾아내는, 모험심보다는 과거에 대한 탐구와 끈기가 필요한 직업이다. 토기 한 점 한 점은 지금은 사라져 버린 사람의 흔적이 남아 있는 유물이다. 토기는 출토 양도 많고 지역마다 다양한 차이가 있다. 자그마한 유물에서 과거와의 연결고리를 찾고, 또 그 속에서 과거의 사람을 찾아내는 것이 바로 고고학의 진정한 기쁨이다.

5장

뼈와 흙 속에서
캐내는 이야기

1 　동물 뼈,
　　과거의 일상을 밝히는 타임캡슐

　흔히 동물 뼈를 발굴한다고 하면 자연사박물관에서 포효하는 듯한 포즈의 공룡이나 매머드 뼈를 떠올린다. 하지만 동물 뼈는 단순한 전시물을 넘어서 고대 사람의 삶을 밝혀주는 중요한 단서가 된다. 고고학자가 캐내는 것은 유물만이 아니다. 인간과 동물의 흔적인 뼈도 발견된다. 사람 뼈는 과거 사람의 인생을 보여주는 타임캡슐이라고 해도 과언이 아니다. 나이, 성별, 키, 질병, 영양 상태, 사인, 시신의 처리 등 수많은 인간의 삶이 그 안에 녹아들어 가 있기 때문이다. 고고학의 주요한 발굴 대상인 무덤은 바로 이 인골을 중심으로 한다. 더욱이 최근에는 DNA기법의 개발로 손가락뼈 하나도 소중한 자료가 될 수 있으니 더욱더 세심하게 발굴한다.

　한편, 얼핏 중요하지 않아 보이는 동물 뼈도 소중한 자료가 된다. 이렇게 유물이 아닌 뼈를 부르는 개념이 있으니, 바로 유물을 영어로 아티팩트artefact라 부르는 것과 대비하여 에코팩트ecofact(자연물)라 부른다. 예컨대 수천 년 전 집자리의 부엌 근처에서 돼지 뼈나 소 뼈가 수북이 쌓인 채 발견되었다고 하자. 이것은 인간이 만든 도구가 아니라 먹고 남은 흔적이기 때문에 유물이라고 할 수는 없다. 다만 이 동물이 애완용이었는지 가축이었는지를 파악하고 동물의 종류, 부위 등을 연구하면 당시 사람의 생활을 파악할 수 있다.

자주 듣는 질문으로, 뼈를 발굴하면 동물인지 인간인지 어떻게 아는지, 동물이라면 그 종류를 어떻게 파악하는지 많이 물어본다. 결론부터 말하면 전문적인 동물고고학을 전공한 사람이 아닌 일반 고고학자가 정확히 알기 쉽지 않다. 인골의 경우 무덤 안에서 몸 전체나 많은 부분이 발견되면 어렵지 않게 밝혀낼 수 있다. 하지만 전쟁이나 사고로 여러 사람의 뼈가 섞여 있는 경우는 쉽지 않다. 이런 때는 일단 뼈를 수습한 뒤에 전문가가 각 개체별로 하나씩 분류해낸다.

동물 뼈의 경우도 많이 발굴해본 동물이라면 경험을 바탕으로 1차적으로 파악한다. 이후 동물 뼈 도감과 같은 문헌에서 소개된 뼈의 형태와 일일이 대조해서 하나씩 밝혀내 가는 과정을 거쳐야 한다. 그럼에도 같은 과의 동물(예컨대 개, 너구리, 오소리)이나 닭과 꿩 같은 비슷한 동물은 완벽히 분리하기 어렵다.

이 장은 이렇게 힘들게 분리된 뼈에 숨겨진 이야기이다.

유적을 발굴하면 수많은 동물 뼈와 마주친다. 인간에게 동물은 단백질과 지방의 공급원 이상의 효용이 있다. 지금도 목축 동물에 대한 의존이 절대적인 초원에서 말, 소, 낙타는 교통수단으로 쓰인다. 또한 그들의 젖으로 치즈를 만들어 장기간 보관할 수 있으며 털과 가죽으로 옷을 만들어 입는다. 심지어 고기를 먹고 남은 뼈로 다양한 무기나 땅을 파는 삽 같은 것을 만든다. 다 먹고 나면 어깨뼈는 뽑아서 모아 두었다가 중요한 일이 있을 때에 불에 그슬려서 점을 치기도 한다. 목축 동물이야말로 움직이는 음식 창고인 셈이다. 더운 여름에 몽골 초원에서 먼 길을 갈 때에는 고기를 싸 가는 대신에 살아 있는 양이나 염소를 끌고 길을 떠났다. 고기를 잡으면 그 순간 상하지만, 살려두면 며칠이고 신선한 고기와 우유를 얻을 수 있기 때문이다. 초원에서 양을 잡으면 가장 상하기 쉬운 내장과 머리 부분부터 먹는다. 다음에는 갈비 같은 부분을 먹고 넓적다리 같은 장기간 보존이 가능한 부분은 훈제한다. 예전에 실크로드를 횡단하던 카라반(대상)은 반드시 낙타 위에 살아 있는 닭을 데려갔다. 그리고 그 방법을 죽음의 땅인 타클라마칸사막을 횡단하여 실크로드를 탐험한 스벤 헤딘Sven Anders Hedin도 따라 했다. 살아 있는 닭이야말로 매일 끼니를 해결할 수 있는 식량원인 셈이다.

이렇게 인간의 역사에서 동물은 생존을 위한 가장 필수적인

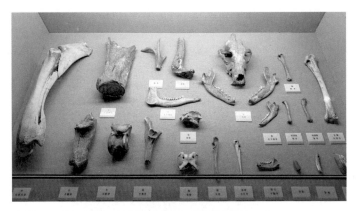

다양한 고고학 유적에서 발굴된 동물 뼈(중국 지린대학 박물관 소장).

부분이었다. 인간은 대부분의 시간을 사냥꾼으로 살아왔다. 인간이 본격적으로 등장한 시기가 200만 년 전이라고 잡아도 농경이 본격적으로 이루어진 시간은 1만 년도 안 되니, 인간의 역사에서 99.5퍼센트는 사냥으로 생존해왔다고 해도 과언이 아니다. 사냥의 핵심은 바로 주변의 동물을 잠재적인 식량 수단으로 삼는 것이다. 인간이 그들의 생명을 빼앗고 그 고기와 뼈를 얻어내는 것에서 죄책감을 가진다거나 하는 것은 있을 수 없다. 인간 또한 다른 육식동물의 잠재적인 사냥감이기 때문이다.

개와 늑대의 시간

유적에서 출토된 동물 뼈라고 하면 사냥감이나 가축 정도로만 생각한다. 그런데 단순한 단백질 공급원을 벗어나 인간의

중국 다원커우大汶口문화의 산리허三里河 유적에서 출토된 6,000년 전 개 모양을 한 토기.

생활에 깊숙이 들어온 동물이 있으니, 바로 인간사에서 친숙한 동물인 개이다. 언제 늑대에서 개로 분화했는지는 지금도 활발한 토론 주제이기도 하다. 적어도 1만 5,000년 전부터 개는 인간의 반려동물로 가축화가 되어왔음이 다양한 고고학 자료로 확인된다. 개는 반려동물인 동시에 식용으로도 최근까지 널리 이용되고 있는 동물이다. 개가 언제부터 인간의 동반자가 되었는지는 정확한 통설이 없다. 다만 인간이 후기 구석기 시대에 본격적으로 세계로 확산되고 괴베클리 테페 같은 신전을 만드는 시점인 1만 5,000년 전부터는 분명히 개가 인간의 반려동물이 된 증거가 나온다. 서양인이 아메리카 대륙을 처음 방문했을 때에 원주민(이른바 인디언)은 이미 반려견을 데리

5장 뼈와 흙 속에서 캐내는 이야기

고 있었다. 심지어 그 개들 중 상당수는 구대륙에서 보이는 것과 같은 종류였다.

개만이 유독 인간 사회에서 이렇게 특별한 대접을 받는 비결은 어디에 있을까. 최근에 이와 관련한 흥미로운 고고학 자료가 소개되었다. 바로 벨기에 고예Goyet 동굴에서 3만 6,000년 전에 이미 늑대의 탈을 벗고 개로 진화한 흔적이 발견된 것이다.˙ 고예 동굴에서 발견된 개 뼈는 분명 늑대와 다르지만, 현재의 개와 DNA 구조가 달랐다. 즉 이미 당시 사람은 늑대를 개로 순화시켰지만, 무슨 이유인지 고예 동굴에서 자라던 개들은 후에 멸종되었다는 뜻이다.

수많은 동물 중에서 개가 인간의 반려동물로 왜 선택되었는가에 대해서는 많은 논쟁이 있지만, 적어도 한 가지는 분명하다. 개는 인간의 사냥감으로 적절하지 않다는 것이다. 개는 늑대에서 분화했다. 늑대는 육식동물로 인간에게 큰 위험 요소이기도 했다. 반면에 말이나 소같이 고기를 많이 제공하거나 양이나 염소처럼 그 털이 좋은 것도 아니다. 그렇다고 개의 지능이 다른 동물보다 월등히 앞선다는 증거도 없다. 개는 소, 말, 낙타, 염소, 양과 달리 대량으로 키우는 목축 동물이 아니다. 개가 인간의 반려동물로 선택된 배경에는 다른 동물과는 다른 특별한 이유가 있다는 뜻이다.

개의 장점은 후각과 민첩성이 뛰어나 사냥에 유리했다는 것

• 팻 시프먼, 2017, 《침입종 인간》, 푸른숲.

이다. 실제로 최초의 개는 인간의 사냥을 도와주는 동물이었다. 인간과 사냥감을 공유했기 때문에 적극적으로 사냥에 나설 수 있었다. 물론, 인간과 음식을 공유한다는 것은 단점이 될 수도 있다. 하지만 빙하기 때에는 사냥한 고기를 제대로 보관하기 어려웠기 때문에 그냥 앉아서 먹어치우는 수밖에 없었다. 이른바 폭식과 단식을 반복하는 '원시인 다이어트'는 이러한 습성을 이용한 것이다. 그러니 사냥한 고기를 공유하는 행위는 사냥 자체의 효율성을 감안하면 그렇게 손해는 아니었을 것이다.

사냥개를 데리고 다니면 사냥의 효율이 각 지역마다 다소 다르지만 50퍼센트 정도 증가한다고 한다. 그들이 '동업자'가 된 순간 인간의 생존 가능성은 더욱 높아졌다. 사냥꾼의 생계에서 가장 큰 위험성은 앞날을 모른다는 것이다. 사냥감이 사냥꾼이 원할 때 스스로 걸어 들어올 리 없다. 언제 사냥에 성공할지 매일매일 불확실하다. 개를 사냥 파트너로 택하고 사냥감을 공유하면서 동업자가 된 순간 인류는 예상 밖의 성공을 거두었다. 인간으로서도 개로서도 서로를 신뢰할수록 생존 가능성이 높아진다. 사냥에 투자하는 시간은 더욱 줄어들고, 나머지 시간에 개와 사람은 더욱 친밀도를 높여서 사냥의 효율을 높이는 과정을 반복했다. 이렇게 늑대가 사냥개로 전환되었고 개의 습성은 다른 동물과 달리 인간의 감수성에도 맞았다. 게다가 개는 추운 지역에서 운송수단으로도 유용했다. 지금도 북극권의 원주민은 개썰매를 유용하게 이용한다. 심지어 개는 너구리와 마찬가지로 식용으로도 잘 맞았다. 동아시아 일대에서 이전부터 개를 식용으로 했던 이유가 여기에 있다.

펜실베이니아 주립대학 교수 팻 시프먼은 현생인류가 네안데르탈인과의 경쟁에서 이긴 이유가 효과적인 개와의 동거에 있었다고 한다. 물론 하나의 이유가 모든 과정을 설명할 수 없겠지만 개가 인간의 진화에 상상 이상의 영향을 미쳤을 가능성은 충분하다.

개의 무덤

이러한 인간과 개의 감정적 공유를 상징적으로 보여주는 고고학적 자료는 바로 개의 무덤이다. 최초의 개 무덤은 독일 베를린의 오베르카셀Oberkassel에서 발견되었다. 약 1만 4,000년 전의 무덤으로 남녀가 묻힌 가운데에서 발견되었다. 추후 분석 결과 이 개는 사망 당시 19주 정도의 강아지였으며, 뼈에 남은 흔적으로 볼 때 죽기 몇 주 전까지 보살핌과 치료를 받았다. 그밖에도 후기 구석기시대 이래 신석기시대에도 개 무덤은 상당히 광범위하게 발견된다. 개와 인간의 교감은 이미 확고해졌음을 보여주는 증거이다.

한국의 경우 신석기시대 조개무지에서 개 뼈가 다수 출토된다. 다른 동물 뼈와 같이 섞여 나오기 때문에 식용의 가능성이 더 크다. 한국에서 개가 본격적으로 무덤이나 제사에 도입된 증거가 보이는 시기는 삼국이 형성되기 시작한 약 2,000년 전부터이다. 경남 사천 늑도에서는 인간과 개가 묻힌 공동묘지가 발굴되었다. 이 공동묘지에서 인간만 묻은 무덤은 물론, 인간과 개가 함께 묻힌 무덤이 많이 발견되었다. 그런데 공동묘지의 한쪽에는 개만 따로 묻은 무덤이 8기나 있었다. 사람과 함께 묻힌 개의 경우 대부분 다 자란 수컷 개이다. 그런데 개무덤에 따로 묻힌 것은 특별한 암수나 나이 구별이 없다. 구덩이를 파고 개를 웅크리듯 묻은 흔적이 보인다. 같이 발견된 유물은 없지만 사람이 묻히는 공동묘지에 같이 묻혔다는 것 자체가 큰 의미를 지닌다.

한편, 강릉 강문동의 저습지 유적에도 개의 흔적이 발견되었다. 강문동은 2,000년 전 이 지역 사람들이 살면서 제사를 지낸 흔적이 고스란히 남아 있다. 여기에서 수많은 뼈가 발견되었는데, 그중에는 가마니에 싸인 개가 통째로 발견되었다. 아마 제사에서 쓰이고 늪으로 던져진 것 같다.

개 무덤과 제사에서 사용된 흔적은 실제 인간 사회에서 개가 차지하는 비중을 생각하면 극히 일부에 불과하다. 즉 이런 무덤과 제물로 사용된 경우는 특수한 상황, 즉 신성한 의미가 더해졌음을 의미한다. 가장 큰 가능성은 개가 희생동물로 사용되었을 가능성이다. 제사에서 인간의 행위를 대신해서 죽이고 그것을 묻는 것이다. 강문동에서 개를 던지는 풍습은 서양에 남아 있는 희생돼지의 풍습과 비교해볼 만하다. 희생돼지

풍습은 중세에 사람이 지은 죄를 돼지에게 덮어씌우고 그 돼지를 물에 빠뜨려 죽임으로써 죄를 씻는 방법이다.

개와 인간의 교감에도 불구하고 빼놓을 수 없는 부분이 있으니, 바로 식용자원으로서의 개이다. 개는 반려동물일 뿐 아니라 꾸준히 식용으로 활용되어 왔다. 뼈에 살을 떼어내기 위한 해체흔이 남아 있는 경우가 많다. 최근 민족지를 보면 개가 식용으로 사용되는 경우도 많다. 실제 개의 고기는 인체에 잘 흡수되기 때문에 동아시아는 물론 추운 극지방에서도 보양식으로 사용되었다. 예컨대 1916년에 남극점을 탐사한 노르웨이의 아문센Roald Amundsen과 영국의 스콧Robert Scott 탐험대의 경쟁 과정에서도 그 점은 명백히 드러났다. 아문센은 북극에서 데려온 개 50마리를 몰고 남극점을 향했고, 스콧은 만주의 말을 데려왔다. 아문센은 운반용으로 개를 쓰다가 짐이 줄어들어 쓸모없는 개를 지속적으로 도살하는 방식으로 탐험을 진행했다. 하지만 개를 식용으로 쓴 경우보다는 무덤이나 제사에 희생시키는 경우가 더 많았다. 식용으로서의 개가 지닌 효용은 개와 함께한 인간 역사의 극히 일부분일 뿐이다.

'개똥이'라 불린 어떤 귀족

한국어에서 개는 가장 반어법적인 이미지이다. 가장 인간과 가까운 동물이지만, 정작 '개'라는 접두어가 붙으면 그 뜻이 부정적이 되는 경우가 대부분이다. 그런데 최근에 젊은 사람은

'개'를 긍정적인 표현에 쓰기도 한다. '개이득'이라는 광고를 보고 한참을 생각하다 학생들에게 물어보니 아주 큰 이득이라는 뜻이었다.

가끔 개는 사람의 이름으로도 쓰인다. 한국에서는 귀한 자식일수록 개똥이 같은 천한 이름을 붙여 불렀다. 극동의 여러 소수민족도 자식을 일부러 천한 이름으로 부르는 풍습이 있었다. 그래야 나쁜 귀신이 샘을 내지 않아서 아이를 먼저 데려가지 않는다고 믿었다고 한다. 실제로 사람을 개의 이름으로 빗대어 부르는 풍습의 역사가 3,000년 이상되었음을 고고학이 증명하는 사건이 일어났다. 1977년에 중국 후베이성 우한시 루타이산魯臺山에서 귀족들의 무덤이 발굴되었다. 그중에 서주시대, 즉 3,000년 전에 만들어진 무덤 제30호에서 청동으로 만든 세발 달린 솥이 발견되었다. 이 청동기 안쪽에는 "큰아들 개가 문부을에게 만들어 준 청동그릇長子狗作文父乙障彝"이라는 명문이 발견되었다.

당시 주나라는 봉건제를 만들면서 후베이성 우한 지역에 봉국을 성립했다. 이 명문은 '장자구'라는 사람이 청동기를 만들어 '문부을'에게 바쳤다는 뜻으로, 사람의 이름에 개狗가 들어가는 매우 특이한 경우이다. 장자구라는 사람은 누구일까? '구狗'는 개를 뜻하는 별명 또는 아명일 가능성이 아주 크다. 그리고 그 앞의 '장자'를 성으로 볼 수도 있고, 큰아들이라고 볼 수도 있다. 실제 고대 중국에서 長子 또는 長이라는 글자가 성

장자구라는 글자가 새겨진 청동기(위)장자구 명문 청동기의 세부(아래).

으로 쓰이는 경우도 있었다. 하지만 그 성씨가 나타나는 지역
은 후베이성에서 아주 먼 현재의 산시성 남쪽인 진난 지역 일
부뿐이다. 장자를 큰아들이라는 뜻으로 해석하면 그 뜻은 한

자 뜻으로도 통할 뿐 아니라 명문의 흐름을 보아도 자연스럽다. 즉 이 명문은 "문부을의 큰아들 구"가 되니 요즘 말로 풀면 '큰아들 개똥이'쯤이 된다. 이렇듯 위엄으로만 가득 찼을 법한 고대 중국의 귀족들 사이에도 우리와 비슷한 풍습이 있었음이 고고학 유물로 확인되었다.

동물 뼈에 남아 있는 흔적

동물 뼈는 단순히 음식을 먹은 증명으로 그치지 않고 인간 생활에서 여러 도구로 활용되었다. 흔히 뼈로 만든 도구를 '골각기'라 부른다. 그런데 칼이나 찌르개 같은 도구로 가공한 것은 쉽게 알 수 있지만 그 밖에 구멍이나 긁힌 자국이 있는 경우 동물 뼈에 남은 흔적을 과연 인간이 만든 것인지 많은 논쟁이 되기도 한다. 대개 뼈에 남은 흔적은 현미경 같은 도구로 확대해 볼 때 인공 여부를 판단할 수 있다. 즉 육식동물(하이에나나 표범 등)의 날카로운 송곳니가 남긴 흔적과 인간이 만든 석기가 만든 흠집은 구분되기 마련이다.

구석기시대에 사람들은 주로 동굴 속에서 살았고, 그 동굴에서 많은 시간을 보내며 짐승을 잡아먹은 흔적이 발굴을 통해 드러난다. 수많은 동물 뼈 중에는 인간의 기록이 새겨진 뼈도 있으니, 이것이 바로 구석기시대 예술품이라고 소개되는 많은 유물이다. 이 중에는 그 구분이 명확하지 않은 것도 많아서 거칠게 표현된 것은 여전히 인공이 아니라 하이에나나 표범의

송곳니 자국이 아닌가 하는 논란에 휩싸이는 경우도 있다.

한편 동물 뼈에 인간의 운명을 투영하기도 했는데, 갑골문처럼 뼈를 가지고 점을 치는 도구로 사용하기도 했다. 무속인 또는 샤먼을 뜻하는 한자 '무巫'를 풀어보자. 사람人과 사람人 사이의 하늘과 땅二 사이를 잇는다(l)는 뜻이다. 인간은 중간자적인 존재로 인격은 있되 하늘에 닿을 수 없는 처지이니, 하늘의 뜻을 읽어내는 중계인이 필요하고, 그런 중계인이 무인巫人이었다. 옛날 중국과 한국의 왕은 곧 점치는 사람들의 우두머리였다. 요즘 같은 일기예보나 정보가 발달하지 않은 당시에 샤먼의 예지는 곧 백성의 생명을 지키는 수단이었고, 또 인류가 각종 자연재해와 전쟁에도 멸종하지 않고 살아오게 한 원동력이었다.

갑골문자로 유명한 3,500년 전 중국의 국가 상나라를 보자. 갑골문은 점을 치고 점괘를 기록한 것이다. 거북이의 등껍질이나 사슴의 어깨뼈에 구멍을 적당히 뚫고 불에 그슬리면서 그 갈라지는 틈으로 길흉을 점쳤다. 상나라의 왕은 자기 밑에 정인貞人이라는 사람을 수십 명 두고 같이 점을 쳤다. 그들은 조상의 신령한 힘을 얻기 위해 매일 저녁 엄청난 양의 술을 마시는 연회를 벌이고 갑골로 점을 쳤다. 이렇게 왕과 정인들은 한 나라의 대소사에 대해 점을 치고, 그 복골 위에 점괘를 기록해서 문서보관소에 넣었다가 필요한 때가 되면 꺼내서 그 점을 보고 일을 결정했다. 즉, 갑골문은 점괘가 기록된 공문인 셈이다. 하지만 상나라의 경우 점괘에서 나온 신탁oracle이 틀리면 왕이 대신 벌을 받고 심한 경우 목숨을 잃어버리니, 술 마시며 잔치를 해도 그렇게 즐거운 것만은 아니었을 것이다.

점을 치는 원리는 동물의 뼈를 구우면 쩍쩍 갈라지는 얇은 부분을 이용하는 것이다. 주로 선호되는 부분은 어깨뼈이다. 실제로 야외에서 양이나 염소를 잡아서 통째로 굽거나 찔 때면 가끔 쩍쩍 하고 갈라지는 소리가 난다. 복골은 동물을 요리하는 과정에서 자연스럽게 터득한 방법일 것이다. 한국에서도 약 2,000년 전에 만들어진 남해안의 패총에서 복골이 제법 발견된다. 그러나 삼국시대 이후로 거의 사라졌는데, 불교 같은 종교가 들어오면서 전통적인 샤먼의 풍습이 사라졌기 때문이다.

이 복골 풍습은 동아시아를 넘어 유라시아 초원 지역의 유목민 사이에서도 널리 유행했다. 최근까지 카자흐인은 집안에 대소사가 있으면 복골을 그슬려서 그 갈라지는 흔적으로 점을 쳤다. 각 부위별로 신의 메시지를 읽는 법이 있어서 가정에서도 손쉽게 점을 칠 정도였다.

그런데 복골은 짐승 한 마리에서 네 개밖에 나오지 않는다. 그래서 손쉽게 점을 치는 방법으로는 발가락 뼈인 지골 knucklebone 주사위가 있다. 공깃돌보다 조금 더 큰 크기의 지골에는 각각 다른 기호가 쓰여 있다. 이 지골을 흔들어서 던지는 방식으로 점을 쳤던 것 같다. 흉노 고분을 발굴하면 꼭 귀족이나 왕의 곁에서 발견되는 유물이 바로 이 점치는 주사위

점을 칠 때 사용한 동물 뼈 지골(카자흐스탄 아스타나 박물관 소장).

였다. 심지어는 유럽으로 이동한 훈족을 따라서 유라시아 건
너편 동유럽에서도 점치는 주사위가 나온다.

또 다른 방법으로는 짐승 내장과 발굽을 갈라서 보는 방법
이 있다. 지금도 몽골 사람들은 양을 잡고 배를 가를 때에 내
장의 형태를 보고 점을 친다. 유목문화가 많이 도입된 부여에
서도 소를 잡아서 그 발굽을 보아 길흉을 점쳤는데, 발굽이 갈
라지면 흉하고 발굽이 붙으면 길하다 여겼다(《삼국지》 위지 동이
전 부여조). 카자흐인도 말이나 소의 발굽에는 가장 신령한 기
운이 있다고 여겼다. 하지만 내장은 아무리 발굴을 잘해도 남
아 있는 경우가 거의 없다. 대신에 발굽은 가끔 흔적이 나온다.
북방 초원 지역 유목민의 무덤을 발굴하다 보면 사람의 옆에
말이나 소의 머리와 함께 발끝 부분의 뼈를 모아둔 경우가 있
다. 학회에서 발표할 때 이런 무덤을 설명하면서 "슈바인스학
세(독일의 족발 요리)와 한국의 족발은 흉노에서 기원했으니, 유

라시아는 족발로 하나가 됩니다"라고 농담을 하곤 했다. 아마 발굽으로 점을 치고 제사를 지낸 흔적이었을 것이다.

지금도 시베리아 일대의 샤먼 의식에서 동물의 뼈와 살은 제사를 지내는 데 필수 요소이다. 비단 중국뿐 아니라 시베리아, 한국 일대는 고래부터 하늘의 뜻을 전하는 샤먼이 지배하는 사회였다. 최근 소련 시절의 탄압을 이겨낸 부랴트(몽골 계통의 바이칼 호수 지역 원주민)는 매년 샤먼 축제를 하면서 예전 샤먼의식을 부활시키고 있다. 샤먼은 의식에 앞서서 희생에 쓸 양을 잡는다. 그리고 그 양의 배를 갈라서 점을 치고 해체해서 제사 음식으로 만든다. 이 과정에서 샤먼은 수호령에 빙의되고 다양한 의식을 한다. 빙의된 샤먼이 북을 치면서 수호령의 목소리를 내기 시작하면 각자의 걱정과 고민을 가진 사람이 구름처럼 몰려든다. 샤먼은 그 사람들의 고민을 들어주고 하늘에 의식을 거행한다. 모든 의식이 끝나면 사람들은 희생 제물을 같이 음복하면서 서로의 복을 기원하는데, 샤먼의식의 처음과 끝을 희생양으로 한 것이다.

야생의 늑대에서 개로 바뀌는 시간은 대체로 현생인류의 등장과 때를 같이한다. 이후 인간은 동물을 먹고, 의지하며, 또 동물이 되고자 했다. 발굴 중에 흔히 보이는 뼈 하나하나에 결국은 수많은 고대 사람의 사연과 의식이 담겨 있을 것이다. 동물은 단순한 식량을 넘어서 주요한 종교의 도구로 사용되었고, 나아가 사방으로 확산된 그 종교의 증거로도 활용되었다. 흔한

5장 뼈와 흙 속에서 캐내는 이야기

듯한 동물 뼈 하나하나가 고고학자에게 중요한 이유이다.

목축 동물이 바꾼 세계

지역마다 시기 차이는 있지만 대체로 기원전 3500~3000년 경이 되면 온대 지역 일대에서는 여러 문명이 발달한다. 흔히 '4대 문명'이라고 부르는데, 엄밀히 말하면 고고학적인 용어는 아니다. 세계 곳곳에서 정착 문명이 발달했기 때문이다. 이러한 정착 문명의 발생 지역보다 훨씬 북쪽에 있는 유라시아 초원지대에도 신석기혁명에 비견할 만한, 가히 '초원의 혁명'이라고 할 사회변화가 이루어진다. 바로 목축pastoralism의 등장이다. 현재까지의 증거로 볼 때 기원전 4000~3500년경 유라시아 초원의 서쪽에는 이전의 채집경제와 다르게 동물을 방목하고 키워서 식량자원으로 삼는 최초의 생산경제, 즉 목축경제가 시작되었다. 이때부터 유라시아의 초원 지역에서 목축을 영위하는 집단과 온대의 농경을 영위하던 집단은 서로 다른 생산경제를 영유하면서 상호 교류했다. 목축경제의 가장 큰 특징은 주변 지역으로의 빠른 확산이다. 농경은 물이 지속적으로 공급되고 기후 조건이 적합한 지역을 집약적으로 이용하는 것이 특징인 데 반해, 목축은 목초지를 광범위하게 활용하기 때문에 사용되는 토지의 범위는 농경의 약 100배에 이른다. 단지 우리가 생각하는 현재의 유목민이 처음부터 등장한 것은 아니었다. 목축은 초기에는 순수한 유목만으로 생계를 영위할 수 없었기 때문에 다른 경제 생활을 병행하는 이목 단계에서 출발했으며, 본격적인 유목nomad은 스키타이시대에 들어서야 이루어진 것으로 보인다.

또한 목축 동물에 많은 경제를 의지하지만, 곡물, 의복, 청동기 등 목축 생활로는 얻을 수 없는 것은 주변 지역과의 다양한 교류로 획득한다. 그래서 목축에 기반을 둔 초원문화의 성립에는 주변 지역과의 물적·인적 교류가 필수적이다. 초원이라는 지리적 특성과 상대적으로 넓은 면적을 차지하는 목축의 특성으로 유라시아 초원 지역은 새로운 청동 제련 기술이나 기마술 같은 당시의 첨단 기술이 사방으로 전파되는 역할을 하기도 했다.

온대 지역의 정착민은 강가의 평야 지대에서 밀, 기장, 수수 등으로 농사를 짓고, 사람들이 모여 사는 도시를 형성해 문명을 이루며 국가를 이루었다. 이에 반해서 초원은 겨울이 길고 농사도 쉽지 않은 척박한 지역이었다. 초원 지역에는 짧은 여름 동안 잡초가 자라지만, 인간이 먹을 수는 없었다. 대신에 풀을 먹고 자라는 양, 염소, 말, 소 등과 같은 가축을 키우는 목축 경제를 발달시키면서 정착 문명과는 또 다른 세계를 열었다.

초원 지역은 고위도에 위치한 탓에 겨울이 길고 일교차가 극심한 척박한 기후여서 농사가 제대로 되지 않는다. 대신 여름은 겨울보다 짧아도 낮 시간이 길고 태양이 작열하는 덕분에 풀이 무성하게 자랄 수 있다. 하지만 이 풀은 사람이 먹을

5장 뼈와 흙 속에서 캐내는 이야기

2,000년 전 중국의 토기. 가축과 인간이 함께한 생활상이 잘 표현되어 있다.

수 없고, 곡물을 키우기에는 기후 환경이 너무 열악했기 때문에 사냥이나 채집을 하는 소수의 사람만이 살 수 있었다.

이러한 상황에서 인간의 삶에 도움이 되는 동물의 도입은 초원의 역사를 바꾸었다. 태양이 공급하는 자연의 에너지를 삶의 원동력으로 바꾸는 패러다임의 전환이 바로 기원전 4000~3500년경에 이루어지며 목축경제가 시작된 것이다. 사람이 직접 풀을 먹는 대신에 그 풀을 먹는 동물을 가축으로 키우고, 그 가죽과 고기로 생계를 꾸리는 목축이 등장하자 비로소 초원은 인간에게 닫혀 있던 문을 열었다. 초원에 자라는 풀은 태양과 자연이 만드는 것이니 굳이 사람이 씨를 뿌리고 가꿀 필요는 없다. 그러나 변화무쌍한 기후 속에서 가축을 먹일 풀을 안정적으로 얻으려면 끊임없이 이동해야 했다. 목축을 하는 사람은 살아 있는 한 계속 옮겨 다니기 때문에 한곳에서 평생을 보내야 하는 농경민과는 완전히 다른 방식의 세계관과 생존 방식으로 삶을 이어나갔다. 평생 초원을 이동하는 유목민에게 교류는 선택이 아니라 필수였다. 초원에서 주로 얻는 것은 인간이 목축하는 동물의 고기, 젖, 가죽이었다. 하지만 사람은 단백질인 고기만으로는 살 수 없고 탄수화물을 공급하는 곡물이 필요했다. 반대로 농경민은 유목민의 고기와 가죽이 필요했다. 이렇듯 서로에게 필요한 것을 얻으려면 농경민과 유목민은 반드시 교류해야 했다. 또한 유목민은 혹독한 환경을 이겨 나가기 위해서 새로운 기술과 물자를 끊임없이 받아들여야 했다. 이러한 과정에서 이동과 교류가 삶의 근간이었던 유목민은 유라시아 각지의 새로운 문물을 전파하는 교량 역할을 자연스레 수행했다.

목축 동물을 이용한 초원의 삶은 각 지역에 따라 서로 다양하다. 곳에 따라 목축과 수렵을 병행하기도 하고 목축 동물도 다양화되었다. 분명한 점은 매우 유동적인 자연환경에 삶을 의지해야 하기 때문에 빠르게 변하는 세상에 발 맞춰 반응해야 한다는 것이다. 그 결과 유목민은 정주 생활을 거의 하지 않으며, 빠르게 정보를 주고받는 생활에 익숙해졌다. 이렇게 농경과 마을로 대표되는 온대의 정착 생활과 반대가 되는 생계인 유목이 탄생했다. 이는 동물이 인류의 역사에 들어오면서 발생한 것이라 해도 과언이 아니다.

말을 길들인 자가 세계를 지배한다

목축 동물 중에서 가장 극적으로 인간의 역사를 바꾼 것은 말이다. 처음에 말은 여러 목축 동물 중에 하나였다. 당시 중앙아시아 초원 지역의 사람은 다양한 동물을 목축하는 중에 말의 특성에 주목했을 것이다. 비록 지구력은 약하고 거칠어서 다루기는 쉽지 않지만 어떤 동물보다 빠르게 달리는 말은 재빠르게 이동하는 것이 생명인 당시 유목민에게 유용했을 것이다. 특히 말떼를 목축하기 위해서 목동은 말떼 중 한 마리를 탈 것으로 이용했을지 모른다. 하지만 자유자재로 말을 타고 다니는 것은 쉽지 않았다. 말의 등뼈는 울퉁불퉁해서 자칫하면 승마인에게 치명상을 입힐 수 있기 때문이다. 야생마를 길들인다는 것은 때로는 자신의 목숨과 바꿀 만한 용기가 필요한 것이었다. 그래서 누구보다 빨리 달리고 더 좋은 목초지로 이동하고자 하는 유목민에게 말은 치명적인 유혹이었을 것이다. 말을 길들이는 자는 곧 초원에서 승리할 수 있었다.

말이 인간의 동반자가 되는 순간은 바로 인간이 초원을 지배하는 첫 번째 과정이기도 했다. 말이 인간의 역사에서 운송 수단으로 역할을 하는 데에는 크게 세 가지의 마구가 발명된 것이 결정적인 기여를 했다. 첫 번째는 기원전 3000년경에 처음 등장한 재갈이다. 사람의 손가락 정도밖에 안 되는 자그마한 재갈을 말에 채움으로써 약간의 손짓에 말은 치통을 느끼게 되고, 비로소 인간의 뜻을 따를 수밖에 없는 탈 것으로 바

러시아 알타이 무덤에서 사람과 함께 매장된 말 뼈(알타이공화국 박물관 소장).

꿰었다. 재갈은 이후 수천 년간 개량과 발전을 거듭해서 나중에는 한 사람의 마부가 여러 말을 동시에 부릴 수 있는 고삐와 전차의 발명으로 이어진다.

두 번째는 안장이다. 모든 포유동물이 그렇듯이 말의 등뼈가 사람이 타기 좋게 평평할 리가 없다. 울퉁불퉁한 척추뼈가 고스란히 드러나 있는 말의 등에 탄다는 것은 사실 목숨을 내놓은 것이라고 해도 과언이 아니다. 오죽하면 위험한 말타기 놀이인 로데오에서도 거의 목숨을 내놓고 하는 경기가 안장 없이 타는 '베어백 라이딩bareback riding'일 정도이다. 말을 탈 때 안전장치가 없을 경우(지금도 유목사회에는 안장 없이 타는 사람들이 여전히 많이 있다) 자칫하면 남녀 할 것 없이 생식능력에 심각한 장애를 초래하는 부상으로 이어질 수 있다. 그러니 말을 타고 달려가는 기병을 양성하기 위해서는 말 위에서 탈 수

5장 뼈와 흙 속에서 캐내는 이야기

있는 도구, 즉 안장이 필요했다. 기원전 7세기 이후 스키타이의 군사들은 부드러운 카펫을 두껍게 얹은 안장을 탔다. 그리고 흉노시대에 들어서면서 딱딱한 나무로 만든 안장(경안)을 사용하게 되었다. 이때부터 사람은 좀 더 안정적으로 말을 타고 하루 종일 달릴 수 있게 되었고, 말 위에서 먹고 마시며 하루 종일 달려서 먼 거리를 공격한다는 공포의 유목기병이 등장하게 되었다.

세 번째는 사람이 발을 걸 수 있는 금속제 등자이다. 이것은 서기 3~4세기경 고구려와 선비족에서 발명되었으며, 이로 인해 본격적인 무장을 한 기사가 등장하게 된다.

말 뼈가 알려주는 이주와 전파

인류 역사의 주요한 전환점은 말의 순화 과정과 연관되어 있다. 이를 둘러싸고 최근 다양한 국제적 성과가 발표되고 있다. 현재까지의 증거로 보면 대체로 기원전 3500년경 카자흐스탄 북부 지역에서 최초의 타는 말이 등장했다고 한다. 카자흐스탄과 러시아의 국경 지역에 분포한 기원전 3500년경의 동석기시대 보타이문화의 유적에서는 말을 대량으로 목축한 흔적이 발견되었는데, 같이 발견된 토기에서는 말 젖의 찌꺼기도 나왔다. 또한 말 뼈 구덩이에서 발견된 말의 배설물을 조사한 결과 장기간 가두어 길렀다는 증거까지 나와서 말을 사육한 최초 증거로 공인받았다.

목축민은 지속적으로 이동하던 사람들이다 보니 주변의 정착민과 교류하며 새로운 기술과 문화를 전달하는 역할도 했다. 새로운 기술이 순식간에 수천 킬로미터나 떨어진 지역으로 전파되는 일이 이때부터 시작된 것이다. 그들이 키우던 가축은 양, 염소, 말 등이었으며, 조금 더 북쪽에 살던 사람은 기후에 걸맞게 순록을 키웠다. 목축이 도입되면서 말은 인간에게 친숙한 동물이 되었고, 그때부터 역사를 움직이는 인류의 동반자가 되었다. 단순한 말고기에서 운송수단으로서 말이 등장한 것이다. 목축과 함께 등장한 새로운 문화는 유라시아의 서쪽으로 확산되었고 지금의 인도-유럽인의 기원이 되었다. 유라시아의 동과 서를 흔드는 새로운 문명의 시작이다.

유목, 그리고 전염병

동물과 친한 것은 유목민뿐 아니라 농경민도 마찬가지였다. 농사가 성행하면서 인간은 새로운 위기에 직면한다. 바로 기생충과 전염병이다. 농사를 지으면서 필연적으로 사냥할 수 있는 시간은 줄어들었다. 기껏해야 농한기 정도에나 가능했다. 그것만으로는 단백질을 채우기란 절대적으로 부족했다. 대신에 사람은 가축을 선택했다. 가축은 단순한 부가적인 것이 아니라 농민의 동반자였다. 가축화된 동물은 농사의 부산물을 먹었고 인간에게 훌륭한 단백질원이 되었다. 고기뿐이 아니었다. 가축의 젖은 도축을 하지 않고도 인간에게 지속적으로 단백질을 공급해주었다. 게다가 가축의 가죽과 모피는 훌륭한 월동 장비가 되기까지 했다. 하지만 이런 지속적인 동거는 필연적으로 불결한 환경을 유발했고 또 동물에서 시작된 전염병이 인간에게 옮겨가는 인수공통전염병이 발병하는 계기가 되었다. 좋은 예가 페스트이다. 페스트의 기원은 대체로 유라시아 초원이었다. 지금도 매년같이 몽골 초원에서는 가축을 키우는 사람들 사이에서 페스트가 보고된다. 하지만 세계적인 전염병으로 이어지지는 않는다. 인구밀도가 낮은 지역이라서 감염자가 소속된 소규모 집단이 희생당하는 것으로 끝나기 때문이다. 하지만 농사에서 시작되어 과밀화된 도시로 이어진 유럽에서 인수공통전염병이 발병한다는 것은 때로 몰살을 의미한다. 중세에 페스트는 마치 장작 위에 던져진 불쏘시개처럼 전 유럽을 불태웠다.

최근까지도 전염병으로 수많은 사람이 한번에 몰살당하고 마을이 사라진 예가 많으니, 고대 사회에서도 크게 다르지 않다. 하지만 대부분의 경우 실제 세균이나 바이러스의 흔적이 없기 때문에 그러한 전염병은 무덤에 남은 간접적인 증거로 파악할 수밖에 없다. 랴오닝성 퉁화시 만발발자萬發撥子에 있는 유적은 고조선 시절부터 고구려 때까지 이 지역에 살던 사람의 공동묘지이다. 나는 2021년에 이 유적을 분석해서 전염병이 휩쓸고 지나간 후에 남은 무덤의 흔적이 있다는 연구를 진행한 바 있다. 내가 주목한 유적은 제21호라 명명된 것인데,

가로 16.7미터, 세로 2.5미터의 넓이로 길쭉하게 판 구덩이에 일렬로 35구의 인골이 묻혀 있었다. 단체로 묻혔으니 무슨 전쟁의 흔적이라고 생각할지 모른다. 하지만 이 무덤은 전쟁과 같은 이유로 살해된 흔적이 없이 정성스럽게 일렬로 묻혔다. 죽는 때를 미리 아는 경우는 없으니 사람이 죽는 차례대로 무덤을 만드는 것이 정상이다. 그런데 이 사람들을 한곳에 가지런히 묻었으니 이들이 짧은 시간에 죽었을 가능성이 크다. 제 21호 무덤을 제외하면 대부분은 따로 묻었다. 사람이 갑자기 많이 죽었고 그들이 전쟁과 같은 원인으로 살해된 것이 아니라면 전염병 같은 요인으로 사망했을 가능성이 크다.

무덤의 흔적만으로는 전염병으로 인한 결과라고 단정하기는 어렵다. 다음으로 만발발자 유적에서 발굴된 유물에서 동물 뼈를 검토해보았다. 만발발자에서는 모두 4만 1,179점의 동물 뼈가 출토되었고 그중 6,088건을 분석했다. 그 결과 돼지를 중심으로 한 가축이나 멧돼지, 사슴 같은 사냥감이 많았다. 그 밖에도 호랑이, 너구리속, 붉은 여우, 승냥이속, 곰속, 담비, 족제비, 오소리, 수달, 시라소니 등 매우 다양한 모피 동물의 뼈가 발견되었다. 특히 오소리 뼈가 많이 나왔는데, 오소리나 족제비는 개과라서 가죽 이외에 고기도 먹을 수 있기 때문에 사육에 유리했다. 오소리와 족제비 뼈의 출토 양이 매우 많은 것으로 보아 당시 모피를 채취하기 위해 해당 동물을 길렀을 가능성도 크다.

모피를 만들기 위해서는 도구도 필수이다. 실제로 만발발자에서는 모피를 가공하는 다양한 돌칼도 함께 발견되었다. 이들 돌칼은 알래스카 이누이트인의 반달 모양의 칼인 울루ulu와 비슷하다. 이렇듯 만발발자의 사람들은 농사가 잘 안 되는 지역이라 모피 동물을 잡고, 그들 중 일부는 함께 키웠다. 이런 경우 페스트와 같이 인수공통전염병이 유행할 가능성이 크다. 이렇듯 전염병을 직접 밝힐 수 없지만 유적에서 발견된 인골의 특징, 동물 뼈, 도구, 그리고 지리환경 등을 종합적으로 검토해서 밝혀나간다. 심지어 인간을 감염시키지 않아도 가축의 전염병은 충분히 인간에게 위협적이다. 구제역과 같은 가축의 전염병과 몰살은 밭을 갈 수 있는 노동력의 감소로 이어져서 흉작으로 이어진다. 조선시대에도 공식적으로 소의 도살을 금했고, 우역牛疫(소 전염병)이라도 발생할라치면 나라 전체의 명운이 달린 것처럼 제사를 지내고 신경을 썼다. 이렇듯 화려한 유물이 아니라 동물 뼈가 발견되어도 고고학자들은 그 하나하나를 최선을 다해서 발굴한다. 인간의 역사는 언제나 여러 동물과 함께했기 때문이다. 동물 뼈에 숨어 있는 우리 인간의 알려지지 않은 페이지를 읽어내는 것은 고고학자의 또 다른 의무이자 즐거움이다.

2   인골,
사람은 죽어서 뼈를 남긴다

흔히 '호랑이는 죽어서 가죽을 남기고 사람은 이름을 남긴다'고 한다. 적어도 고고학자에게 이 말은 틀렸다. 인간의 뼈는 가장 소중하고 원초적인 자료가 된다. 숨기려야 숨길 수 없는 뼈에 새겨진 이야기는 우리의 고대를 아는 중요한 열쇠가 된다. 인간의 뼈를 연구하는 학문은 전통적으로 형질인류학 또는 체질인류학이라고도 하는데, 이는 뼈에 남아 있는 인간의 흔적을 통해서 인류의 과거를 연구하는 것을 말한다. 뼈를 연구하는 학문은 좀 더 세분되어서 뼈에 남은 증거로 범죄를 밝히는 법의학, 특히 뼈의 크기를 가지고 과거 사람의 특징을 연구하는 골학, 그리고 과거의 병을 연구하는 고병리학 등이 인골을 통해서 연구할 수 있는 학문이다.

인간이 죽고 땅에 묻히면 신체에서 가장 잘 남아 있는 부분이 바로 뼈이다. 물론 무조건 뼈가 다 남는 것은 아니라 각각 묻혀 있는 환경이나 토양의 영향이 크다. 예컨대 한국과 러시아 연해주는 강한 산성의 토양으로 뼈가 잘 남아 있지 않기로 유명한 지역이다. 그래도 조개무지 같은 곳(알칼리성이라 뼈가 상대적으로 잘 남아 있다)이나 늪지 또는 사막같이 극도의 보존 환경에서는 잘 남아 있는 것이 나오기도 한다. 이렇게 발견된 경우는 무덤에서 출토된 뼈의 형태를 일일이 다 기록한다.

시신의 위치가 의미하는 것

일반적으로 인골이라고 하면 무언가 음침한 느낌을 준다. 하지만 고고학자에게는 뼈 자체뿐 아니라 무덤에 놓여 있는 방법 자체도 주요한 고고학적 자료가 된다. 무덤은 인간이 가지는 가장 보수적인 체계이기 때문이다. 지금도 장례라고 하면 대충 하지 않고 각 문화의 전통과 풍습에 따라 최선을 다한다. 무덤에 사람을 묻는 방식도 마찬가지이다. 얼마 전까지도 지관이 나침판으로 일일이 방향을 정해서 세심하게 머리가 눕는 방향을 정했다. 내가 어릴 적만 해도 집에서 잘 때 북쪽으로 누우려고 하면 어르신이 호통을 치며 바로 누우라고 했던 기억이 있다. 하물며 무덤은 말할 것도 없다. 그래서 공동묘지 하나를 발굴하면 그 무덤의 방향은 대개 일정하고, 그 역시 각 집단의 특징을 보여주는 주요한 자료가 된다.

시신을 묻는 방법도 매우 중요한 고고학 자료가 된다. 흔히 사람이 죽으면 무덤에 사람을 펴서 묻는 방식만 떠올릴 것이다. 하지만 실제 발굴해서 보면 사람을 묻는 방법은 매우 다양하다. 옆으로 눕히기도 하고 마치 말을 타듯 무릎을 세워서 묻기도 한다.

또한 시신을 처리하는 방법도 다양하다. 사람을 땅속에 묻는 것이 가장 일반적이지만, 나라와 문화에 따라서는 화장을 하거나 나무 위에 시신을 걸어두는 수목장을 하기도 한다. 셀 수 없이 다양한 방법으로 먼저 죽은 사람에게 예를 다하는 것이다. 무덤에 묻혀 있는 인골이야말로 과거 사람이 인간의 삶에서 가장 중요한 통과 과정인 죽음에 대한 정성을 모아놓은 타임캡슐인 셈이다.

무덤에서 발굴한 인골의 모습은 각각 큰 상징을 지닌다. 그 이유는 바로 무덤은 내세로 들어가는 관문을 상징하기 때문이다. 하나하나의 요소는 바로 죽은 자의 복(명복)을 의미한다. 예컨대 말을 타듯 무릎을 세워서 묻는 것은 유목민 사이에서 많이 보이니, 저승을 말을 타고 간다는 것을 의미한다. 또한 몸을 옆으로 웅크려서 묻은 것은 죽음을 다시 태어나는 것으로 생각해서 어머니의 자궁 속에 있는 태아의 모습을 연상시키는 모습으로 시신을 접은 것이다.

화장을 하거나 수목장을 하는 것 역시 각 사회의 내세에 대한 믿음과 종교적인 모습이 반영되어 있다. 조로아스터교를 믿었던 지역에서는 땅을 더럽다고 여겼기 때문에 시신을 조장

시키고 인골은 따로 토기로 만든 골호에 담아서 보존했다. 이런 인골에 대한 태도는 사람이 처한 지리환경에 따라 변화하기도 한다. 한국의 경우 1980년대까지만 해도 화장을 극도로 꺼리는 분위기였다. 하지만 인구밀도가 과밀화되어 묘지가 부족해진 현재는 납골당이 더욱 일반화되었다. 시베리아의 원주민은 나무 위에 관을 거는 수목장의 풍습이 있는데, 이는 겨울이 길어서 땅을 파기 어렵다는 현실적인 원인도 함께 있을 것이다. 경상북도 울진군 후포리의 언덕 뒤에서 신석기시대의 무덤이 발굴된 적이 있다. 여기에서는 길쭉한 돌도끼와 함께 여러 인골의 흔적이 발견되었다. 수십 명의 인골이 있었지만 정작 제대로 된 인골이 아니었다. 사람이 죽으면 어딘가에 가매장(아마도 수목장)해서 산골散骨되기를 기다렸다가 남아 있는 인골 무더기를 모아놓은 것이다. 아마 지금 납골당의 전신인 셈이다.

인골을 숭배하는 사람들

인간이 무덤을 만든 역사는 약 10만 년 전으로 거슬러 올라가니 사피엔스의 역사와 함께하는 셈이다. 무덤을 썼다는 것은 인간이 죽음 이후에도 내세가 있다고 믿었다는 의미이므로 종교와 제사의 기원도 된다. 멀쩡한 무덤을 다시 파헤치는 '파묘'의 풍습도 적어도 약 1만 2,000년 전부터 시작되었다. 거대한 석조 기념물로 유명하여 세계유산으로도 지정된 튀르키예

괴베클리 테페에서는 제단에 걸었던 해골이 발견되었다. 심지어 그 위에는 화려한 색칠을 하기도 했는데, 제사에서 영정사진을 올려놓듯이 해서 다시 조상을 기억했다는 뜻이다. 괴베클리 테페 이후에 발달한 차탈회위크Çatalhöyük의 신석기시대 마을 사람들은 집 안 마루 밑에 무덤을 만들던 풍습이 있었다. 그 과정에서 그 이전에 만들었던 무덤을 건드리면 급하게 덮어버리거나 따로 꺼내서 제단에 올려놓기도 했다.

이렇게 파묘를 하는 풍습은 세계 곳곳에서 지금까지도 이어진다. 고고학과 인류학에서는 전문용어로 '이차장second burial'이라고 한다. 한 번 묻은 무덤을 다시 파헤쳐서 인골을 수습하고 화장한 뒤 골호에 담아서 따로 묻는 풍습을 말한다. 한국에서도 그러한 증거는 고인돌과 독무덤(옹관묘)에서 찾아볼 수 있다. 고인돌의 경우 그 밑에 만든 무덤의 크기로 이차장의 흔적을 짐작한다. 무덤의 길이가 30센티미터 정도도 안 되는 작은 것들이 종종 발견된다. 이는 어딘가에서 무덤을 만들었다가 후에 파묘하고 다시 꺼내어 그 뼈를 모아서 넣어둔 것이다. 또한 빗살무늬토기를 사용하던 신석기시대부터 등장한 독무덤도 같은 원리이다. 이렇듯 파묘라는 풍습은 사실 인간의 역사와 함께한 오랜 전통이다.

해골로 만들어진 도시
인골 자체를 숭배하는 풍습은 중세 서양이나 중남미로도 이어졌다. 특히 해골 숭배 사상이 발달한 아즈텍 문명에서는 해골에 화려한 보석과 황금을 붙여서 아름답기까지 한 예술품을 만들었다. 서양 중세시대는 더욱 극적이다.

서기 9세기에 기독교의 수호자를 자처한 프랑크 왕국의 카롤루스 대제는 우상을 믿던 이

아즈텍 문명의 서기 7~9세기에 치장된 해골

교도를 개종시키기 위해서 성인의 유골에 믿음의 서약을 하도록 했다. 그 결과 각 교회들은 사람들이 믿을 수 있는 '성인의 유골'이라는 아이템을 얻기 위해 경쟁하고 훔치기까지 했다. 그렇다고 성인이 갑자기 늘어날 리 없으니 나중에는 공동묘지에서 엉뚱한 유골을 파서 성인으로 둔갑시키까지 했다. 지금 같은 유전자 검사가 있던 시절이 아니어서 가능한 일이었다.

하지만 그런 해골 숭배의 결과로 도시가 만들어진 경우가 있으니, 바로 이탈리아의 베네치아였다. 베네치아는 828년경에 이집트 알렉산드리아에서 마르코 성인(마가복음의 저자)의 유골을 훔쳐왔고, 이를 기점으로 베네치아는 크게 흥성하여 수많은 교회 건물과 광장이 지어졌다. 베네치아를 대표하는

산마르코 광장도 바로 마르코 성인의 유골을 기념하여 지어진 것이다. 따지고 보면 성인의 유골이 세계적인 도시를 탄생시킨 격이다.

서양권이 주로 해골에 집착하는 반면 한국은 땅에 집착한다. 조상의 유해 자체는 터부시하고 대신에 좋은 곳에 무덤을 만들어서 시신이 곱게 자연으로 돌아가면 후손들이 발복한다고 여긴다. 이렇게 인골보다는 그들의 유택幽宅, 즉 무덤터를 중시하는 풍수사상이 발달하는 배경에는 한국만의 독특한 지리 지형의 조건도 무시할 수 없다. 한국과 러시아 극동지역은 산성이 매우 강한 토양인지라 매장을 하면 인골이 빠르게 풍화한다. 삼국시대 고분 수백 개를 파도 제대로 된 인골은 거의 없는 경우가 대부분이다. 풍수사상은 한국이라는 풍토에서 독특하게 발달한 사상인 셈이다.

무덤, 부활을 기다리는 공간

무덤이라는 주제는 고고학자에게는 일상적이지만 사실 무덤이나 죽음은 모두가 꺼리는 주제이다. 고고학자끼리 회식이나 술자리에서 인골과 무덤의 이야기를 흥미진진하게 하다 보면 주변에서 눈총을 받는 경우도 종종 있다. 하지만 무덤은 보통 생각하는 것과 달리 부활에 대한 염원으로 가득하다. 무덤 안의 많은 유물은 사실 부활을 위한 상징이다.

5장 뼈와 흙 속에서 캐내는 이야기

무덤은 부활의 상징임을 보여주는 거란 귀족의 무덤(중국 퉁랴오 박물관).

생명을 불어넣는 우유

수많은 고고학적 자료를 보면 무덤 속에서는 토기가 머리맡이나 발치에서 등장한다. 여기에 무엇을 담았을까 생각하면 아마 고인이 저승에 갈 때에 드시라는 뜻으로 음식을 넣었을 것이다. 즉, 부활하여 저승에 가라는 염원이 담겨 있다. 러시아 알타이 지역의 파지릭문화에서는 유목민의 쿠르간Kurgan(크게 봉분을 쌓은 무덤)이 발견되었다. 유목민은 말을 타고 이동하기 때문에 흙을 빚어서 구운 토기는 거의 사용하지 않는다. 그런데 쿠르간에서는 발치에서 단지 한두 개가 꼭 발견되었다. 아마도 소중한 것을 담았으리라고 추측할 뿐이지 정확한 용도는 알 수 없었다. 그러다가 1990년대 초반에 그 실마리가 풀렸다. 알타이 우코크Ukok 고원지대의 고분에서 발견된 토기에서 액체를 휘젓는 나무막대가 함께 발견된 것이다. 신선한 우유는 금방 상하니 케피르나 요구르트처럼 발효시킨 유제품으로 만들어 무덤에 넣은 것이다. 이 세상을 떠나는 고인에게 새로운 생명력을 불어넣는 용도였다.

천국으로 가는 열차

사람이 저승으로 가는 방법에 대해서는 각 시대나 사회마다 다양하게 생각한다. 대체로 삼도천이나 요단강처럼 강을 건너간다고 믿거나 하늘로 올라간다고도 믿는다. 하늘로 올라간다고 믿는 경우는 인간이 직접 날 수는 없으니 다른 동물이나 도

세로보 유적에서 발견된 샤먼의 정령(좌)와 상나라 시대의 중국 청동기(우).

구를 빌려서 올라간다고 상상한다. 날개가 달린 새나 호랑이를 타기도 하고 뱀의 꼬리를 물고 하늘로 올라가는 것으로도 생각했다. 시베리아의 바이칼 호수 서쪽에 위치한 '세로보'라는 마을 근처에서 발굴된 6,000년 전의 무덤에서 마치 〈은하철도 999〉(모티브가 된 소설의 원제는《은하철도의 밤》)의 이야기를 연상시키는 흥미로운 샤먼의 유물이 발견되었다. 머리가 두 개인 동물이 메텔의 치렁치렁한 머리처럼 꼬리를 했는데, 그 끝에는 그 동물과 함께 어딘가를 여행하는 샤먼의 얼굴이 달려 있다. 약간 굳은 얼굴을 한 샤먼의 모습은 긴장된 표정에서 마치 만화 속 주인공 철이의 얼굴이 떠오르는 듯하다. 앞에는 사람과 동물의 머리가 달려 있다. 아마 하나는 그들을 타고 가는 동물, 그리고 또 하나는 그를 인도하는 전령사였을 것이다.

누군가의 도움을 받아 영원의 여행을 떠나는 모습은 중국의 청동기에도 새겨져 있다. 흔히 '식인' 장면이라고 불리는 상나라 때의 청동기이다. 마치 거대한 동물이 사람을 잡아먹는 듯한 모습이 표현되었기 때문에 이런 이름이 붙었다. 하지만 그 귀한 제사를 위한 청동기에 굳이 잡아먹히는 사람을 새겨 넣는다는 것은 좀 이해하기 어렵다. 사실 이 장면은 사람을 잡아먹는 동물이 아니라 동물이 사람(또는 샤먼)을 입에 물고 피안의 세계로 나아가는 장면을 묘사한다고 해석된다.

신대륙에서는 멕시코 팔렝케에서 발굴된 서기 7세기 때의 파칼이라는 왕의 무덤이 유명하다. 그가 묻힌 석관의 뚜껑에는 무엇인가를 조종하며 날아가는 듯한 모습이 새겨져 있다. 그래서 미스터리를 좋아하는 사람들은 한동안 마야문명의 사람은 우주선을 탔을 것이라는 주장을 내놓기도 했다. 하지만 고고학자는 이 모습을 구름을 타고 피안의 세계로 떠나가는 파칼 대왕이라고 해석한다.

약 4,000년 전에 전차가 등장하면서 사람들의 상상 속 저승으로 오고가는 이동수단이 전차로 바뀐다. 구약의 에스겔서를 비롯해서 성경의 곳곳에는 하늘의 천사가 전차를 타고 오는 모습이 자주 등장한다. 이렇게 부활(또는 영생)을 기원하며 떠나는 여정에 대한 바람은 〈은하철도 999〉로 친숙하다. 은하철도의 이야기에서는 전차 대신에 당시 첨단의 교통수단이었던 철도가 등장한 것뿐만 다르지 고대 무덤에 담겨 있는 상징을 그대로 보여준다. 묵직한 쇳덩어리인 은하철도의 기차가 우주를 가로지르는 모습이 잘 어울려 보이는 이유이다. 이렇듯 호랑이, 구름, 전차, 기차 등 지난 수천 년간 다양하게 표현되었지만 모두 인간을 저세상으로 인도해주는 매개자가 있다고 믿어왔다. 우리가 무덤에서 발견하는 여러 유물은 이렇게 부활의 의미를 가진 소중한 자료인 셈이다.

죽은 자를 위한 마지막 예의

고고학자는 무덤을 발굴하면 손가락 하나하나의 위치까지 자세히 기록한다. 그 이유는 고인을 염습했던 증거가 되기 때문이다. 사람이 죽으면 몇 시간 이후 사후경직이 오기 때문에 사지가 제대로 굽히지 않는다. 그러므로 장례를 준비하면서 무덤에 들어갈 모습을 제대로 만들어놓는 과정이 필요하다. 한국에서도 염습의 최초 증거는 한반도 남쪽인 부산 가덕도의 신석기시대 유적에서 발견되었다.

부산 가덕도 패총의 인골.

여기에서는 드물게 인골이 잘 남아 있는 공동묘지가 발견되었는데, 각각의 무덤은 서로 다른 형태로 묻혀 있었다. 어떤 사람은 웅크리고, 어떤 사람은 팔을 교차하기도 하고, 어떤 사람은 쭉 펴기도 했다. 각각의 모습은 죽자마자 그 몸을 적당히 그렇게 만들어야 한다. 저승으로 향하는 과거인의 사상을 보여주는 증거이다.

흔히 인간의 생에서 가장 중요한 의례를 관혼상제冠婚喪祭라고 한다. 그중에서 상喪이야말로 고고학자가 가장 쉽게 접하는 인간의 과정이다. 이렇듯 고고학자가 발굴하는 무덤 속 인골 하나하나에는 또 다른 세계관이 담겨 있는 셈이다.

진정한 무덤의 의미

왜 사람은 무덤을 만들게 되었을까? 그것은 우리 안에 내재된 죽음에 대한 우려 때문이다. 죽음과 소멸에 대한 두려움이 크다면 삶을 제대로 이어갈 수 없다. 그래서 인간은 죽음을 삶의 연장이라는 생각을 담아 무덤을 만들고, 먼저 간 이들을 기억하는 축제인 제사를 지냈다. 이런 의례를 통해 사회는 유지되고 발전할 수 있었다. 이렇게 인간의 죽음을 매장과 제사라는 과정을 통해 받아들이고 살아있는 자들에게 체화시키는 과정이 무덤이다. 우리가 때만 되면 무덤에서 제사를 지내고 또 파묘를 해서 이장하는 이유는 궁극적으로 그들이 우리와 함께 한다는 믿음이다. 고고학자가 죽은 사람이 묻혀 있는 무덤을

통해서 과거 사람의 삶에 대해 접근할 수 있는 이유는 무덤이
야말로 삶에 대한 강력한 의지가 담긴 과거 사람의 흔적이기
때문이다. 러시아 화가 드미트리 플라빈스키는 중앙아시아의
버려진 이슬람 묘지를 거닐면서 "공동묘지의 언덕 위에서 영
생을 갈구하던 영혼들의 모습을 보았다"고 했다. 무덤을 만들
고 다시 파묘를 하는 그 죽음을 대하는 과정의 본질은 결국 삶
에 대한 갈망이 아닐까.

저주의 범인

인골과 인간의 잔해는 과거의 여러 전염병에 대한 증거가
되기도 한다. 인류는 끊임없이 역병과 싸워왔다. 가축을 키우
면서 가축의 병이 인간에 전해지기도 했다. 지역 간의 교류가
활발해지고 도시화가 되면서 역병의 창궐은 인간사의 일부가
되었다. 사실 전염병이 없었다면 아마 지구는 진작 엄청난 수
의 인류로 덮였을 것이다. 인류 역사의 일부는 전염병의 역사
라고 해도 과언이 아니다. 20세기 초반의 스페인독감에서 최
근 코로나바이러스19까지 우리 주변에서 역병은 끊임없이 일
어나고 있다. 아무리 인간이 대응해도 그 확산을 쉽게 막을 수
없는 경우가 대부분이다.

사람은 세균의 존재를 모르던 시절에도 역병의 대처 방법을
알고 있었다. 조선시대까지도 마을에 역병이 돌면 시신은 그
냥 집에 버려두고 도망갔다. 시신과 접촉하면 그 병이 확산된

다는 것을 알고 있었다. 고고학적으로 전염병은 확인하기 어렵다. 전염병을 옮긴 세균은 숙주의 사망과 함께 죽는 것이 상식이다. 수천 년씩 남아 있기는 어렵다. 물론 가끔 상태가 좋은 미라나 무덤에서 우리가 모르는 바이러스나 세균이 고고학자를 공격할까 하는 두려움이 들긴 한다. 하지만 아직까지 심각하게 고고학자의 생명을 위협한 적은 없다. 1922년에 이집트 투탕카멘왕의 피라미드를 발굴할 때에 발굴에 참여한 여러 사람이 저주를 받아서 죽었다는 '미라의 저주'는 피라미드 안의 알지 못하는 세균 때문이라는 설도 나돌았다. 그런데 미라의 저주로 죽었다는 것도 사실 수많은 관련자 중에서 다양한 사인으로 죽은 사람을 '저주'라는 이름으로 엮은 것에 불과하다. 이 글을 보는 고고학을 지망하는 사람이 있다면 걱정 말기를 바란다. 하물며 그 '저주'는 정작 발굴을 주도한 카터Howard Carter에게는 미치지 못했기 때문이다.

이렇듯 전염병을 고고학으로 밝히는 것은 쉽지 않다. 갑자기 어떤 지역에서 인구가 감소하고 묘지가 급증했다면 전염병의 증거로 볼 수 있다. 실제로 중세시대에 유라시아 일대에서 기독교의 일파인 네스토리우스교 선교사의 무덤이 실크로드를 따라서 난데없이 발견된다. 당시 유행하던 페스트로 몰살한 것이다. 이런 사례는 글자를 쓰는 시대에서만 가능한 특별한 경우이다. 선사시대에는 그러한 상황을 알기 어렵다.

더 큰 문제는 기후변화이다. 우리는 영화나 소설에서 세균을 소재로 한 이야기를 흔히 볼 수 있다. 인간이 대처할 수 없는 질병이 아프리카 또는 북극권에서 발병하여 현대인을 괴롭힌다는 플롯이 대부분이다. 특히 북극권에서 과거의 세균이 남아 있는 무덤이 우리를 다시 괴롭힐 가능성은 단순히 영화 속 이야기가 아니라 실제로도 가능하다. 북극권을 발굴하는 과정에서 그러한 가능성이 확인된다.

북극권은 영구동결대로 짧은 여름에 땅의 겉은 녹지만 한 삽만 파도 얼음이 차 있기 때문에 땅을 더 파기가 불가능하다. 그래서 무덤도 깊게 파지 못한다. 나무도 뿌리를 깊숙이 내리지 못하고 옆으로 마치 거미줄처럼 뻗는 상황이다. 땅속은 사시사철 냉동고인 셈이니 사소한 털 한 오라기도 잘 남아 있는 타임캡슐의 역할을 한다. 추코트카와 같은 러시아 극북 지역에서 무덤 발굴은 그야말로 삽이 필요 없이 솔로만 한다. 무덤을 만들 때에 땅을 깊게 팔 수 없기 때문에 얕게 파고 늑대나 여우 같은 들짐승의 피해를 입지 않도록 돌을 쌓아 올리는 식이다. 어떤 무덤은 돌만 걷어내면 방금 그 자리에 누운 듯한 시신이 옷의 털끝 하나 다치지 않고 누워 있다. 그러니 굳이 땅을 걷을 것 없이 발굴하면 된다. 발굴하다 보면 수천 년 지난 시신이 당장이라도 눈을 뜰 것처럼 전혀 손상이 가지 않은 상태로 발견된다. 그러니 유물을 조사하기 전까지는 수천 년 전 것인지 얼마 전 것인지 가늠하기 쉽지 않을 정도이다.

17세기 이래 러시아를 중심으로 유럽의 여러 나라는 북극권을 탐험했다. 그 와중에 수많은 사람이 희생당했다. 당시 탐험대는 부실한 배를 타고 북극해를 다니다가 눈이 내리고 바다가 얼면 배를 끌어올리고 월동한 후에 다시 봄이 되면 목적지로 전진하는 식이었다. 그러는 와중에 전염병, 결핵, 괴혈병 등으로 많은 선원이 희생당했고, 그들을 곧바로 그 자리에 묻었다. 즉, 지금도 북극해 일대 군데군데에는 당시 사람의 무덤이 많이 남아 있다.

문제는 이들의 몸에 지금은 사라져 버린 병균이 있다는 데에 있다. 지금은 사라지고 없는 천연두로 사망한 수많은 시신이 북극권에 묻혀 있다. 또한 결핵도 안심할 수 없다. 결핵균 자체가 워낙 빠르게 돌연변이가 이루어지기 때문이다. 같은 결핵이라고 해도 과거 사람을 괴롭힌 결핵균은 현대의 것과 다를 수 있고 그렇다면 현대의 우리는 저항력이 거의 없을 수 있다. 물론, 요즘 같은 정보사회에서 누군가가 그 무덤을 일부러 발굴해서 악용하는 것을 그대로 두진 않을 것이다. 하지만 또 다른 변수가 앞에서 말한 기후변화이다. 지구온난화로 급격히 영구동결대가 해체되고 있다. 자칫하면 녹아내린 얼음 속에서 무덤이 드러나고 철새나 북극권의 동물이 그 세균을 옮기는 숙주가 될 수 있다. 가능성이 크지 않다고 하지만 최근 급변하는 기후변화에서 어떤 돌발 사태가 일어날지 모른다. 고고학 자료가 단순하게 과거의 일이 아닐 수 있다.

DNA로 찾아가는 우리의 조상

인골에 대한 연구는 최근 DNA 기술과 결합되어 아주 빠르게 발전하고 있다. DNA 정보만 주면 나의 수백 년 전 선조를 찾아주는 TV 프로그램도 있을 정도이다. 자신의 조상을 찾는 작업은 고고학이라면 금방 떠올리는 일 중 하나이다. 고고학자가 발굴한 유물을 통해서 고대의 조상이 어떻게 살았는지를 알아낼 수 있다.

최근에는 여기에서 한 단계 더 나아갔다. 조상에 대한 관심으로 시작된 고고학이 최신 유전학과 만나서 고고유전학적인 연구가 발달하고 있다. 수천 년, 수만 년 전 인골의 뼈에서 DNA를 추출하고 현대 우리와의 관계를 찾아내는 방법은 매우 매력적이다. 하루가 멀다 않고 뉴스에 등장하는 네안데르탈인에 관한 수많은 이야기, 예컨대 네안데르탈인이 현생인류와 결혼을 했다든가 현생인류와 서로 경쟁했고 그 결과 지금도 현대인에게 네안데르탈인의 유전자가 남아 있다는 식의 연구가 나오고 있다. 눈부시게 발달하는 유전학과 함께 고대인의 혈연관계를 추적하는 기술은 계속 정교해지고 있다.

이런 고고유전학의 발달과 함께 우리가 관심을 두는 주제는 바로 한국인의 기원이다. 고고학 발굴 유물로 보면 대체로 한국인의 조상은 북방 유라시아와 많은 친연성이 있다. 하지만 DNA 분석을 하면 매번 다른 결과가 나온다. 얼마 전에 러시아 연해주의 8,000년 전 초기 신석기시대 동굴 무덤 유적인 초르토비 보로타('악마문'이라는 이름으로 더 유명하다) 유적에서 40여 년 전에 발굴했던 인골의 유전자를 분석했는데, 베트남 쪽과 유사하다는 연구도 나왔다.

사실 DNA를 통해서 민족의 기원을 밝히기는 현재로서는 거의 불가능하다. DNA 분석 방법은 옛 뼈 속에 남아 있는 DNA의 서열을 밝혀내는 것이다. 그런데 세포핵 속의 DNA는 거의 사라지고 없다. 대신에 학자들은 미토콘드리아 속의 DNA를 분석한다. 이 미토콘드리아 DNA는 모계의 유전자만 가지고 있다. 즉, 우리가 운 좋게 고대 유전자를 밝혀낸다고 해도, 그것은 모계의 흐름을 밝혀낼 뿐이다. 이것만으로도 사실 놀라운 연구이다. 하지만 모계만을 밝히는 것은 우리가 기대하는 고대 역사의 모습을 파악하는 데 한계가 있다. 예컨대 조선시대 이래 한국은 유교의 영향으로 가부장제를 표방했다. 전통적으로 마을은 특정한 성씨가 같이 힘을 합쳐서 농사를 짓는 공동체사회였다. 그런데 세계의 대부분은 철저하게 근친혼을 금한다. 특히나 한국은 최근까지도 동성동본의 결혼을 법적으로 금할 정도로 근친혼을 엄격하게 금했다. 또한 부계사회였기 때문에 결혼할 때에는 여성이 자신의 고향을 떠나서 남편의 공동체로 들어가 사는 것이 일반적이다. 이 두 가지 원칙 아래 내 성인 진주 강씨가 집성촌을 이룬다고 가정하자. 그러면 진주 강씨의 딸은 다른 곳으로 시집가기 때문에 진주 강씨의 집성촌에 있는 성인 여성은 모두 진주 강씨가 아니라는

나주 영동리에서 발굴된 인골. DNA 분석 결과 둘은 자매였다(나주 복암리 전시관 제공).

뜻이다. 따라서 이러한 공동체가 원칙대로 유지될 경우 미토 콘트리아 유전자를 분석하면 진주 강씨의 유전자가 가장 희미 한 곳은 역설적으로 진주 강씨의 집성촌이 된다는 뜻이다. 그 러니 일반인들이 흔히 생각하는 우리 문화의 기원과 DNA 분 석의 결과는 처음부터 다를 수밖에 없다.

게다가 DNA 분석 결과를 비교해서 현대 한국인과 가장 유 사한 사람을 찾는 작업 또한 매번 바뀔 수밖에 없다. 만약 A와 가장 유사한 사람이 B라는 뜻은 현재까지의 샘플에서 가장 유 사하다는 뜻이지 절대적인 친연 관계를 입증하는 것이 아니기 때문이다. 비교하는 사람이 바뀌면 그 결과가 천차만별이다. 게다가 고대 유전자는 워낙 샘플이 귀하다 보니 매번 새로운 분석이 나올 때마다 결과가 바뀌는 것이 당연하다.

이렇듯 한두 개의 자료만으로 한민족의 기원을 찾는 것은

인골, 사람은 죽어서 뼈를 남긴다

불가능하다. 고고학, 언어, DNA의 연구가 수십 년간 축적되어야 대체적인 흐름을 찾을 수 있다. 하나하나의 연구가 모이고 토론될 때 비로소 한민족의 실체에 조금씩 다가갈 수 있다. 수만 년을 이 땅에서 살아온 사람들을 밝힌다는 게 결코 단기간에 이뤄질 수 있는 일은 아니기 때문이다. 한자성어 '우공이산愚公移山'이 무색하게 수많은 세월이 필요할 것이다. 그래도 30여 년 전 내가 처음 고고학과에 입학했을 때와 비교하면 지금은 매우 구체적으로 한민족의 기원에 대한 여러 연구와 가설이 나와 있다. 앞으로 더 많은 연구가 쌓일 때에 조금씩 그 진실에 접근할 것이다.

5장 뼈와 흙 속에서 캐내는 이야기

3 식물,
먼지 속에서 찾아내는 문명의 흔적

식물고고학이라는 분야는 유적에서 발견되는 식물의 흔적을 통해서 과거 사람의 흔적을 찾는 분야를 말한다. 우리가 매일 먹는 주요한 식사의 원천인 식물은 우리의 과거를 파악하는 주요한 수단이 된다. 이 식물 자료는 발굴을 하는 과정에서 실제 육안으로 구별할 수 있는 경우(토기의 볍씨 자국, 채질을 통한 채집)도 있다.

그런데 수천 년 전의 식물 흔적을 어떻게 찾아낼까? 사실 현장 고고학자가 그 흔적을 찾는 방법은 극히 제한적이다. 크게 두 가지로 나뉘는데, 거시적인 식물 유체를 찾는 것과 보이지 않는 미시 유체를 찾는 것이다. 물론 현장에서 그것을 평가하기보다는 토양에서 체질을 하거나 샘플을 채취해서 전문적으로 식물고고학을 전공하는 학자에게 의뢰한다.

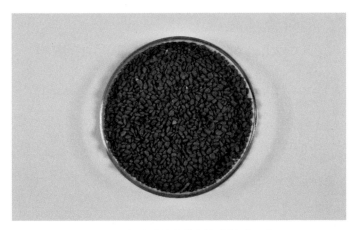

2,000년 전 낙랑고분에서 발견된 탄화된 쌀알(국립중앙박물관 소장).

쌀알 한 톨, 역사를 뒤바꾸다

먼저 거시적인 식물 유체는 현장에서 탄화가 된 옛날의 식물 유체를 찾아내는 경우이다. 화재를 입은 집자리를 발굴하면 흔히 부뚜막이나 솥에서 과거에 먹던 탄화된 곡물을 발견하기도 한다. 쌀이나 곡물의 낱알이 그냥 땅에 묻힌다면 싹을 틔우거나 아니면 곧 썩어서 없어질 것이다. 하지만 역설적으로 탄화되어 숯이 된다면 안정화되어서 세월의 압박을 견디고 고고학자에게 발견되는 것이다. 이런 고대 식물의 흔적으로서 최초로 알려진 것은 아마 충남 부여의 부소산성에서 발견된 군창지(군량을 쌓아둔 창고)일 것이다. 일제강점기 시절인 1915년에 일본인이 부소산성을 발굴하면서 이 창고 터를 발굴하여 불탄 곡식을 발견한 바 있다.

5장 뼈와 흙 속에서 캐내는 이야기

이런 우연한 발견만이 전부가 아니다. 식물고고학이 과거 인간의 흔적을 파악하는 주요한 도구로 도입된 것은 1960년 대 이후이다. 단지 눈에 보이는 식물의 흔적을 찾는 것을 넘어 서서 더 적극적으로 찾아내는 기법이 도입되었다. 그중 현장 에서 쉽게 쓰이는 방법은 플로테이션floatation(부유법) 기법이 다. 집자리에서 파낸 흙을 그냥 버리지 않고 일일이 물에서 체 질을 하는 의외로 간단한 방법이다. 또한 플로테이션 방법은 한국에 도입된 최초의 식물고고학 기법이기도 하다. 1970년대 중반에 미국에서 갓 공부를 마치고 돌아온 서울대의 임효재 교수는 당시 발굴하던 3,000년 전의 청동기시대 집자리인 여 주 흔암리에서 이 기법을 사용했다. 모든 것이 열악하던 당시 에 그냥 땅을 파기도 힘들었던 발굴단원은 일일이 주거지 바 닥에서 퍼낸 흙을 근처의 강가로 가지고 가서 체질을 하는 노 동을 했다. 하지만 집자리 안에서 탄화된 쌀알을 찾아내는 놀 라운 성과를 얻었다!

흔암리의 성과는 한국인의 생계를 책임지는 벼농사의 기원 을 바꾸는 역할을 했다. 당시까지 한국에서 발견된 가장 이른 쌀알은 일제강점기에 발굴된 김해 패총에서 발견된 것으로 약 2,000년 전의 것이었다. 그리고 김해는 일본과 인접해 있으니 한국의 벼농사는 일본에서 기원한 것이라 주장되었다. 이것은 단순히 하나의 곡물의 유입 경로에 대한 문제로 끝나는 것이 아니었다. 당시 일본은 한국에 독자적인 문명이 없었고 고대 남한은 임나일본부와 같은 일본의 식민지라고 주장하던 기억이 생생하던 때였다. 그러니 동아시아를 대표하는 쌀농사 문화가 일본에서 한국으로 전래되었다는 것은 그전에 한국 사람은 벼농사도 제대로 못 짓던 '미개'한 사람이라는 방증으로 이용될 법했다. 1970년대 당시에 농학자인 서울대 이춘녕 교수는 여러 정황 증거를 볼 때 한국의 벼농사는 만주에서 내려온 것이라는 생각을 품고 있었지만, 실질적인 증거가 없어서 안타까워하던 중이었다. 그러던 차에 흔암리의 물체질에서 건져낸 쌀알이 벼농사의 기원이 어디인지 밝히는 결정적인 증거가 되었다. 이후 50년간 다양한 고고학 자료가 축적되면서 한국의 벼농사는 중국 양쯔강 유역에서 시작되어서 만주의 랴오둥반도를 거쳐서 한반도로 유입되었다는 증거가 다수 발견되었다. 이처럼 벼농사로 대표되는 한국 고대문화의 형성 과정을 파악하는 주요한 근거가 더운 여름날 물체질로 찾아낸 쌀알 한 톨인 것이다.

보이지 않는 꽃가루를 찾아서

과거의 식물 흔적이 남는 경우는 극히 드물다. 대부분은 눈에 보이지 않는 먼지 같은 미세한 흔적을 찾아서 조사를 한다. 식물 연구에서 가장 일반적인 분석 방법은 토양 속의 꽃가루(화분)를 분석하는 것이다. 봄에 알레르기를 유발할 정도로 많은 양의 꽃가루가 분출되는데, 이들은 세포벽에 싸여 있기 때문에 오랜 시간이 지나도 어떤 종류였는지 분석이 가능하다. 꽃가루 분석으로 당시 유적에서 주로 살았던 식물, 나아가 그 식물이 살았던 환경을 분석할 수 있다. 최근에는 기술이 좀 더 발전하여 '규조체'의 분석으로 더욱 정교한 결과를 얻을 수 있다. 규조체 분석은 식물세포 사이에 퇴적된 규소의 흔적을 분석하는 것이다. 꽃가루처럼 수백 년이 지나도 잘 남아 있기 때문에 좀 더 세세하게 과거 사람이 먹었던 것을 밝혀낸다. 보이지 않는 먼지 같은 흙에서 찾아낸 증거로 재미있는 결과들이 속속 알려지고 있다. 예컨대 실크로드를 따라서 5,000년 전에 동아시아로 유입된 밀과 보리를 통해서 맥주나 국수같이 우리 삶과 밀접한 여러 요리의 기원을 찾아내고 있다.

식물고고학에서 곡물이 발견되면 이것이 야생종인지 또는 순화종인지도 밝혀낸다. 이것은 인류 역사의 시작을 밝혀내는 주요한 자료가 된다. 인간 역사에서 가장 위대한 발명은 무엇일까. 사피엔스의 등장? 청동기의 발명? 석기의 사용? 직립보행? 모두 일정 정도 맞는 말이다. 하지만 그 무엇도 인류세를 탄생시키는 단초가 된 농경의 도입에 비교할 수 없을 것이다. 도시, 국가, 상수도, 그리고 전염병에 이르는 현대 인간이 가지고 있는 모든 연쇄적인 발달의 처음에는 농사라는 인간의 선택이 있었다.

농사라는 위험한 도박

농사는 대체로 1만 2,000년 전에 빙하기가 끝나면서 세계 곳곳에서 그 증거가 발견되고 있다. 예전에는 근동(중동) 지역의 '비옥한 초생달 지역'에서 처음 발생해서 세계로 퍼져 나갔다는 설이 우세했고, 지금도 많은 책에 그렇게 소개되어 있다. 하지만 지금 고고학계는 근동 기원보다는 다 지역 기원설을 더 지지한다. 아시아의 경우 중국에서 약 1만 년 전에 농사가 시작되었던 증거가 나왔다. 신대륙의 경우는 더욱 극적이어서 남아메리카에서 약 1만 2,000년 전부터 호박, 박, 구근류 같은 것이 재배된 흔적이 발견되었다. 신대륙에서 사람이 살기 시작한 것은 약 1만 6,000년 전에 매머드 사냥꾼이 베링해를 건넌 이후이다. 그로부터 고작 수천 년 뒤에 구대륙과 다른 지형에서 독특한 방법으로 농사를 지은 증거가 나왔다. 이때에 근동이나 아시아에서 새롭게 배웠을 가능성은 별로 없으니 독자적으로 발달시켰을 가능성이 크다.

농사는 인간에게 너무나 당연한 경제활동이 되었다. 특히 농경사회인 한반도에서는 농사를 짓지 않는 사람을 '오랑캐' 또는 '미개인'으로 치부하는 경향이 강했다. 하지만 농사는 인류의 진화와 역사에서 돌연변이처럼 등장한 혁명적 사건이다. 인류의 역사를 400만 년이라고 할 때 거의 99.8퍼센트만큼의 시간은 사냥과 채집을 하며 자연에서 탄력적으로 음식을 얻었다. 즉, '미개인'의 삶은 인간의 진화 역사의 대부분을 차지하는 가장 전통적인 '사피엔스'적인 방법이라는 뜻이다. 처음 농사는 지금과 같은 대대적인 방식이 아니었다. 사냥과 채집의 보조 수단으로 마치 텃밭을 키우는 것처럼 약간의 농산물을 생산해서 마치 보험처럼 삶의 위기에 대처했다. 따지고 보면 씨앗에서 똑같은 곡물이 자란다는 것은 약간의 지능과 관찰력이 있는 인간이라면 누구라도 쉽게 알 수 있었을 것이다. 그러니 농사 자체를 도입한 것은 크게 이상할 것이 없다. 그렇지만 단순한 보조 수단을 넘어서 전적으로 공동체의 운명을 농사에 맡기는 '농부'가 되어가는 과정은 여전히 풀리지 않는 미스터리이다. 농사가 본격적으로 등장한 과정에 대한 많은 이론은 그것을 소개하는 것만으로도 책이 시리즈로 나올 수 있을 정도이다. 어쩌면 인간의 '직립보행'과 함께 영원한 화두일 것이다.

분명한 점은 농사는 위험한 도박이라는 것이다. 농업의 도입은 직립보행과도 비교된다. 직립보행은 동물적인 능력을 희생해서 죽을 가능성이 높아진 대신 두뇌의 발전을 가져온 도박이었다. 농업의 경우도 비슷해서 삶의 유연성과 풍부한 영양 공급을 포기하고 대신에 사람들의 집단 지혜와 협력에 의지한 것이다. 사냥과 채집으로 생활한다면 자연의 변화에 빠르게 대처할 수 있기 때문에 환경에 대한 적응성이 강하다. 삶의 위기가 오면 다른 지역으로 옮겨갈 수 있다. 반면에 농사를 짓는 순간 사람은 좋든 싫든 한 지역에 머무르면서 자신의 모든 삶을 농사에 걸어야 한다. 게다가 영양 상태마저 좋지 못했다. 자연에서 나는 다양한 음식 자원을 포기하고 오로지 자신이 선택한 곡물을 키우고 그것을 1년 내내 먹어야 했다. 한마디로 비자발적 '원 푸드 다이어트'인 셈이다. 농사를 하면서 인간의 키는 더 작아졌고 각종 질병에 시달려야 했다. 하지만 장점도 많았는데, 무엇보다 인간 삶에서 예상할 수 없는 요인을 최대한 제어할 수 있게 되었다. 그 결과 지속적으로 인간의 수명은 늘고 인간이 만들어내는 문명은 빠르게 발전해갔다.

고고학계에서는 빙하기가 끝난 직후 세계 곳곳에서 농사가 도입되면서 인간 역사는 크게 바뀐다고 하여 이것을 '신석기혁명'이라고 부른다. '혁명'이라면 무언가 이념을 둘러싼 투쟁을 의미하는 듯하기 때문에 좀 과격하다고 느끼는 사람도 있다. 이 용어를 처음 제안했던 고고학자 고든 차일드Vere Gordon Childe가 마르크스주의자였기 때문에 이런 용어가 등장했다는 말도 일부는 맞다. 하지만 농사가 지닌 잠재력을 생각하면 혁명이라는 말이 틀린 것은 아니다. 실제로 농경은 인간의 생각과 삶의 방식을 송두리째 바꾸고 심지어 계급과 집단 간 투쟁을 격화시키기도 했으니 역사상에 수많은 혁명과 갈등의 시작이라고 표현해도 크게 틀리지 않는 셈이다.

쌀농사가 바꾼 한반도의 풍경

지금 한국을 대표하는 쌀농사의 기원은 앞에서 설명한 것처럼 여주 흔암리에서 물체질로 밝혀졌다. 하지만 3,000년 전에

5장 뼈와 흙 속에서 캐내는 이야기

도입된 것은 쌀농사이며 그 이전에도 농사는 이루어지고 있었다. 한반도에는 농사가 대략 6,000년쯤 전에 처음 시작되었다. 물론 대대적인 농업이 아니라 소규모였고, 화전농법도 도입된 흔적이 있다. 남한에서는 약 5,000년 전에 금강 유역 일대의 중부 지역 내륙에서 곡물을 보관한 대형 집자리가 발견되었다. 원래 신석기시대 사람은 바다와 강이 만나는 해안가에서 살았는데, 이때부터 본격적으로 내륙의 산악 지역으로 들어가서 살기 시작한다. 화전 농사로 생계를 보조했기 때문에 가능한 변화이며, 농사의 도입은 한반도도 '균형 발전'을 하게 된 계기가 되었다. 하지만 그 규모는 작아서 마을이 기껏해야 집이 30~40개밖에 안 되는 소형이었고, 약 4,000년 전부터 다시 기후가 추워지면서 그나마 있었던 원시적인 농업도 거의 사라지게 되었다.

한국이 지금 우리가 알고 있는 농촌의 모습으로 바뀌는 시점은 대체로 3,000년 전 우리나라에 쌀농사가 도입되면서였다. 벼는 원래 아열대식물이기 때문에 동남아 지역에서 주로 재배하는 게 맞다. 한국 같은 지역에서 벼는 자칫 가뭄이나 냉해 같은 피해를 입기 십상이다. 그러니 자칫 벼농사에 실패한다면 공동체는 전멸할 수도 있다. 농사 기술이 발달되지 않은 청동기시대에는 쌀보다는 오히려 구황작물로 더 잘 알려진 메밀, 수수, 기장 같은 잡곡이 더 안정적일 것이다. 여러 가지 단점에도 불구하고 한국에서 쌀농사가 널리 퍼진 이유는 바로 도입 경로와 관련이 있다. 한국의 쌀농사는 동남아나 중국 남쪽에서 직접 전달된 것이 아니다. 쌀농사가 중국 대륙에서 점차 북상하고 나중에 만주 지역의 랴오둥반도를 거쳐서 한반도 남쪽으로 멀리 돌아서 퍼진 것이다. 한국보다 더 추운 랴오둥반도를 거쳐서 들어온 것은 차라리 다행이었다. 그 과정에서 쌀은 냉해를 잘 견딜 수 있도록 개량되었고 논에 모내기를 하고 추운 지역에서 농사를 짓는 다양한 농사 기법의 노하우도 함께 들어올 수 있었다. 그리하여 한반도는 쌀농사를 짓는 대표적인 지역이 된 것이다.

고고학자들은 3,000년 전 호남 지역 평야를 중심으로 널리 유행한 최초의 쌀농사를 송국리문화라고 부른다. 이때 곡창지대인 호남 지역을 중심으로 수백 개의 집으로 구성된 마을이 생겼다. 마치 규격화된 뉴타운의 아파트처럼 획일화된 소규모 집이 지어졌다. 송국리문화에서 가장 흔한 집자리는 직경이 5미터 전후인 원형인데 그 가운데에 마치 돼지코같이 생긴 기둥구멍이 특징이다. 가끔 큰 집도 있지만 그렇게 뚜렷하게 계급이 보이진 않는다. 사람들의 삶은 비슷한 패턴으로 바뀌었다. 벼농사에 모든 것을 투자하면서 수산업은 사라져 갔다. 삼면이 바다로 둘러싸인 탓에 신석기시대에 다양한 해산물을 잡아먹고 조개무지가 발달했던 한반도였다. 하지만 3,000년 전 쌀농사가 도입되면서 청동기시대에는 감쪽같이 조개무지가 사라졌다. 심지어 다도해나 신안 같은 섬에서도 농사를 짓고 고인돌을 만

한반도에서 최초로 쌀농사가 확인된 송국리문화의 집자리.

들 정도였다. 나중에 송국리문화의 쌀농사를 짓는 사람은 경상
남도 지역까지 진출했다. 송국리문화의 사람이 살던 동네는 지
금 우리가 생각하는 전통적인 농촌과 크게 다르지 않다. 흔히
'배산임수'라고 하는, 뒤에 산이 있고 앞쪽에 너른 평야와 강이
흐르는 지역은 거의 예외 없이 이들의 마을이 들어섰다.

농사를 짓는다는 것은 1년 내내 같은 지역에서 같은 사람과
노동을 반복해야 하는 단조로운 과정이다. 심지어 가뭄이나
기근이라도 든다면 1년의 노동은 한번에 무위로 돌아갈 수 있
는 상황이다. 사람들은 다양한 제사와 공동체 생활로 그 위기
를 극복했다. 농한기를 이용해서 거대한 고인돌을 만들고 여
러 의례를 벌였다. 국립중앙박물관에 전시되어 있는 '농경문

보물 농경문 청동기. 2,400년 전 밭을 가는 사람의 모습이 표현되어 있다(국립중앙박물관 소장).

청동기'는 농사가 불러온 제사의 양상을 잘 보여준다.

농경문 청동기 뒤편에는 나무 위에 새가 앉아 있는 솟대가 있고, 앞쪽에는 벌거벗은 채로 밭을 가는 사람들이 있다. 그 옆에는 술을 담은 단지가 놓여 있다. 실제로 고인돌을 발굴하면 그 주변에 깨진 토기가 흩어져 있는 경우가 많다. 음복을 하고 그 단지를 깬 흔적이다. 농경문 청동기의 그림은 단순히 농사의 풍경을 묘사한 것이 아니다. 샤먼이 알몸으로 풍년을 기원하는 제사를 지낸 장면이다. 실제로 이렇게 벌거벗고 봄에 밭을 가는 의식은 조선시대 함경도 일대에도 있었던 풍습이다. 당시 한국에 철기도 막 도입되었는데, 족장이나 샤먼의 무덤에는 화려한 청동기와 함께 나무를 베고 밭을 갈 수 있는 새 철제 농기구가 함께 부장되었다. 마치 조선시대 선농단에서 왕이 제사를 지내는 것처럼 2,400년 전 호남 지역의 족장은 농기구를 손에 쥐고 제사를 지냈으니, 강력하고 든든한 철제 농기구는 풍요와 단합의 상징이었다.

이런 제의는 단순한 오락거리 이상의 생존과 관련된 문제였다. 농사가 도입되면서 인간이 통제할 수 없는 변수가 더욱 강력한 위력을 발휘하는데, 바로 기후의 변화이다. 강우량과 날씨에 대한 정보를 파악하는 것이 집단의 생존과 연결되었기 때문이다. 점을 치고 천문학적인 정보를 동원하는 등 다양한 방법으로 정보를 장악했고, 지역 간의 노하우는 교환되었다. 또한 관개시설 같은 집단의 힘이 필요한 사업은 물론, 농사를 하는 과정에서 일어나는 여러 분쟁을 조정하는 행정력도 필요했다.

한편 전쟁이나 갈등의 빈도도 더욱 심해졌다. 농사를 짓는다면 쌀의 생산량이 적은 해에는 '보릿고개'로 대표되는 기근이 반복될 수밖에 없다. 사냥과 채집을 포기한 탓에 대체 식량 획득도 한계가 있다. 따라서 생존을 위한 유일한 방법은 약탈이었다. 이를 막기 위해 마을 주변에 도랑을 파고 목책을 쌓는 것이 당연해졌고 곡식을 약탈하는 야생동물이나 적의 침략을 막았다. 또한 화재 같은 사고도 빈번해졌다. 농사는 요리에 불의 사용이 일상화된다. 약간의 부주의도 큰 화재, 나아가 부족의 멸망과도 이어진다. 그러니 마을 공동체에서 감시와 통제는 강화될 수밖에 없었다. 다양한 변화에 효율적으로 대응하는 사회조직도 빠르게 갖추어져 갔다. 돌이킬 수 없는 변화였다. 농경의 도입은 인간의 선택이었다. 하지만 농경이 인간 사회에 도입된 이후에는 그로 야기된 사회의 변화가 인간을, 그리고 그를 둘러싼 자연환경을 급격히 바꾸었다.

농사가 가져온 양면성

고고학자는 지금도 현장에서 보물 대신에 열심히 흙을 파고 체질을 한다. 그 과정은 일반인의 시선에는 굳이 먼지 구덩이에서 고생하는 것으로 보인다. 하지만 고고학자가 밝히고자 하는 농경, 그리고 식물의 흔적은 바로 인간 역사의 주요한 상황을 보여준다. 인간 역사에서 농경의 도입은 마치 오케스트라의 작은 지휘봉 같다. 오케스트라 지휘자의 손끝에서 움직이는 지휘봉에 수십 개의 악기가 일제히 움직이듯이 농사가 사방에 확산되자 사회 전체 시스템, 경제 그리고 종교까지 큰 영향을 받았다. 농사를 도입하던 당시 세계의 인구는 100만 명 남짓했다. 현대 인구는 지금 80억 명에 육박한다. 100억 명도 머지않을 것이다. 그 과정에서 인간과 지구는 코로나19와 같은 급격한 인간 문명의 폐해에 직면하고 있다. 이러한 상황에서 농사의 도입이 인간에게 과연 필요한 선택이었는지 의문을 가지는 학자도 있다. 21세기에 들어서 인류세라는 명칭과 함께 수많은 갈등과 환경 파괴 등 인류와 지구라는 환경에 심각한 폐해가 가속화되고 있기 때문이다. 그럼에도 농사라는 것이 없었다면 인간은 글자도, 도시도, 어떠한 기술도 가지지 못했을 것이다. 심지어 인간의 위기를 대처하는 지혜를 모으고 서로 논의하는 것도 결국 농사라는 시스템에서 더욱 발달하여 오늘에 이른 것이다.

어쩌면 지금 우리는 1만 2,000년 전의 위대한 도박처럼 다시 한번 인간의 운명을 바꿀 중요한 결정이 필요한지 모른다. 고고학이 찾아내고 있는 농사의 비밀은 이렇게 21세기를 살아가는 현대사회에도 여전히 시사하는 바가 많다.

6장

경계와
역설을 넘어서

1 발굴의 역설

고고학자가 흔히 듣는 말은 왜 보물이 있는 고분을 캐러 가지 않느냐는 것이다. 당연한 이야기지만 발굴은 엄격한 허가 절차를 거쳐야 한다. 그리고 당장 파괴될 위험이 없는 경우는 거의 발굴을 하지 않는다. 쉽게 말하면 유적은 따로 발굴하지 않을 때에 가장 보존이 잘되기 때문에 가장 이상적인 발굴은 땅을 파지 않는 것이다. 이해하기 어렵다면 병원을 생각해보자. 사람이 살면서 병원 신세를 안 질 수 없고, 필요하면 수술도 불사한다. 하지만 제일 좋은 것은 병원을 가지 않고 건강하게 사는 것이다. 가만히 있는 고분을 발굴하는 것은 건강한 사람의 배에 이유 없이 수술용 메스를 들이대는 꼴이다.

그러나 우리가 병원을 가는 것과 고고학 발굴에는 큰 차이가 있다. 땅을 한 삽 뜨는 순간 땅속의 유적은 되돌릴 수 없는 피해를 입는다. 파괴된다는 뜻이다. 박물관에 유물이 진열되어 있다는 것은 원래 그 유물이 있었던 유적이 이미 파괴되었다는 뜻이다. 그러니 발굴에 신중할 수밖에 없다. 예컨대 신라 대릉원의 경우 1970년대 초 박정희 대통령의 지시로 천마총과 황남대총을 조사했고, 그곳에서 나온 유물은 지금도 한국을 대표하는 국보가 되었다. 그 옆에는 더 많은 고분이 있고, 그 고분을 발굴한다면 그에 못지않은 엄청난 보물이 우리를 기다릴 것이다. 하지만 고고학자는 그곳을 발굴할 계획이 전혀 없다. 발굴은 곧 파괴를 의미하기 때문이다. 당장 파괴될 위험이 없다면 굳이 발굴을 하지 않고 보존하는 것이야말로 고고학자의 첫 번째 미덕이다.

세계 여러 나라는 왕의 고분을 함부로 발굴하지 못하게 한다. 일본도 일왕의 무덤을 신성시해서 절대로 손대지 못하게 한다. 그러다 20세기 초에 한국을 식민지로 만들었을 때 '실습장'이 생겼다고 좋아하면서 한국의 이곳저곳을 발굴했다. 금관총, 금령총 등 수많은 신라의 고분이 일본 사람에 의해 이곳저곳이 마구 조사되고 도굴된 이유가 여기에 있다. 삼국시대에서도 특히 신라의 찬란한 황금이 많이 전시되어 있는 것은 신라가 황금을 좋아한 것도 있지만, 사실 일제 때에 집중적으로 발굴하고 도굴된 탓이다. 그 발굴은 부실하기 그지없어서 정확하게 무엇이 어떻게 발굴되었는지 제대로 알 수 없는 경우도 있고, 심지어 금관총의 유물 일부를 빼돌려서 일본으로 가져가기도 했다.

하지만 사람들이 흔히 보는 할리우드 영화에서 나타나는 발굴이란 신나는 보물찾기이다. 일반에 어필할 수 있는 주제이니 상상력도 많이 가미된 것이다. 그런데 실제로 세계 곳곳에서 보물이 있는 고분을 경쟁적으로 파헤치던 시절이 있었다. 바로 20세기 전반까지 제국주의가 횡행하던 시절의 이야기이다. 한번 그렇게 발굴하고 나면 다시 회복할 길이 없다. 그래서 '가장 좋은 고고학자는 발굴을 하지 않는 것이다'는 역설적인 이야기가 더욱 힘을 받아서 지금은 최소한의 발굴로 유적을 보존하는 기술이 계속 발달하고 있다.

그렇다면 또 다른 의문이 생긴다. 유적을 발굴하지 않으면 땅속에서 아무도 모르게 사라지지는 않는지, 그리고 발굴하지 않으면 고고학자는 어떻게 유물을 연구하는지 등이다. 답을 적자면 많은 유적은 이미 수천 년 동안 땅속에 묻혀 있는 상태이다. 지난 수천 년간 사라질 것은 이미 다 사라지고 남아 있는 것은 큰 변동이 없이 보존되어 있는 상황이다. 물론 수천 년이 더 지난다면 유적에 변화가 있을지 모르지만 적어도 파헤치는 것보다는 훨씬 유리하다고 할 수 있다. 이렇게 보존이 제일 좋지만 고고학자에게 발굴은 필요한 작업이다. 고고학자는 발굴 없이는 경험을 쌓을 수 없고, 모든 과학은 시행착오를 거치면서 발달하기 때문에 다양한 곳에서 발굴을 지속해야만 과거 유물을 효과적으로 발굴 보존하는 방법을 발달시킬 수

6장 경계와 역설을 넘어서

있다. 그래서 고고학자는 당장 파괴될 위험에 처한 유적(예컨대 강물에 쓸려 나가는 언덕이나 비탈에 있는 유적)이나 건설 등으로 파괴될 유적을 우선적으로 발굴한다.

최근에는 발굴을 아예 하지 않고 유적을 조사하는 기법도 다수 개발되고 있다. 이집트의 피라미드와 같이 수많은 유물이 묻혀 있는 경우는 작은 소형 로봇을 무덤 안으로 넣어서 어떤 유물이 있는지 판단하기도 한다. 이는 유적을 파괴하지 않고 내부의 공기와 습도, 세균 등을 종합적으로 미리 판단할 수 있어서 실제 발굴할 때에도 여러 상황을 예측하여 대비할 수 있는 일석이조의 방법이다. 또한 거대한 마을이나 고분이 수 킬로미터 범위 내에 있는 경우는 드론이나 구글맵으로 살펴서 전체 모양을 확인하기도 한다(유감스럽게도 이는 유라시아 초원같이 인구밀도가 희박한 지역에서만 가능하다. 한국에서는 어렵다). 그리고 지구물리탐사 방식으로 탐침을 이용해 땅속에 전류를 흘려서 발굴 없이 고대 마을이나 고분의 구조를 파악하기도 한다.

수술하지 않고 병을 고치거나 수술 자국을 최소화하는 것을 좋은 의료 기술로 간주하듯 고고학자도 최소한의 파괴와 경비로 과거를 알 수 있는 방법을 꾸준히 개발하고 있다.

구제발굴이라는 긴급구조

고고학을 꿈꾸는 많은 사람이 인디애나 존스같이 페도라를 쓰고 세계 곳곳의 보물을 탐험하는 것을 상상한다. 하지만 실제 고고학과에서 발굴장을 가면 주변이 황량한 건설 현장이 대부분이다. 21세기 들어서 세계적으로 대부분의 발굴은 건설 현장에서 이루어진다. 발굴은 그 재원과 목적에 따라서 '학술발굴'과 '구제발굴Rescue archaeology'로 나뉜다. 학술발굴은 그야말로 학문적인 의문을 해결하기 위하여 유적을 조사하는 것이다. 한편, 구제발굴은 경제개발 등으로 사라질 위기에 처한 유적에 고고학자가 투입되어서 그 유적을 발굴하고 유물은 박물관으로 가져오는 것이다.

지금 한국에서 이루어지는 발굴의 대부분은 바로 구제발굴이다. 즉, 우리 곁에서 흔히 볼 수 있는 문화재 발굴은 모두 신도시 개발이나 아파트 건축과 같은 공사를 하기 전에 사전 작업으로 하는 발굴이다. 이런 작업은 일정한 대가를 받고 하는 용역 사업이다. 각 유적은 하나하나 중요하고 값진 것이지만, 정작 그 발굴 작업을 의뢰하는 사람의 입장에서는 건설을 방해하는 것으로 보일 것이다.

발주하는 입장에서는 최소한의 비용으로 발굴을 끝내고 싶고, 반대로 발굴을 수행하는 고고학자는 이제 세상에서 곧 사라질 유적과 유물이 있으므로 최대한 자세하게 발굴하고 싶을 것이다. 건설업체와 고고학자 사이의 갈등은 사실 이러한 시스템에서 발생하는 숙명 같은 것이다.

개발과 발굴의 갈등은 한국만의 이야기는 아니다. 1990년대 초반 소련이 붕괴하여 마피아가 횡행하던 시절에는 재밌는 얘

구제발굴의 현장. 포클레인으로 흙을 덜고 그 밑의 유적을 조사한다. 검은색의 흔적은 3,000년 전 집자리의 흔적이다.

기도 들었다. 어떤 마피아가 바닷가 절벽에 별장을 짓다가 패총을 건드려서 유적이 마구 출토되기 시작했다. 다행히 아주 무식한 사람은 아니어서 고고학자가 유물을 발굴하도록 허락하고 지원도 했다고 한다. 그런데 금방 끝날 줄 알았던 발굴이 예정된 공기가 지나도 계속되어서 참다못한 마피아가 현장을 가 보니 기가 막힌 상황이 벌어지고 있었다. 황금 같은 것은커녕 조개껍데기에 토기 쪼가리만 널브러져 있고, 구덩이 안에서 고고학자들이 호미나 솔로 바닥을 털고 있지 않은가. 당장이라도 쫓아내고 싶었지만, 그 구덩이에서 흙투성이 유물을 보여주며 애걸하는 고고학자들에게 그렇게 할 수도 없었다. 그래서 마피아는 자동소총을 든 보디가드를 발굴 현장에 파견해서 서 있게 했단다.

"아, 총 따위는 신경 쓰지 마세요. 요즘 세상이 험하니깐 고고학자를 보호하라는 보스의 명령입니다."

결국 고고학자들은 발굴을 최대한 빨리 끝내고 도망치듯이 현장을 떠날 수밖에 없었다고 한다. 1990년대 대 혼란기였던 러시아에서 일어난 웃지 못할 상황으로 지금은 경제가 안정되면서 문화재 관리도 다시 체계화되었다.

한국에서는 자동소총을 든 마피아가 등장하지는 않는다. 대신에 개발을 앞둔 주민과 건설업자의 민원과 의견 충돌이 있다. 한국은 세계 어느 나라 못지않게 자기 역사와 문화재에 대한 자부심이 강하다. 하지만 건설과 관련된 구제발굴 이야기만 나오면 고고학자가 개발을 방해한다는 식으로 험악해지기 일쑤이다. 관광이 주요 수입원인 유럽도 크게 다르지 않다. 독일 엘베계곡에서는 유네스코 세계유산으로 지정되는 바람에 재산권 행사가 어려운 현지 주민이 세계유산의 지정을 철회해달라고 요청하기도 했다.

지구온난화와 같은 기후환경 변화는 시간과의 전쟁이라면 도시 건설에 따른 발굴은 경제와의 전쟁이다. 고고학이 파괴를 의미하는 또 다른 이유는 구제발굴 때문이다. 보통 현대 구조물을 만드는 경우 땅을 깊게 파거나 메우는 정지整地 작업이 동반되기 때문에 땅속에 있는 유적의 파괴는 필연적이다. 정말 중요한 유적이라면 아예 공사가 중단되거나 유적을 다른 지역으로 옮기기도 하지만, 대부분은 발굴이 끝나면 건물이

들어서고 영영 그 자취를 찾을 수 없게 된다.

　인적이 드물고 유적이 별로 없다면 구제발굴은 크게 문제될 것이 없다. 러시아 같은 경우는 송유관이나 가스 파이프 사업을 할 때 미리 부지에 유적이 있는지 조사한다. 그리고 유적이 많은 경우 아예 가스관을 우회시킨다. 어차피 인적이 드문 삼림이니 가능하다. 하지만 한국의 사정은 다르다. 남한의 경우 세계적인 인구밀도를 자랑하는 데다가 전 국토의 3분의 2가 사람이 살기 어려운 산악 지역이다. 그러니 사람이 살 만한 곳은 예전부터 반복적으로 살아온 지역이다. '대한민국은 전체가 박물관'이 아니라 '대한민국은 전체가 유적'이라고 해도 과언이 아닌 것이다. 특히 서울 시내는 조선시대부터 수도였으니 어디를 파도 빽빽하게 유적이 나오는 것은 당연하다. 경제 활동의 중심이라서 유적이 있다고 개발을 안 할 수 없기 때문에 발굴해야 한다. 그렇게 발굴한 것을 현대사회와 조화시키려는 다양한 방법이 동원되고 있다. 서울 사대문 안에 최근에 지어진 빌딩을 보면 1층이나 지하에 조선시대 유적 위를 통유리로 덮고 사람이 지나가면서 자연스럽게 유적을 느끼도록 유도한다. 그리고 김포 운양 신도시같이 최근에 지어진 뉴타운의 한쪽에도 유적 공원을 설치해서 주민이 휴식하고 역사도 즐기게 한다.

　어쨌거나 구제발굴이 언제나 이상적인 해법은 아니다. 발굴 기술은 계속 발전하기 때문에 지금 아무리 최선을 다해서 발

굴했다고 해도 수십 년, 수백 년이 지난 뒤에 우리의 후손이
본다면 아쉬울 수밖에 없다.

솔로몬의 선택, 보존이냐 파괴냐

경제와의 전쟁은 또한 시간과의 전쟁이기도 하다. 천문학적
자본이 투자되는 신도시 건설 등의 경우 공사 일정에 밀려서
발굴이 재촉되는 경우가 비일비재하다. 그러니 유적이 나와서
조금 더 자세하게 파 보려고 하면 엄청난 경제적 손실이 발생
한다. 당장 지역 주민의 입장에서 보면 아파트를 건설하는 데
옛 토기 쪼가리 몇 점 때문에 몇 년씩 손해를 볼 수 없다며 민
원을 제기할 수도 있다. 우리의 역사를 보존해야 한다는 점에
반대할 사람은 별로 없다. 반면에 개발과 건설업이 중요한 우
리나라에서 고고학 발굴은 미움을 받기 일쑤이다. 그렇다고
경제가 우선이라고만 하면 더 이상 유적은 남아 있지 않을 것
이다.

분명한 점은 고고학과 경제는 서로 대립하는 것이 아니라
동반 성장한다는 것이다. 고고학 유적의 보존을 우선으로 하
고 그 때문에 그곳에 살고 있는 사람의 경제활동이 위축된다
면 궁극적으로 문화재를 보존하고 관리할 경제력이 없어지고,
이는 결국 고고학 유적이 방치되는 상황으로 이어질 수 있다.

경제를 우선하는 사람은 엔간한 도시에 유적 없는 곳이 어
디 있냐면서, 유적 조사를 의무화한 한국의 문화재보호법 때

서울 도심 아파트 건설 전 구제발굴 현장의 모습(잠실올림픽공원 근처의 백제시대 유적).

문에 제대로 된 개발이 불가능하다고 하소연한다. 하지만 다른 선진국의 예를 보자. 예컨대 프랑스의 파리나 영국 런던에서 누군가가 집을 짓는다고 쉽게 땅을 파헤치는 모습을 상상하기 힘들다. 양립할 수 없는 두 가치 사이에서 가장 합리적인 접점을 찾는 것이 솔로몬의 선택이다.

우리 안의 반달리즘

건설 과정에서 유물·유적이 파괴되는 경우 이외에도 심각한 위험은 의외로 주변에 있다. 바로 '반달리즘Vandalism'이라고도 불리는 문화재 파괴 행위이다. 서기 4~5세기경 훈족이 유럽을 침략하며 촉발된 '민족의 대이동 시기(또는 게르만족의 대이동)'에 유럽을 침략한 반달Vandal족의 이름을 따서 명명된 것이다. 최근에는 야만과 파괴라는 이미지를 씌운 것이 잘못되었다는 것이 밝혀졌지만, 어쨌든 반달리즘은 폭력적인 문화재 파괴 행위를 의미한다. 이러한 반달리즘은 다양한 맥락에서 인류의 역사와 함께 진행되었다.

가장 흔한 반달리즘의 예는 전쟁에서 일어난다. 나폴레옹이 이집트 원정에서 유물을 약탈해 가고 수많은 서양의 탐험가가 다른 나라의 유적을 부쉈던 것도 반달리즘의 일종이다. 1991년 이라크전 때에 미군은 메소포타미아문명의 대표적인 유적인 지구라트를 군홧발과 지프차로 거침없이 밟으면서 논란이 된 적이 있었다. 제2차 세계대전 때에 히틀러의 나치 부대는 러시아를 침공하면서 미개한 슬라브인의 역사를 없앤다는 명분으로 수백만 점의 문화재를 의도적으로 파괴하기도 했다. 2001년에 아프가니스탄에서 정권을 잡은 탈레반은 이슬람원리주의에 입각하여 우상을 없앤다는 명분으로 초기 불교의 대표적인 유적으로서 6세기에 만들어진 바미얀 석불을 폭파하기까지 했다.

이렇게 타 문화, 타 종교에 대한 증오심과 문화재의 파괴는 사실 한국에서도 규모는 작지만 찾아볼 수 있다. 국립경주박물관의 야외 전시실에는 목만 남아 있는 부처 또는 목이 없는 불상이 전시되어 있다. 조선시대의 억불숭유 정책과 근대 이후 서방 종교의 유입과 함께 불교는 탄압받았고 불상의 목이 잘린 것이다. 키질 석굴이나 베제클리크 사원 같은 대표적인

아프가니스탄 바미얀 석불의 폭파 전(좌)과 폭파 후(우) 모습.

실크로드의 유적에도 벽화의 곳곳에 얼굴이 파여 있다. 이교도라는 이유로 후대의 사람들이 훼손을 가한 흔적이다.

이렇듯 문화재 파괴의 역사는 인류의 역사와 함께했다고 해도 과언이 아닐 정도로 그 역사가 깊다. 그런데 최근에는 극단적인 종교와 전쟁에 따른 결과가 아니라 타인에게 인정받고 싶어 하는 일부 사람의 어처구니없고 몰지각한 행동으로 치명적인 폐해를 입기도 한다. 2008년에는 자신의 개인적인 송사에 불만을 가진 한 노인이 숭례문에 불을 질렀고, 갑작스러운 화재에 초기 대응이 미비하여 결국 전소되는 사건이 발생했다.

2023년에는 SNS에서 관심을 끌기 위해 경복궁 담벼락에 페인트로 낙서를 한 사건도 있었다. 세계적인 유물이 많은 유럽의 박물관도 만만치 않은 사건을 겪었다. 뭉크의 그림 〈절규〉는 두 번이나 도난 당했다가 돌아왔고, 〈모나리자〉는 2024년 1월에 환경단체의 시위로 수프를 뒤집어쓸 뻔했다. 이는 문화재의 역설이 아닐 수 없다. 문화재에 대한 관심이 깊어지고, 또 사회적으로 이슈가 되기 때문에 반대로 관심을 끌기 좋은 소재가 된 것이다.

한편 국립중앙박물관의 '사유의 방'에는 한국을 대표하는 〈반가사유상〉이 어떠한 철책 없이 전시되어 있고, 그 밖에도 많은 보물이 손만 뻗으면 닿을 듯 전시되고 있다. 현대 박물관은 가급적이면 장벽 없이 접근할 수 있도록 하는 '배리어프리barrier-free' 정책이 대세이다. 배리어프리는 고압적인 배치로 관람자를 소외시켰던 기존 방식에서 벗어나 보는 사람이 박물관의 전시를 직접 느끼고 체험하는 것을 강조하는 전시 기법이다.

반달리즘과 배리어프리는 서로 모순적이다. 장벽이 사라지면 사라질수록 반달리즘의 표적이 될 수밖에 없기 때문이다. 숭례문의 화재 사건이 발생했을 때에도 제대로 된 보호 철책이 없었다면서 많은 비판이 있었던 것도 사실이다.

유물과 유적을 제대로 보호해야 한다는 것에는 재론의 여지가 없다. 고고학의 목적은 토기 한 점이라도 제대로 발굴, 보존해서 후대로 전달하는 것이 아닌가. 그렇다고 무조건 금줄을 두르고 문화재를 보호하는 것은 궁극적인 답이 될 수 없다. 모든 관람객을 '잠재적 문화재 파괴자'으로 간주하는 것은 결코 옳지 않다. 유물의 훼손을 막기 위한 제일 좋은 방법은 아예 유물을 전시하지 않고 철통같은 경호를 받는 수장고 속에 두는 것일 것이다. 하지만 박물관은 유물을 전시하고 대중과 끊임없이 소통하려고 한다. 과거 유물은 현대 우리와 함께하여 그 가치가 끊임없이 재해석될 때에 비로소 그 의미를 가질 수 있다.

오늘날 한국은 물론 세계 어디를 가도 박물관은 모든 사람에게 열려 있다. 하지만 그렇게 한 지는 결코 오래되지 않았는데, 이것은 인권의 신장이 관련되어 있다. 1장에서 설명했던 딜레탕티즘은 원래 귀족의 취미였다. 고대 이래로 과거의 보물을 소유하고 감상하는 것은 왕이나 귀족만의 특권이었고, 전시회는 한정된 사람에게만 허용되었다. 일반 민중은 박물관의 유물을 약탈하거나 파괴하는 미개한 사람으로 간주되었기 때문에 과거 유물을 쉽게 볼 수 없었다. 이러한 귀족의 박물관이 모두를 위한 박물관으로 바뀌게 된 계기는 18세기 이후 근대 계몽주의가 퍼지고 일반 시민계급 의식이 자각되면서이다. 그 첫 번째 시작은 프랑스였다. 1789년에 프랑스혁명이 일어나며 시민의 자유와 평등을 강조했고, 일종의 대학인 리세Lycee를 만드는데, 여기에서 교육의 일환으로 박물관을 만들 것을 규정했다. 아울러 1793년에는 파리 국민회의의 결의에 따라

왕이 살며 온갖 보물을 쌓아두었던 루브르궁을 국립박물관으로 바꾸는 법을 통과시켰다. 뒤이어 1845년에는 영국 의회에서도 박물관령Museum of Acts of 1845이 통과되어서 시민교육 기관으로 거듭났다.

한국도 국립중앙박물관의 전신이 조선 왕실이 모아둔 보물을 관리하던 '이왕가박물관'이며, 경복궁이나 덕수궁 같은 고궁이 박물관으로 활용되는 것은 결코 우연이 아니다. 박물관의 유물은 소수가 아니라 모든 사람이 향유하는 것이 민주주의의 첫걸음이라는 인식 때문이었다.

우리가 쉽게 박물관에 가서 국보급의 보물을 보고 즐기는 것은 이러한 수백 년 민주주의의 발전과 시민교육을 위한 노력 덕분이었다. 자칫 반달리즘을 경계하여 박물관의 유물을 경비하는 데에만 급급하다면 원래 박물관의 목적에서 벗어날 수 있다.

사실 고고학자로서 현대사회에서 유물과 유적을 어떻게 완벽하게 보존할 수 있을지 답을 한다는 것은 쉽지 않다. 하지만 대안은 충분히 있다고 본다. 물리적인 철책이나 금줄보다는 CCTV나 경보 센서 등을 달아서 사람의 과도한 접근을 막는 것도 가능할 것이다. 또한 문화재 훼손에 대한 처벌을 강화해서 천문학적인 배상금을 대가로 치러야 한다면 문화재를 파괴해서 사람의 관심을 끌고자 하는 욕구를 막을 수 있다. 아울러 문화재 파괴에 대한 철저한 모니터링 및 돌발 상황에 대한 대처도 필요할 것이다. 숭례문 방화 사건의 주범은 그 전에도 창경궁과 같은 문화재에 방화를 시도한 범죄 전력이 있었다. 숭례문의 진화에도 제대로 된 매뉴얼이 없었기 때문에 제대로 막지 못했다는 비판도 있었다.

반달리즘은 지금도 세계 곳곳에서 일어나고 있다. 특히 이탈리아같이 도시 전체가 문화재인 곳에서 더욱더 극성이다. 수많은 문제가 있지만, 분명한 것은 문화재는 우리가 금줄을 치고 가두는 것이 아니라 우리와 함께 살아가는 존재라는 것이다. 우리가 함께 즐기고 사랑할 때에 그 가치는 더욱 빛을 발한다.

놀이동산이 되는 유적들의 수난

경제적으로 선진국으로 진입하고 세계적인 문화재 사랑을 자랑하는 한국임에도 여전히 문화재를 둘러싼 잡음은 끊이지 않고 있다. 사적으로도 지정되어 있는 김포의 장릉은 경기도 김포에서 인조의 양친인 원종과 인헌왕후를 모신 곳이다. 특히 김포 장릉은 유네스코 세계문화유산인 조선왕릉에 포함되어 있는데, 세계유산의 필수 조건 중 하나는 원형을 해치지 않는 것이다. 그런데 정작 아파트가 건설될 때에 문화재청이 별도로 관리하지 않았고, 현재 관할 지자체도 책임을 회피한다. 2021년 9월에 문화재청에서 아파트가 제대로 된 인가를 받지 않았다고 하여 공사 중지를 요구했지만, 재판 결과 아파트를 건설하라는 판결이 났다. 이 사건이 표면화되자 아파트 입주인의 재산권이 걸리면서 문화재와 고고학이 경제개발의 장애가 되는 식으로 여론은 확대되었다. 하지만 문제는 세계문화유산에 포함된 이 지역에서 건설허가가 나고 1년 가까이 공사가 이루어지는 동안 문화재의 관리 주체가 전혀 문제를 인지하지 못했다는 데에 있다. 처음부터 세계문화유산으로 지정된 문화재와 그 주변에 대한 관리가 제대로 되었다면 처음부터 건축허가가 나지 않았을 것이다. 이 사건은 마치 '개발-고고학'의 대립 구도로 보이지만 속사정을 들여다 보면 더 큰 원인은 그 내부의 미흡한 관리였다.

비슷한 상황으로 세계문화유산급의 문화유산이지만 빠른 시간에 발굴되어서 이미 놀이동산이 들어선 춘천 레고랜드가 있다. 정상적인 고고학 조사를 수행했다면 수십 년간 유적을 조사하면서 세계적인 유적 공원으로 남을 수 있었지만, 지금은 모두 개발되어 유적은 사라졌다. 약 3,000년 전의 집자리 1,000여 개와 고인돌 200기가 있는 한국을 대표하는 유적이 5년 만에 발굴되어 버린 정말 어처구니없는 사건이다. 그럼에도 그 모든 과정이 법의 테두리에서 이루어졌다. 개발이 불가피하다면 고고학 유적을 발굴할 수 있는 구제발굴에 대한 법령 말이다.

심지어 유적을 정비 복원하는 과정에서 파괴되기도 한다. 2022년에 김해 구산동의 고인돌 유적 훼손 사건이 일어났다. 이 구산동 유적은 현재까지 한국에서 알려진 가장 거대한 고인돌로 약 500평의 묘역에 350톤이 넘는 고인돌 뚜껑을 얹은 것이다. 그 규모가 너무 거대해서 고고학자가 쉽게 조사를 할 수 없을 정도였지만, 지난 2022년에 이 고인돌을 정비한다는 이유로 포클레인으로 고인돌 주변에 깔아놓은 돌을 다 빼면서 원형이 완전히 훼손되었다. 그 과정은 고고학자가 참여하지 않은 채 지자체의 사업으로 이루어졌다. 이처럼 수많은 잡음이 생기고 사실관계가 명백히 드러나도 책임자를 일벌백계하는 경우는 거의 없는 것도 현실이다.

고고학 유적을 둘러싼 잡음은 지금도 계속되고 있다. 한국이 세계적인 선진국이고 경제적으로 풍요로운 나라라는 것과는 별개의 문제이다. 대부분의 갈등은 법의 테두리에서 이루어지며, 아무리 제도를 만들어놓아도 땅속 보이지 않는 곳에 있는 고고학 유적의 특성상 갈등은 첨예해질 수밖에 없다.

인사동 금속활자, 등잔 밑의 보물

흔히 발굴을 하면 깨진 기왓장과 주춧돌만 수두룩하게 나온다. 이를 두고 어차피 한국에 수많은 유적인데 굳이 이렇게 하나하나 소중하게 발굴할 필요가 있냐는 의문도 제기된다. 그때마다 고고학자는 어디에 무엇이 묻혀 있는지를 모르는 것이 고고학이고 유물 하나하나가 소중하다는 이야기를 하곤 한다. 실제 좋은 예가 얼마 전에 일어났다. 2021년 6월 29일에 정식으로 서울 공평구역(인사동)에서 건물을 헐고 다시 빌딩을 짓기 위해서 발굴을 진행했다. 여기에서 조선시대 기와집 건물의 한편에 놓인 항아리 안에서 한글 금속활자, 물시계 부속, 천문시계, 소형 화기인 총통 여덟 점 등이 나왔다. 무엇보다 한글 금속활자는 '훈민정음 창제 당시의 표기가 반영된 가장 이른 시기의 한글 금속활자'였다. 일괄로 출토된 금속활자는 조선 전기 다종다양한 활자가 한곳에서 출토된 첫 발굴 사례로 그 의미가 크다. 한글 금속활자, 해시계 등 조선을 대표하는 국보가 항아리 하나 안에서 출토되었다니! 마치 영화의 한 장면이라고 해도 믿기 어려울 정도로 극적인 발굴이었다. 사실 600년 조선의 수도였던 서울 사대문 안에서 어디든 땅을 판다면 유적이 안 나오는 것이 비정상일 것이다. 무엇이든 당연히 나올 수 있는 상황이라고 해도 21세기 최고의 국보급 유물이 출토될 것이라고는 누구도 상상하지 못했다. 특히 금속활자 중에는 그동안 남아 있는 가장 오래된 금속활자인 '을해자'(1455년)(국립중앙박물관 소장)보다 20년 이른 세종의 '갑인자'(1434년)로 추정되는 활자도 발견되었다. 한글을 창제한 세종대왕 당시의 금속활자가 나왔으니, 앞으로 조선시대를 대표할 보물로 우리 역사와 함께 기록될 것이다.

그런데 이 유물이 발견된 곳은 서울 사대문의 수많은 건물 중 하나로 이러한 보물이 묻혀 있다는 어떠한 역사 기록이나 증거가 전혀 없었다. 어쩌다 이렇게 귀한 유물이 항아리에 함께 담겨서 발견되었는지는 알 수 없다. 많은 가설이 있는데 아

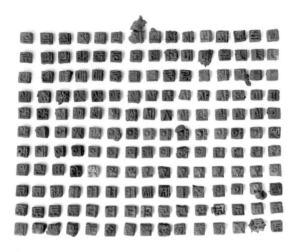

서울 인사동에서 출토된 금속활자(문화재청 소장).

마도 임진왜란과 관련이 있을 가능성이 크다고 본다. 1차 분석에 따르면 항아리에서 발견된 유물 중에서 가장 시기가 늦은 것은 1588년 전후에 만들어진 총통이라고 한다. 항아리에 들어 있는 유물은 하나같이 귀한 청동기 제품인데 약 150년이라는 다양한 시간을 두고 만들어진 것이 한곳에 모여 있다. 이것을 일반인이 고물처럼 모을 리는 없고, 아마 관공서에서 보관했던 것을 전란 중에 집 근처에 넣어두었다가 결국 다시 되찾지 못한 경우일 것이다. 극적으로 보일지 모르지만 이런 경우는 고고학에서 꽤 흔하다. 전문용어로 '퇴장horad'유적이라고 하는데, 어떤 흔적이 전혀 없는 상태에서 돈이나 보물을 담은 항아리가 발견되곤 한다.

인사동 금속활자 유적은 얼핏 보기에는 한양 도성 안에 수많은 기와집 중의 하나였다. 그리고 그 위치는 종로2가의 북쪽 인사동 근처로 수많은 사람이 지나던 거리였다. 한국을 대표하는 보물이 수많은 사람이 지나가는 번잡한 서울 거리의 발밑에 묻혀 있었다. 땅 위에 그 표시를 보여주는 고고학 유적은 거의 없다. 작은 구역이라도 땅속에 있는 고고학 유적을 제대로 발굴하는 법이 없었다면 아마 인사동의 기적은 일어나지 않았을 것이다.

2 고고학자의
특별한 해외답사

고고학자는 자기 나라의 유적만 조사하지 않는다. 세계화가 진행되고 각국의 유적과 유물을 알아야 할 필요성이 높아지면서 실제 현장에서 고고학 유적을 발굴하는 것만큼이나 답사의 중요성도 높아지고 있다. 중국처럼 외국인의 유적 조사를 쉽게 허락하지 않는 곳이나 다양한 지역에서 발견되는 유적을 둘러보며 세계 곳곳의 여러 자료를 파악하기 위한 방법이 답사이다. 이들 자료를 직접 보고 조사하는 과정 또한 고고학 연구의 주요한 일부분이 되고 있다.

이런 고고학자의 답사는 다양한 대중매체에서 다루어지고 때로는 미화되기도 한다. 실제로 고고학을 주제로 하는 책이나 기사를 보면 '여행' 또는 '기행'이라는 제목이 많이 등장한다. '고고학자의 여행'을 떠올려 보라. 뭔가 중절모를 쓰고 한 손에는 보물지도가 그려진 노트, 다른 손에는 칼을 쥔 채 밀림을 헤쳐 나가는 모습이 떠오를지 모르겠다. 실제 현장 조사나 유적 탐사는 고고학자로서 가장 즐거운 여행이기도 하지만, 좀 더 현실적으로 말하면 전문가로서 능력을 숨 가쁘게 발휘해야 하는 짠 내 나는 삶의 현장이다. 전 세계 고고학자가 다들 비슷하겠지만, 유독 해외 답사와 조사를 많이 하는 나에게 여행은 한정된 시간에 유라시아 전역을 돌아다니면서 꼭꼭 숨어 있는 유물과 (때로는 현지 공안과) 숨바꼭질을 하는 과정에 가깝다. 화려한 박물관이나 대도시를 찾는 일은 거의 없고, 쉽게 가기 어려운 지역을 다니면서 성과를 올려야 한다. 여행은 즐거움 못지않게 괴로움이 많은, 마치 전쟁터 같은 현장인 셈이다.

영화 〈인디아나 존스〉를 보면 학생들이 밀어닥치자 존스 교수가 문을 걸어 잠그고 도망치듯 떠나는 장면이 나오는데, 현실에서는 일어날 수 없는 상황이다. 수업과 지도 등 학교에서 요구하는 의무를 어기는 일은 상상도 할 수 없다. 그러니 시험 기간이나 방학을 이용해서 집중적으로 다니고, 새벽에 공항에 도착해서 강의실로 직행하는 일이 부지기수이다. 〈인디아나 존스: 크리스탈 해골의 왕국〉에도 의미심장한 장면이 스치듯 지나간다. 학교 일은 외면하고 사방을 돌아다니면서 밤낮으로 여행을 하는 존스 교수에게 "당신 선생님 맞아요?"라고 묻자 존스는 "가끔씩part-time"이라고 심드렁하게 답한다. 미국에도

실크로드 도시였던 우즈베키스탄 부하라 시내 한가운데의 발굴 현장.

만연한 고고학자의 애환 섞인 불만이 투영된 답변인 듯하다.

아무도 없는 초원 한복판에서 때로는 가슴 벅찬 감동을, 때로는 허탈감을 맛보다 보면 몸은 녹초가 된다. 하지만 이렇게 고된 고고학자의 해외조사를 제대로 평가하고 알아주는 사람은 거의 없다. 심지어 어렵게 조사한 유물이 박물관에 전시된다고 해도 나 혼자만의 기쁨으로 그칠 뿐이다. 유물을 발굴하고 조사한 사람의 이름을 써주는 박물관은 거의 없다. 그러니어지간한 체력과 '오타쿠'적인 감성이 없다면 감당하기 어려운 것이 고고학자의 해외조사이다.

고고학자의 수첩

코로나19로 세상이 얼어붙고 나서 처음에는 '여행 스트레스'(엄밀히 말하면 '출장 스트레스')에서 벗어날 수 있어 한편으로 마음이 편하기도 했다. 고고학자의 해외조사는 언제나 시간과의 전쟁이다. 정해진 시간 동안 넉넉지 않은 출장비로 목적을 달성해야 하고, 짧은 시간에 수많은 유적과 유물을 보아야 하는 일정은 긴장의 연속이다. 식도락은 꿈도 못 꾼다. 유물 한 점이라도 더 보기 위하여 하루 종일 흙길을 다니는 일이 부지기수이다. 그렇게 힘들게 유적지나 박물관에 도착하더라도 또 무거운 DSLR 카메라를 들고 한 시간 동안 사진을 기본 500~600장은 찍어야 한다.

그런데 사진 찍는 일보다 더 어렵고 중요한 일이 있다. 기억하고 기록하는 일이다. 파김치가 되어 저녁에 숙소에 도착하더라도 기억이 날아가기 전에 사진을 정리하고 메모를 해두어야 한다. 하루의 피로를 씻어주는 보드카를 들이켜면서, 휘발성 강한 기억의 편린을 꼼꼼히 기록해두는 일은 유라시아 사방을 다니는 고고학자의 기본이다.

보물찾기가 주 내용인 영화에서는 고고학자의 노트가 종종 등장한다. 보물이 있는 곳을 탐험했던 고고학자가 남긴, 너덜너덜한 수첩에 그려진 보물지도를 들고 여행을 떠나는 클리셰. 사실 이것은 상당 부분 실제와 가깝다. 고고학자의 여행에서 '야장野帳'이라 불리는 작은 수첩은 필수품이다. 주머니에 쏙 들어가는 크기의 수첩에는 발견된 유물, 여정 그리고 수많은 여행의 정보가 빽빽하게 적힌다. 유적의 약도는 기본이요, 갓 발견한 유물의 스케치와 탁본도 들어간다. 일종의 보물창고인 셈이다. 여기에 현장에서 긴요한 축척과 비상연락망, 때

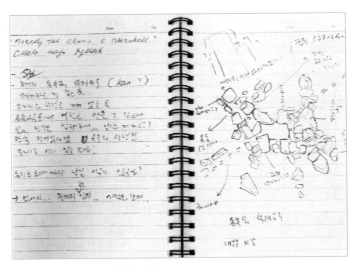

필자가 해외 발굴에서 쓴 야장의 일부.

로는 동료에 대한 불평도 적혀 있기 마련이다. 지금이야 다양
한 디지털 기기가 발달해서 기억 보조 장치로 쓰이지만, 과거
에는 오로지 빠르게 갈겨쓴 몇 페이지 종이를 통해 위대한 발
견이 알려지고 책이 탄생했다.

　그래서 자신의 야장에 대한 고고학자의 애정은 남다를 수
밖에 없다. 나도 출장을 준비할 때 가장 먼저 야장부터 만들
고 여정이나 정보를 조금씩 붙여나간다. 그리고 여행 중에 약
간의 틈만 나도 방금 본 수많은 자료와 광경을 담는다. 마치
USB메모리스틱처럼 내 기억 저장 장치로 쓰는 셈이다. 이후
여행을 마치면 여러 자료를 다시 보완해 서고 한쪽에 꽂아 둔
다. 고고학자의 서가에 일렬로 꽂힌 야장은 수많은 여행을 증

명하는 일종의 훈장이기도 하다. 여행은 야장이라는 수첩으로 박제되고 역사로 새롭게 부활한다. 진정한 고고학자의 여행은 자기가 발견하고 느낀 것을 적고 기억할 때에 비로소 완성된다. 기록되지 않은 여행은 의미가 없다.

그런 나의 야장도 디지털시대를 피해 가지 못했다. 2000년대 초반부터 점차 줄어들기 시작하는데, 노트북을 사용해 자료를 파일로 만들고 사진도 DSLR 카메라 대신 스마트폰으로 찍으면서 야장의 효용이 사라진 것이다. 특히 스마트폰 사진은 찍는 순간 시간과 공간이 자동으로 기록되니 몇 시 도착, 몇 시 출발과 같은 기본 정보는 물론이요 순식간에 구글맵에서 내 여정을 확인할 수 있다. 디지털의 효용이다.

그러나 디지털 정보는 당장 편리하지만 휘발성이 너무 강하다는 단점이 있다. 나도 사피엔스인지라 손과 머리를 열심히 써서 기록한 야장의 내용이 머릿속에 더 잘 남아 있다. 게다가 디지털카메라는 별도의 비용이 거의 들지 않으니 기관총처럼 찍어대는데, 수많은 사진 중에서 결국 꼭 필요한 정보를 정리하는 데에 더 많은 시간을 쓰게 된다. 아무리 명석한 머리라도 하루에 1,000장이 넘는 디지털 사진 정보와 유물을 정리하기란 쉽지 않다. 이제 고고학자의 여행은 시간과의 전쟁에서 디지털과의 전쟁으로 바뀌었다.

구글이 나 대신 야장을 써주는 디지털시대가 편리한 듯하지만, 마냥 좋아하기만 할 일은 아닌지 모른다. AI가 고고학자의 여행을 대신하는 야장을 써주는 날이 오면, 그다음엔 고고학자가 직접 여행을 다니지 않아도 되는 날이 올 수 있으니 말이다.

현지 주민은 알고 있다

1950년대까지도 고고학은 귀족의 전유물이라고 생각되었다. 파이프를 물고 여유롭게 자연과 유적을 즐기며 상념에 빠지는 그림 같은 장면이 그렇게 현실과 동떨어진 것은 아니었다. 영화 〈더 디그The Dig〉에서 귀족 부인이 자신의 영지를 한가롭게 발굴하며 인생을 반추하는 모습처럼 말이다. 하지만 이는 이제 옛 이야기이다. 더 이상 귀족의 고고학이라는 것은 존재할 수 없다. 설사 자신의 토지에 거대한 고분이 있다고 해도 그 고분의 발굴권과 유물은 국가에 귀속되거니와 내 집 마당에서 금관 같은 보물이라도 나온다면 그 순간 재산권을 행사할 수 없는 '국가의 땅'이 되어버린다. 그러니 만약 억대의 재산과 부동산을 기반으로 옛 보물을 가지고 싶다면 고고학 발굴 현장이 아니라 소더비Sotheby 경매장으로 가는 것이 빠르다.

실제 고고학자의 답사 여행은 여유나 상념과 거리가 멀다. 고고학자는 한정된 연구비와 시간 속에서 사투를 벌인다. 이런 내 사정을 이해할 리 없는 현지 담당자가 느긋하기라도 하면 나만 애가 탈 뿐이다. 얼마 전 중국 신장웨이우얼자치구의 알타이지구(아러타이지구)에 있는 박물관에 갔을 때였다. 무더운 카라마이 사막을 열 시간 넘게 관통해 간신히 도착했더니 정작 박물관은 잠겨 있었다. 몇 달 전부터 철석같이 약속해둔 담당자가 정작 당일에 친척집 잔치 소식을 전해 듣고 갑자기 사라져 버린 것이다. 하루를 더 기다리면 모든 조사 일정이 뒤틀리는 상황이었다. 결국 현지 관계자에게 사정사정해서 잔칫집에서 춤을 추고 있던 담당자를 불러올 수 있었다. 그때 우여곡절 끝에 조사한 사진을 보면 지금도 흥겹게 춤을 추는 위구르 사람의 모습이 어른거리는 듯하다.

중국 네이멍구의 작은 도시인 닝청의 박물관도 잊을 수 없다. 지금은 제대로 된 식당 하나 찾기 어려울 정도로 작은 시골이지만 요나라의 수도인 요중경이 있던 곳이다. 워낙 외지고 작은 도시의 박물관인지라 나와 답사 일행이 갔을 때에는 전기세를 아낀답시고 전원을 모두 내리고 담당자가 일찍 퇴근한 상황이었다. 결국 흐릿한 휴대전화 불빛에 기대 유물을 조사할 수밖에 없었다. 그래도 너무나 감격스러울 따름이었다. 닝청 박물관은 이전에도 세 번이나 방문했지만 번번이 잠겨 있었기 때문이다.

사실 급하게 유물만 조사하며 다니는 것이 능사는 아니다. 고고학자의 여행에서 현지인에게 듣는 정보는 매우 중요하다. 농부가 갈아놓은 밭고랑 사이에서 깨진 토기 조각을 발견하기도 하고, 파괴된 무덤에서 나온 그릇이 개 밥그릇으로 쓰이는 걸 보는 경우도 제법 있다. 그러니 현지인과 다양하게 어울리면서 여유롭게 술 한 잔 기울이는 것이 수많은 답사보다 나은

6장 경계와 역설을 넘어서

결과를 가져오기도 한다. 그냥 술만 먹고 끝나는 경우가 대부분이지만, 현지 주민과 술이나 차를 마시면서 그들의 이야기를 듣노라면 어떤 여행에서도 만날 수 없는 색다른 체험을 할 수 있다. 물론 고고학이란 것을 평생 접해보지 못한 시골 주민에게서 고급 정보를 얻으려면 참을성이 필요하다. 그래도 현지인과 술 한 잔 기울이면서 찾아낸 유물로 새롭게 역사를 쓰는 경우도 있다.

중국어로 헤이룽장강, 러시아어로 아무르강은 두 강대국인 중국과 러시아가 400년을 두고 대치해온 지역이다. '나선정벌', '알바진 요새의 전투', '네르친스크조약'처럼 어디서 들어본 듯한 사건이 모두 이곳에서 벌어졌다. 그 이전에는 발해의 기층 집단이기도 했던 말갈인이 살았다. 대표적인 국경도시인 블라고베셴스크의 한 대학 박물관에는 이 지역에서 지난 100여 년간 발굴된 유물이 전시되어 있는데, 그중 기묘하게 생긴 석상이 하나 있다. 마치 아이들이 좋아하는 애니메이션 〈라바〉의 주인공처럼 생긴, 길쭉한 머리를 한 말갈 전사 석상이다.

이 석상이 발견된 상황이 재미있다. 아무르주의 '콘스탄티놉스키'라는 동네를 조사하던 고고학자가 한잔하고 가라는 어떤 농가에서 식사 대접을 받았다. 러시아 사람의 식탁에는 김치 같은 것이 꼭 빠지지 않고 올라간다. 독일어로 '자우어크라우트'라고 하는 일종의 양배추절임이다. 새콤달콤한 것이 맛도 좋지만 비타민이 풍부해 추운 북구 지역에서는 필수 음식

라바를 닮은 말갈인의 석인상.

6장 경계와 역설을 넘어서

이다. 고고학자 손님을 맞이한다고 주인은 겨우내 땅속에 묻어둔 양배추절임통을 꺼냈는데, 그 위를 묵직한 돌이 누르고 있었다. 양배추를 제대로 발효시키기 위해 얹어놓은 돌이었다. 바로 그것이 1,300년 전 말갈 전사 석상이었다. 편두編頭처럼 머리는 길쭉하고 작은 눈과 광대뼈는 이 지역 말갈의 후예인 토착 원주민과 비슷한 생김새였다. 농부가 수십 년 전 어딘가를 파다가 말갈의 무덤을 건드렸는데, 다른 유물은 그냥 버리고 양배추김치를 담글 때 요긴한 묵직한 돌만 들고 온 것이다. 그렇게 1,200년 전 말갈 전사는 영화 〈미이라〉에 나온 파라오 전사처럼 부활해 김장이라는 새로운 임무를 수행하게 되었다.

농부는 기가 막힌 양배추김치의 맛을 자랑하고 싶었지만, 정작 손님은 김치 맛보다는 석인상에 흥분했다. 고고학자의 예상치 못한 반응에 농부는 영문도 모르고 당황했지만 농부도 곧 상황을 이해하고 그 유물을 고고학자에게 선물했다. 그 후 말갈 전사 석상은 러시아 아무르주를 대표하는 유물이 되었다.

누군지 알 수 없지만 그 석상을 만든 장인은 자기가 만든 작품이 시대를 건너서 수많은 사람의 눈과 입맛을 만족하게 했다는 것을 알았다면 정말 기뻐했을 것 같다. 말갈 전사 석상은 지금도 박물관의 대표적 유물로 세 번째 임무를 수행 중이다.

오늘날에는 고고학의 답사 방식도 다양해지고 있다. 직접 다니면서 유물을 실견하고 샘플을 조사하는 전통적인 답사에 더하여 드론, 구글맵 등으로 지역 정보는 더욱 정교해지고 고고학자가 준비해야 할 장비도 바뀌고 현대화되고 있다. 초기 인류가 170만 년 전 아프리카를 떠나면서 인류의 여행은 시작되었다. 그 이래 인간에겐 수많은 여행이 있었다. 그중 하나인 고고학자의 여행은 특별하다. 남들이 다 가는 관광지가 아니라 듣도 보도 못한 산과 숲속에서 모기에 뜯기며 조사를 하고, 비포장도로를 달리면서 노트북을 두드리는 팔자이다. 그렇게 고고학자는 일생의 대부분을 길 위에서 보낸다. 황금 같은 보물은 거의 볼 일 없고 흙구덩이 속에서 캐낸 토기 편을 만지작거리면서 평생을 보낸다. 하지만 그 혼자만의 즐거움이 없었다면 박물관의 수많은 유물도 없었을 것이다. 고고학자의 여행은 고난이지만 그 결과는 우리 모두의 유산으로 남는다.

3   상상을 뛰어넘는
     발굴의 세계

화장실, 고고학자의 보물창고

고고학 뉴스에 황금만 나오는 것이 아니다. 2019년에 백제의 왕궁터에서 화장실이 발견되었다고 해서 화제가 된 적이 있었는데, 2021년에 이스라엘에서도 비슷한 뉴스가 나왔다. 지금의 수세식 화장실과 크게 다르지 않은 구조였다. 2,700년 전의 이 유적이 발견되면서 근대 이후에 비로소 등장한 줄 알았던 화장실의 역사가 꽤 오래되었다는 것이 밝혀졌다. 신문 기사는 성서에 등장하는 다윗왕의 궁전과 연결시키면서 사람들의 관심을 끌기도 했다. 화려한 황금 장식을 한 옷을 입은 왕이 변기에 쪼그려 앉아 있는 상상만 해도 뭔가 재미있다. 하지만 남녀노소를 막론하고 살아 있다면 화장실에서는 모두 똑같지 않을까. 인간의 삶에서 결코 빠질 수 없는 배설을 담당하

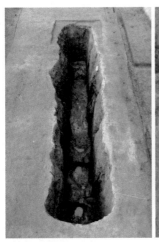

왕궁리의 화장실 유적(좌)과 2,700년 전 이스라엘의 화장실 유적(우).

는 화장실은 고고학자에게도 소중한 자료이다.

고고학 발굴을 하다 보면 신기한 점이 한둘이 아니겠지만, 특히 궁금한 것은 화장실이다. 정작 발굴을 하면 고대 유적에서 화장실의 흔적은 거의 발견되지 않기 때문이다. 석제 공중 화장실이 남아 있는 고대 로마 같은 경우를 제외하면 화장실의 흔적은 찾기 어려웠다. 인간의 배설물이라는 것이 쉽게 사라지기 마련이니 고고학자가 화장실을 찾는 것은 쉽지 않다. 흔히 재래식 화장실이라고 하는 구덩이를 파고 인분을 모으는 식의 화장실은 수천 년의 시간이 지나면 제대로 된 흔적이 남지 않는다. 그러니 어떤 곳이 음식물을 저장한 곳이고 화장실로 쓰인 곳인지 알 수 없다. 하지만 여기에서 다른 실마리가 있

6장 경계와 역설을 넘어서

으니, 바로 기생충의 알이다. 그 알의 껍데기는 썩지 않기 때문에 화장실로 추정되는 부분의 흙을 모아서 분석하는 것이다.

가장 먼저 재래식 화장실을 찾아낸 나라는 일본이었다. 일본에서는 1980년대 이후 고대국가의 수도인 아스카飛鳥·나라奈良·헤이안平安 시대의 유적을 발굴하면서 화장실의 존재를 증명해냈다. 한국에서도 국립광주박물관이 1997년 광주광역시 광산구 신창동 저습지 유적에서 2,000년 전의 회충과 편충 알을 발견해서 화장실의 가능성을 처음 확인했다. 본격적으로 화장실 터가 확인된 것은 2004년 3월 국립문화재연구소에서 발굴한 전라북도 익산시 왕궁리 유적이 최초이다. 여기에서도 길쭉하게 도랑을 파고 그 위에 나무를 덮은 흔적이 발견되었다. 그 구덩이 안은 흙으로 차 있었고 그 밑의 흙은 유기물질로 검은색이었다. 화장실의 가능성이 크다는 것을 직감한 고고학자는 그 토양을 기생충 연구실로 보냈다. 감정 결과 편충·회충·간흡충(간디스토마) 등의 기생충 알이 대량으로 발견되어 화장실임이 증명되었다. 백제의 귀족이 사용하던 공동화장실이 발견된 것이다.

배설물 전쟁

인간의 배설물은 그 사람이 무엇을 먹었는지, 그리고 건강상태가 어떠한지 파악하는 중요한 척도가 된다. 냉전 시절 적국의 정상이 해외 순방을 할 때에 특별 보좌관들은 정상의 배설물을 특별히 처리하거나 보관했다. 반대로 상대국은 어떻게 든 그 배설물을 얻기 위해서 별 수를 다 썼다. 그렇게 배설물 을 얻어내면 적국 정상의 의료 차트를 보듯이 건강 상태를 살 살이 알아낼 수 있기 때문이다.

고고학자도 배설물을 통해 고대인에 대한 정보를 다양하게 얻을 수 있다. 화장실 자체가 사실 인간에 대한 정보를 파악하 는 중요한 수단이다. 인간이 어떻게 배설물을 처리하는지에 대 한 문화적 맥락을 알 수 있고, 또 배설물의 흔적에서 옛 사람의 식생활과 건강 등을 연구할 수 있기 때문이다. 사람이 먹는 음 식에 따라 기생하는 기생충이 다르다. 돼지고기, 민물고기, 아 니면 인분을 뿌려서 거름을 준 채소를 먹었는지 등도 알아낼 수 있다. 또한 화장실의 위치, 크기를 통해 옛 사람의 생활 양 상에 대한 전반적인 정보를 얻을 수 있다. 18세기 프랑스의 미 식가 브리야사바랭Jean Anthelme Brillat-Savarin은 "당신이 무엇을 먹었는지 말한다면 당신이 누군지를 알 수 있다"는 유명한 말 을 남긴 적이 있다. 고고학자는 한 단계 더 나아가 배설물을 발 굴한다면 인간의 건강은 물론 집 안의 위생도 알 수 있다.

화장실을 집 안에 둔 야만인

요즘에는 화장실이 집 안, 심지어 두세 개씩 있는 집도 많다. 이와 반대로 전통사회에서 화장실은 집에서 멀수록 좋다고 생 각했다. 인분이 아무리 귀한 거름이라고 할지라도 그것을 집 근처에 두기엔 악취가 심했기 때문이다. 그런데 고대에 그 화장실을 집 안에 두는 사람들이 있었다. 바로 지금의 러시아 연해주 산악 지역에서 살던 읍루인이라는 2,000년 전의 사람들이다. 고대 중국인은 그들이 불결하기 짝이 없어서 화장실을 집 안에 두었다고 기록했다. 하지만 그것은 오해이다. 읍루인은 겨울에 영하 30~40도로 떨어지는 지역에 살았기에 화장실을 간다고 밖으로 나가면 중요한 부위에 동상을 입었을 것이다. 땅속 깊숙이 움집을 파고 살던 그들은 겨우 내내 대변과 소변을 집 안에 모았다. 그래도 그것을 모았다가 밖으로 버릴 법도 한데, 굳이 집 안에 모아둔 이유는 따로 있었다. 소변은 가죽을 무두질하는 데 쓰고 또 살균제로도 쓸 수 있었다. 그리고 대변의 처리 방식도 읍루인이 돼지기름을 좋아했다는 기록이 함께 있는 게 주요한 단서가 된다. 아마 제주도의 화장실 겸 돼지우리인 '돗통시'처럼 배설물을 사료로 이용했을 것이다. 읍루인은 또 돼지의 기름을 피부에 발라서 동상을 막았다. 추운 지역에서 돼지를 키우는 것은 쉽지 않았으니, 인간의 배설물이 돼지를 키우는 좋은 수단이 되었다.

읍루인은 후에 말갈족과 여진족으로 이어졌다. 이후 이들은 오랑캐라는 오명을 딛고 금나라와 청나라를 건국하는 거대한 민족으로 성장했다. 그들이 결코 미개해서 화장실을 집 안에 둔 것이 아니었다. 혹독한 자연환경을 이겨낸 지혜로운 사람들이었다.

화장실이 없는 곳은 없다

인간의 배설물이 더럽다는 생각은 지극히 오해이다. 인간은 그 배설물을 자신의 생존을 위해 긴요하게 사용해왔다. 하지만 인간이 도시를 만들어 살면서 배설물을 멀리하고 무조건 피하려고 했다. 인구밀도가 높지 않은 전통적인 사회에서는 전면적인 상수도 시설이나 화장실이 굳이 필요 없었다. 배설물은 아주 요긴한 인간의 필수품으로 자체적으로 처리하여 재활용할 수 있었기 때문이다. 하지만 도시가 생기면서 상황은 바뀌었다. 한때 파리의 베르사유궁전에도 화장실이 없다는 식의 루머가 돌기도 했는데, 배설에 신분고하를 따질 것이 있겠는가. 궁전에 화장실은 많았고, 왕과 귀족은 호화로운 이동식 화장실도 썼다. 문제는 도시의 대다수를 점거하는 평민이었다. 배설물 처리를 제대로 할 수 없었던 평민은 도시 곳곳에 배설물을 버렸고, 도시는 빠르게 오염되었다. 도시의 발달과 화장실의 등장은 어쩌면 오래된 인간의 지혜와 결별하는 계기가 되었다. 인간은 모여 살면서 그들이 처리할 수 있는 배설물의 양을 넘어섰고, 배설물더미는 미생물과 세균의 온상이 되면서 천대받는 존재가 되었다.

얼마 전 청계천을 다시 복원하면서 그 주변 지역을 발굴했고, 청계천에서 출토된 배설물 정보를 토대로 조선시대 한양 사람의 생활을 복원했다. 한양 도성의 사람들은 대부분 회충에 감염되어 있었다. 한양의 인분은 전문업자가 수거해서 거름으로 팔았고, 그 거름으로 채소를 길러서 다시 한양 사람에게 공급했다. 그 과정에서 기생충은 필연적이었다. 그렇게 사람들은 배설물에 의지해서 생활하면서도 도시라는 밀집된 환경 때문에 배설물을 천하고 더러운 것의 상징으로 취급했다. 하지만 사피엔스의 발달에서 배설물은 중요하고 소중한 것이었다. 배설물의 증거는 고고학자의 꿈이다. 고고학자에게 화장실은 과거의 사람을 알 수 있는 가장 중요하고 또 조사하고 싶어 하는 유적이다.

바닷속에 잠긴 유물

흔히 발굴이라고 하면 땅을 파는 것을 생각한다. 실제로 대부분의 발굴은 땅속에서 이루어진다. 하지만 고고학은 인간이 살았던 모든 시간과 공간을 포괄하기 때문에 인간의 발자취가 남은 모든 곳이 그 대상이 된다. 땅속 다음으로 조사가 많은 곳은 물속일 것이다. 2022년까지의 통계를 보면 이제까지 고작 29건의 수중문화재가 발굴·조사되었다. 육상문화재가 한 해에 1,800건이 넘게 조사되는 것과는 비교도 되지 않는다.

한국의 수중문화재 발굴은 1976년에 신안 앞바다에서 우연히 어부의 그물에 도자기가 걸리면서 시작되었다. 수중고고학도 유물이 있는 위치를 기록하고 물에서 끌어올려 발굴한다는 점에서 기본 원칙은 육상고고학과 큰 차이가 없다. 하지만 그냥 땅에 묻히는 것과 달리 물속에서 발견되기 때문에 처음 발

우리나라 최초의 수중 발굴이 있었던 신안 앞바다(사진 속 인물은 김도현 당시 해군소위).

견될 때의 상황은 사뭇 다르다. 즉 그냥 배가 침몰할 경우 흔적도 없이 물살에 사라질 가능성이 크다. 대신에 펄 속에 깊숙이 박히듯이 난파될 경우에만 남아 있다. 한국에서도 주로 서해안에서 난파선이 발견되는 이유이기도 하다.

또한 발굴 과정도 사뭇 다르다. 잠수를 기반으로 조사해야 하기 때문에 물속에서 조사할 수 있는 시간은 한번에 30분 이내로 극히 제한적이며 각종 조사 도구도 수압을 견딜 수 있어야 한다. 여기에 태풍이나 파도와 같은 바다의 날씨와 밀접하게 연관되기 때문에 조사는 더더욱 쉽지 않다. 또한 발굴 이후의 과정도 육상 유물과 비교할 수 없다. 수백 년간 물속에 잠겨 있던 목재를 보존 처리하는 데에는 적어도 30년 이상의 시간이 소요된다.

이렇듯 난파선으로 대표되는 수중문화재의 조사에 들어가는 비용과 인력은 육상과 비교되지 않으니, 이는 강대국의 상징이 되기도 한다. 세계적으로 대표적인 수중문화재의 발굴

한국을 대표하는 수중 발굴인 신안 해저선의 전시 모습(목포해양전시관).

로 꼽히는 것은 1956~1962년까지 발굴된 스웨덴의 바사Vasa
호 조사이다. 바사호는 1628년에 화려한 진수식과 함께 바다
로 나간 지 30여 분 만에 침몰한 비극의 주인공이었다. 이 배
를 건조한 것은 '북방의 사자'라 불리던 구스타프 2세Gustav II
왕으로 스웨덴이 유럽의 강국으로 등장하던 시점이었다. 이러
한 역사적인 상징성을 생각해서 스웨덴 정부는 천문학적 비용
을 들여서 배를 발굴하고 박물관을 건설했다. 지금도 바사호
는 대표적인 스웨덴의 관광 상품 중 하나이다.

또 다른 수중고고학 강국으로는 중국을 들 수 있다. 중국은
2007년에 광둥성 앞에서 발견된 12세기의 배인 남해1호를 육
상으로 끌어올리는 거대한 프로젝트에 착수했다. 1987년에 처
음 발견되었지만 수중에 있었던지라 발굴 작업이 지지부진했
고, 이후 경제발전을 이뤄낸 중국은 아예 배를 육상으로 끌어

올려서 발굴하기로 했다. 그 결과 가로 64미터, 세로 40미터, 높이 23미터의 컨테이너로 펄에 묻혀 있는 채로 배를 육상으로 끌어올려서 전시도 하면서 발굴 작업을 했다. 2007년 기준으로 중국 돈 3억 위안(당시 약 500억 원)이 소요되는 대사업이었다.

천공의 고고학

2021년에 OTT 서비스를 통해 공개된 SF영화 〈승리호〉는 우주 공간에서 다양한 인간의 우주 활동으로 남겨진 쓰레기를 청소하는 사람들의 모험을 다룬 것이다. 영화 주인공들이 우주 공간을 헤쳐 가며 다양한 우주선의 잔해들을 찾는 모습은 마치 우주여행이 일반화된 직후의 미래 고고학자 같다는 생각이 들었다. 실제로 우주, 하늘과 같은 우리 머리 위의 공간도 고고학의 범위가 된다. 아직 본격적인 시도는 없지만 달 표면에 아폴로 프로젝트로 탐사를 한 흔적이나 아직 대기권을 돌고 있는 유리 가가린Yuri Gagarin과 스푸트니크 인공위성의 추진체나 연료통의 파편도 수거할 수 있다면 충분히 매력적인 고고학적 주제가 될 것이다.

우주고고학이 다소 먼 얘기라면 항공고고학aeroarchaeology은 무려 그 역사가 100년이 넘는다. 항공고고학은 비행기가 전쟁 무기로 본격적으로 등장한 제1차 세계대전 시기부터 시작되었다. 공중에서 폭격이나 정찰을 하던 조종사가 석양이나 동

드론조사를 통한 유적 탐사(고선지가 전투를 벌였던 탈라스 평원).

이 트는 시점에 벌판에서 고대 건축물의 흔적을 발견하면서부
터이다. 이 흔적을 적이 숨겨놓은 참호인 줄 알고 나중에 탐색
해보니 아무것도 없었고, 한참 뒤에 고대 유적이라는 점이 밝
혀졌다. 이러한 유적 발견 원리는 간단하다. 곡물을 심어놓은
벌판 밑에 돌로 만든 구조물이 있다면 상대적으로 곡물의 성
장이 원활하지 못하여 짧아지고, 그것이 비스듬한 각도에서는
뚜렷하게 보이는 것이다. 반대로 도랑이나 해자를 파놓은 경
우 수분과 유기물이 풍부해서 곡물이 더욱 길게 자란다. 외계

인이 남긴 유적이라는 음모론의 주제가 되기도 했던 남미의 나스카 지상화를 비롯한 수많은 거대 지상화도 바로 항공고고학의 발달로 확인된 것이다.

이름 없는 영웅을 찾아서

고고학의 또 다른 로망은 칭기즈칸, 알렉산드로스 대왕 같은 역사 속의 영웅을 찾는 것이다. 그중에는 진시황의 병마용같이 드물게 성공하는 경우도 있지만 안타깝게도 그런 영웅을 찾는 경우는 거의 없다. 하지만 진정한 영웅을 찾아주는 고고학이 있다. 바로 나라를 지키기 위하여 자신을 희생한 군인의 유해를 찾아주는 유해발굴단이다. 유해발굴단은 고고학인 듯하지만 그들이 발굴하는 것은 유물이 아닌 우리나라의 영웅이다.

유해발굴단은 고고학 기술이 전쟁과 이상적으로 조합한 경우로서 한국전쟁에서 희생된 유해를 발굴한다. 물론 유해 발굴을 고고학적 발굴로 보기에는 많은 논란이 있다. 자국을 위해서 희생한 군인의 유해를 고고학적 발굴을 통해서 무덤에서 얻는 인골과 같은 맥락에서 보기 어렵기 때문이다. 더하여 유물과 달리 국군의 유해는 박물관이 아니라 다시 예를 갖추어서 무덤에 매장한다. 하지만 유해발굴단이 사용하는 모든 기법은 고고학의 것을 거의 다 전용한다.

유해 발굴은 우리나라를 지킨 사람을 구체적으로 한 명씩 찾는 사람 찾기를 목적으로 한다. 그러니 실제 고고학과 그 목적에서 다소 차이가 있지만 유해를 찾는다는 점에서 유사한 결과를 가져온다. 무덤의 도굴을 엄금했던 조선시대에도 가끔 자기 조상의 묘를 찾기 위해 발굴을 하는 경우가 있었다. 전란으로 몇 년씩 고향을 비우고 폐허가 된 뒤에 돌아와 다시 제사를 지내기 위한 고육지책이었으니 나라에서도 별다른 제재를 가하지는 않았던 것 같다. 전쟁에서 희생당한 우리 영령을 찾는 것도 사실 그와 크게 다르지 않다. 재미있는 점은 고고학의 시작도 이러한 움직임에서 유래했다는 것이다. 한국 고고학은 조상의 무덤을 찾기 위해서 발달한 학문이기도 하다.

유해 발굴은 단순한 조상 찾기를 넘어선 국가 차원의 사업이다. 유해 발굴은 비록 발굴이 아니지만 그 발굴 기술과 DNA 등 모든 고고학적 분석 기법이 동원되어야 한다. 목적지 주변의 정황(컨텍스트)에 대한 세심한 주의도 필요하다. 물론 차이는 있다. 발굴과 달리 그 지역 주민의 증언이 가장 중요하다. 동네 어르신으로부터 산의 어느 지점에서 치열한 전투가 있었는지, 그리고 남겨진 시신을 어떻게 처리했는지 등에 대해 청취해야 한다. 때로 소년 시절에 시신의 매장에 동원된 분이라도 있다면 일은 정말 쉬워진다.

한편 군인의 유해는 다른 어떠한 발굴 조사보다도 정치적인 행위와 연결되기도 한다. 외규장각의궤와 같이 문화재가 국가 간의 외교 문제를 해결하는 데 이용되는 경우도 있지만, 극히 일부이다. 하지만 군인의 유해는 언제라도 강력한 국가 간의 연결고리가 된다. 나라 간에 화해 분위기가 조성되면 적군의 유해는 '화해의 아이콘'으로 큰 역할을 한다. 특히 미국이 군인의 유해를 발굴하고 본국으로 송환하는 데에 적극적이며, 이를 정치적인 회담의 도구로도 활용하기도 한다. 2018년에 북한과 미국이 대화를 하고 화해 분위기를 조성할 때에 북한은 상징적으로 그들이 가지고 있는 미군의 유해를 반환했고, 이에 미국은 공항까지 트럼프Donald John Trump 대통령이 나가는 최고급의 예우로서 그에 화답했다.

하지만 여전히 문제는 남아 있다. 한국에는 북한이나 중공군의 처리에 대해서 정해진 매뉴얼이 없다. 비록 전쟁을 했다고 해도 적국의 희생자마저 무관심하게 방치할 수는 없을 것이다. 비단 한국뿐 아니라 국제적으로 조약을 체결해서라도 유해에 대한 규정이 필요할 것이다. 이제 사회 각 분야에서 DMZ에 대한 공동조사, 철도 건설 등 다양한 계획이 등장하고 있다. 그런데 다른 무엇보다도 DMZ는 가장 치열한 전투가 벌어진 곳이다. 얼마나 많은 유해가 묻혀 있는지는 아무도 모른다. 아마 전면적인 유해 발굴 조사가 필요할 것이고, 고고학자의 기술과 노력이 우리 사회에 얼마나 절실하게 필요한지 보여주는 또 다른 예가 될 것이다.

7장

가짜와 진짜, 고고학을
바라보는 또 다른 시선

1   가짜고고학,
     그 위험한 유혹

　고고학적 유적과 유물을 고대 외계인이 남겼다는 주장은 우리 주변에서 널리 퍼져 있다. 서양에서도 그레이엄 핸콕이나 폰 프란케 같이 우주인과 고대 문명에 대한 이야기를 대중적인 인기와 경제적인 성공으로 연결시키는 사람도 생겨나고 있다. 인터넷의 성장에 이어 유튜브가 고도로 발달하면서 이런 고대 문명을 믿는 사람이 늘어가고 있다.

　지금도 고대 문명은 외계인이 만들었다면서 신기한 자료(예컨대 이집트의 헬리콥터형 모형, 나스카의 비행기, 팔렝케의 석관 등)를 내게 보여주면서 의견을 묻는 사람을 만나면 참 난감하다. 언제 어디서 무엇이 나올지 모르는 게 고고학이다. 나도 20여 년 전만 해도 괴베클리 테페와 같은 구석기시대에 발달된 제사의 흔적이 나오리라 예상하지 못했던 것이 사실이다. 고고학자의 딜레마는 고대에 발달된 문명이 발견되는 것이 아니다. 외계인이나 UFO를 본 적 없다는 것이다. 분명하게 나타난 외계인의 증거나 미확인 비행체가 없는데 어떻게 비교를 한다는 것인가? 외계인설은 사실 믿음의 영역이지 고고학의 영역이라 보기 어렵다.

외계인 창조설의 근거는 "이렇게 발달된 기술을 고대의 인간이 알 리 없다"와 "이제까지 발견된 모든 유물은 인간의 과거를 파악하는 데에 크게 무리가 없이 완벽하게 밝혀졌다"는 잘못된 전제에 근거한다. 모두 고고학의 본질을 잘못 이해하고 있는 것이다. 정확한 통계가 없지만 과연 우리가 밝혀낸 고대인의 모습은 실제의 몇 퍼센트 정도일까? 지금도 끊임없이 발굴되고 있고, 더 많은 유적이 아직 땅속에 있다. 우리가 생각하는 통념이 바뀌는 발견은 이어질 것이고, 그것이 매일 새로운 자료가 등장하는 고고학의 본질이다. 그러므로 예상치 못했던 발견이 곧바로 외계인의 존재를 증명하는 것은 아니다. 외계인설을 주장하는 근거는 대부분 수십 년 전에 조사된 단편적인 근거만을 가지고 주장할 따름이며, 최근까지 발굴되고 연구된 조사 성과를 참고하지 않는다.

그 많던 UFO는 어디로 갔을까?

생각해보면 고대 문명을 외계인과 연결시키려는 시도는 1960~1980년대에 주로 등장했다. 이 시기는 바로 현대사회가

UFO에 고도로 집착하던 시기와 맞물린다. 나도 어릴 때부터 UFO나 외계인의 이야기를 무척 좋아했고, 청소년이 읽는 거의 모든 잡지나 신문에서 UFO의 이야기를 찾는 것은 어렵지 않았다. 미국 로스웰 공군기지의 우주인 촬영물을 비롯해서 우주인을 만나거나 생체실험에 이용되었다는 체험담도 어렵지 않게 발견할 수 있었다. 그런데 더욱 신기하게도 21세기에 탐지 기술이 고도로 발달하고 모든 사람이 손에 고성능 카메라를 들고 다니는 스마트폰 시대에 들어서 UFO의 이야기는 거의 사라졌다. 미확인 비행물체가 지나갔다면 수많은 사진으로 남겨지고 SNS에 퍼질 텐데, 정작 제대로 된 UFO나 우주인의 발견 사례는 거의 없다. 가끔 UFO의 사진을 볼 수 있지만 사람들은 관심을 두지 않는다. 도대체 그 많던 UFO는 어디로 갔단 말인가.

돌이켜보면 UFO는 제2차 세계대전 직후로 냉전과 핵폭탄의 공포가 엄습하던 시기에 본격적으로 등장했다. 당시 정치적으로는 매카시즘이 횡행하고, 핵폭탄으로 세계가 멸망할 수 있다는 불안감에 떨었다. 여기에 미소 간의 극단적인 우주 경쟁이 더해지며 UFO 현상을 부추겼다. 한국전쟁이 끝난 지 고작 6년 만인 1959년에 소련의 유리 가가린은 우주로 날아갔다. 여기에 맞서서 엄청난 인력과 자본을 투자한 미국도 그로부터 10년 뒤인 1969년에 아폴로 11호를 달에 착륙시켰다. 세계 인류의 대부분이 가난과 전쟁의 후유증에 시달리는 것에 아랑곳

하지 않고, 미소 양국은 자존심을 걸고 우주에 천문학적 자본을 투자하며 무한 경쟁을 했다. UFO 현상은 이러한 돈을 우주 공간에 퍼붓는 정책에 대한 국민적인 반발을 막는 효과적인 수단이기도 했다. UFO가 갑자기 사라진 이유는 냉전이 끝나고 우리를 둘러싼 환경에 대한 정보가 대폭 개방되었기 때문이다. 약간의 클릭으로 비행기나 인공위성의 궤도가 제공되는 등 새로운 기술과 정보에 대한 지식이 무제한적으로 제공되면서 비밀스러운 UFO가 설 땅이 사라진 것이다.

UFO와 고대문명이라는 자극적인 맛

고대 문명 창조론이 등장한 시점은 이렇게 UFO 현상이 유행하던 시기와 맞물린다. 우리가 살고 있는 이 문명은 원래 외계 어디에선가 날아온 외계인이 대신 만든 것이라는 주장은 사실 극히 일부의 증거를 오해해서 나온 것이 대부분이다. 예컨대 대서양에 가라앉았다고 하는 아틀란티스 대륙의 이야기는 플라톤이 이집트의 신관이라는 가공의 인물을 들어서 자신의 주장을 이야기하기 위한 우화에 불과하다. 매년 포털의 제목에 '아틀란티스 발견'이라거나 '고대 문명의 유물에서 우주선 발견' 같은 자극적인 제목이 등장하지만 정작 뚜렷하게 발견된 유물은 없다. 대부분 비슷한 유적이나 유물을 견강부회하는 식이다. 예컨대 대서양 주변에서 해상 속에서 인간이 만든 구조물이 발견되면 '아틀란티스'라는 이름을 붙이는 형국이다. 비유하면 우리나라 남해안에서 조선시대 유물만 발견되면 '이순신 장군의 유물 발견'이라고 타이틀을 붙이는 것과 비슷할 것이다. 그런데 이런 '발견' 중에는 고고학자가 보기에 황당한 것이 많다. 아틀란티스의 후보로 얼마 전에 '사하라의 눈'이라는 자연지질 형상이 떠올랐다. 사막 속에서 지름 40킬로미터 크기의 소용돌이 같은 형상의 구조물이 발견되어 그 자체로도 보는 사람의 경탄을 자아냈다. 그런데 주변에 어떠한 인간의 유물도 없이 자연적으로 형성된 지형물의 형태가 원형 고리라는 이유만으로 아틀란티스 대륙으로 비교하는 것은 의미가 없다.

아라라트산에서 발견되었다는 '노아의 방주'도 마찬가지이다. 어떤 사람은 아라라트산 위에 자연적으로 마치 배 모양의 타원형으로 형성된 자연적인 암석이 노아의 방주가 기착하고 남은 흔적이라고 믿는다. 과연 나무로 만든 배가 어떻게 그 형태 그대로 암석화될 수 있는지 궁금할 따름이다. 지금도 수많은 순례자와 탐험가가 노아의 방주에서 '흔적'을 발굴했고, 튀르키예와 이란 정부는 이러한 사실을 은폐한다고 주장한다. 하지만 고고학자가 정식으로 조사한 적은 없다.

외계인의 흔적으로 드는 또 다른 증거로는 마야문명의 팔렝케Palenque 유적에서 발견된 석판이 있다. 팔렝케의 석관은 서기 683년에 죽은 마야 팔렝케를 다스리던 파칼 대왕이 묻혀 있는 아주 중요한 고고학적 유적이다. 파칼 대왕의 옥 가면과 화려한

팔렝케의 석판. 파칼 대왕이 가운데에 위치해 있고 그 주위를 화려하게 조각되어 있다.

황금 유물로 마치 신라의 황남대총에 비견할 만한 유적인지라 고대 문명의 강의 시간에 반드시 등장하는 중요한 유적이다.

그런데 이 파칼 대왕이 묻혀 있는 석판의 뚜껑에는 왕의 모습이 새겨졌는데 마치 복잡한 기계로 가득 찬 좁은 우주선에 사람이 앉아서 조종하는 듯한 모습이다. 굳이 비교하면 팔렝케 석관과 비슷한 우주선의 모습은 갓 우주로 날아가기 시작했던 1960~1970년대의 초기 우주선과 흡사하지만, 만약 수십 광년 떨어진 지역에서 지구로 날아오는 기술의 우주인이 있다면 이런 원시적인 우주선을 운전했을 리 없지 않을까?

내 머릿속의 외계인

외계인을 연상시키는 유물은 세계 곳곳에 넘쳐난다. 예컨대 러시아 알타이의 카라콜Karakol이라는 유적에서 3,800년 전 샤먼의 무덤이 발견되었다. 그 무덤의 석판에는 마치 파충류의 머리를 하고 우주복을 입은 듯한 모습이 발견되었다. 그리고 그 이미지는 2000년대에 들어서 수많은 커뮤니티에서 회자되었다.

나 역시 보는 순간 1980년대 중반에 보았던 미국 드라마 〈V〉에서 보았던 파충류의 모습을 한 외계인이 떠올랐다. 그런데 만약 내가 그런 방송매체를 접하지 않았다면 외계인이 떠올랐을까? 생각해보면 우리가 생각하는 외계인 모습은 지상에서 접할 수 있는 다양한 생물의 이미지가 조합된 것이다. 흔히

7장 가짜와 진짜, 고고학을 바라보는 또 다른 시선

양서류와 맹수의 얼굴을 하고 팔에 새 깃털을 단 샤먼들이 그려진 카라콜문화의 벽화(위)
벽화가 그려져 있던 카라콜 무덤의 발굴 광경(아래).

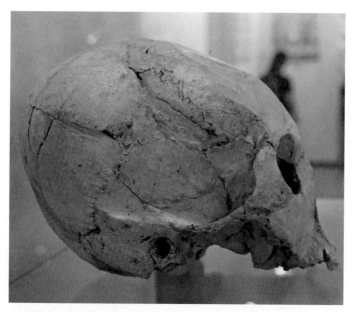

보이스만Boisman 패총의 편두골 측면도. 나무판자로 앞이마를 댄 흔적이 있다.

외계인 머리라고 하는 길쭉한 머리 형태는 '편두'라고 해서 수천 년간 인간이 만들어낸 풍습의 일환이다. 이 편두가 외계인을 상징하게 된 이유는 계급사회가 되면서 지배 계층이나 제사장이 자신의 선민의식을 강조하기 위하여 스스로 하늘에서 내려온 자를 자처하고 머리 형태를 특이하게 한 것에서 유래한 것이다. 지금도 왕이나 귀족을 하늘이 내린 신분으로 생각하고 신격화하는 나라가 남아 있다. 하물며 고대에는 자신을 별이나 태양에서 내려온 사람으로 자처하고 의식을 했음은 말할 것도 없다. 이러한 인간 수천 년의 풍습이 20세기 후반 우주비행 기술이 발달하며 외계인설로 바뀐 것이다.

외계인은 필요 없다

지금도 수많은 고고학 유물이 발견되며 문명에 대한 우리의 상식은 바뀌고 있다. 다만 그러한 발견이 공인되기 위해서는 수많은 시간과 노력이 필요하다. 최근까지 토기는 신석기시대에 만들기 시작했다는 것이 정설이었다. 그런데 일본과 러시아 연해주 지역에서 1만 년 전 토기들이 나오더니, 최근 중국 양쯔강 남쪽 셴런둥仙人洞 유적에서 2만 년 전의 토기가 미국과 공동 연구로 밝혀졌다. 이제 구석기시대에도 토기를 만들었다는 것은 상식이 되고 있다. 또한 튀르키예의 괴베클리 테페 유적에서 발견된 거대하고 찬란한 신전도 구석기시대에 해당하는 약 1만 2,000년 전에 만들어졌음은 이미 학계에서 널리 공인되었다.

바야흐로 우리가 생각하는 고대 문명에 대한 통설은 빠르게 바뀌고 있다. 그런데 이러한 전환은 갑자기 이루어지 않으며, 수십 년간의 꾸준한 연구와 교차검증을 통해서만 가능하다. 구석기시대의 토기는 이미 1960년대 이후 50여 년간 국제적인 논쟁과 연구가 이어졌고, 괴베클리 테페 유적의 발견을 위해서는 30년간의 연구가 필요했다. 이런 신중함이 없이 한두 개의 증거를 들어 전혀 새로운 고대사를 주장하고 기존 학계를 불신한다면 마치 한 알만 먹으면 불치병을 고친다는 사이비 약 광고와 다를 바가 없을 것이다.

UFO와 달리 고대 문명의 연구는 단순한 호기심 거리를 넘어서 역사 인식을 형성하는 데에 중요하기 때문에 사회에 끼치는 영향이 매우 크다. 고대 문명은 언제나 사람들의 무한한 상상력을 자극한다. 하지만 그 고대 문명의 진실을 얻는 과정에서는 최대한 그 상상력을 억제해야 한다. 제대로 된 근거가 없이 고대사에 제기하는 허황된 주장은 결국 유행 지난 UFO 현상처럼 시들기 때문이다. 지금도 수많은 고대의 유적이 발견되고 우리의 상식은 깨지고 있다. 그들을 실체도 없는 외계인에 억지로 연결시키지 않아도 충분히 우리의 과거는 매력적이다.

미라 저주의 진실

1. 1922년에 투탕카멘의 미라를 발굴한 직후 발굴에 연관된 수많은 사람이 죽었다.
2. 몽골 정부가 칭기즈칸의 무덤을 은폐하는 이유는 대칸이 노해서 몽골에 재앙이 내리기 때문이다.
3. 러시아 알타이에서 얼음공주 미라를 발굴하자 신의 분노를 사서 큰 지진이 발생했다. 그래서 전시된 미라는 샤먼이 허락한 날에만 공개된다.

몇 가지 흔히 인터넷이나 유튜브에서 도는 대표적인 고고학

얼음공주라는 별명으로 불리는 알타이 샤먼의 미라.

관련 이야기의 몇 가지를 정리해보았다. 짐작했겠지만 대부분은 사실과 다르다. 사람들이 미스터리만 좋아해서 그렇지 고고학과 관련된 여러 도시 괴담에 대해서는 사실 많은 책이 출판되었고 약간만 검색하면 그 실상을 파악할 수 있다.

그런데 3번의 뒷부분은 놀랍게도 사실이다. 실제로 알타이 정부가 관할하는 박물관에 보존된 알타이의 미라가 처한 현실은 사람들의 잘못된 믿음이 어떻게 유물에 영향을 미칠 수 있는지 보여주는 좋은 예가 된다.

2,400년 전 유목민족의 샤먼

도대체 얼음공주라는 이름으로 불리며 알타이공화국에서 지역 정부 차원에서 숭배를 받는 미라의 실체는 무엇일까? 여기에 신비로운 이야기가 끼어들 틈은 사실 없었다. 그녀의 살아생전 역할과 사인 등 많은 사실이 이미 고고학자들에 의해 밝혀졌다. 1993년에 2,500년 전 시베리아의 한가운데 알타이의 초원에서 유목민의 삶을 달래주던 여성 샤먼(사제)의 무덤에서 발견된 미라는 고대 초원지역의 삶을 보여주는 중요한 고고학적 발견이었다. 이 여성 미라는 '알타이의 공주'라는 이름으로 세상에 널리 알려졌다. 1995년에는 한국에서도 전시된 적이 있을 정도로 유명했지만 일반인이 알고 있는 것과 달리 이 미라는 공주가 아니었고, 그 삶도 그리 녹록지 않았다. 고고학이 밝혀낸 그녀의 삶은 무척이나 힘들고 외로웠던 것 같다. 거친 유목 전사들 사이에서 외롭게 살면서 신탁을 내리고 점을 쳤지만, 몸은 지치고 병들어서 20대를 넘기지 못하고 죽었다. 그리 크지 않은 무덤에 묻혔고 그나마도 다른 고분과 달리 따로 덩그러니 떨어져 있었다.

그녀의 무덤은 다른 유목민의 무덤과 달리 전사의 유물도 별로 없었으며 여러 약초와 의식용 유물과 함께 묻혔다. 이 미라는 발굴 당시에 얼음 속에서 발견되었고, 고고학자의 신속한 조치로 큰 손상이 없이 3,400킬로미터나 떨어진 모스크바의 미라연구소로 이송되었다. 보존 처리가 끝난 미라에 대해서는 지속적으로 연구가 이루어졌는데, 특히 MRI 조사를 통해 그녀의 지병과 사인이 밝혀졌다. 이 여성 샤먼은 어려서부터 골수염osteomyelitis을 앓았고, 사망 당시는 유방암 4기였는데 낙상을 했는지 몸의 곳곳에 심한 외과적 손상도 발견되었

7장 가짜와 진짜, 고고학을 바라보는 또 다른 시선

다. 골수염은 주로 무릎관절에 생기는데, 관절을 통해 세균 감염이 지속되기 때문에 통증도 심하고 고치기도 거의 어렵다. 평생 말을 타고 다녀야 하는 기마민족의 고질병이다. 유방암으로 몇 년간 극심한 고통에 시달려야 했고 죽기 3~5개월 전에는 낙상사고를 입어 오른쪽 어깨와 골반 뼈가 손상되는 외상을 입었다.

과학이 복원한 고대 미라

이렇듯 알타이 샤먼은 어려서부터 골수염을 심하게 앓으며 혼자 살 수밖에 없었고 대신에 집안의 가업을 이어받아 의례를 주재하고 신과 맞닿는 삶을 살아갔다. 유목민의 사제로 산다는 것은 그들과 똑같이 험난한 산을 따라 유목생활을 해야 함을 의미한다. 평생을 떠도는 유목민은 죽어서 무덤에 들어가야 비로소 영원한 이동을 멈출 수 있었다. 알타이의 샤먼도 죽기 전까지 힘든 몸을 이끌고 계속 유목을 하며 함께 다녀야 했다. 우코크 미라의 무덤에는 대마 씨, 고수, 쿠릴차(물싸리), 멘톨 향이 강한 지지포르 등 다양한 약초도 함께 발견되었다. 평소 의식에 사용하는 환각, 진통, 항균 효과가 나는 이들 약초로 고통을 달랬음을 의미한다. 남아 있는 갈비뼈의 골절 상태로 볼 때 고원지대로 이동하는 과정에서 낙상 사고를 입고 그 해 겨울에 결국 세상을 떠났음이 밝혀졌다. 그녀가 묻힌 우코크 고원은 겨울 목초지로 해발 2,400미터가 넘는 높은 곳이다.

알타이의 샤먼이 몇 달간 누워서 투병 끝에 숨을 거두자 사람들은 자신들의 앞날을 예언했던 여사제의 죽음을 애도하며 땅이 녹아 무덤을 만들 수 있을 때까지 기다리며 그녀의 모습을 온전히 하려고 염습을 했다. 기본 원리는 이집트의 미라를 만드는 법과 비슷하여 배를 갈라 내장을 꺼내고, 갈고리로 머리 속의 뇌수를 뽑아냈다. 그리고 빈 자리는 부패를 방지하는 약초들로 채우고 다시 꿰매서 원형을 유지시켰다. 피부에도 부패를 방지하는 약초를 바르고 시신이 베었던 베개와 주변에는 고수풀 같은 강한 향과 항균 작용을 하는 풀로 덮었다.

얼었던 땅이 녹는 기간인 6월이 되자 사람들은 샤먼을 위한 마지막 축제를 준비했다. 양지바른 언덕 위의 땅속 얼음을 깨어 그녀의 무덤을 만들고 그녀가 평소에 입었던 옷과 화려한 머리장식을 갖추어서 통나무 관에 넣었고, 저승에서도 똑같이 살기를 바라며 그녀가 살아생전 천막의 벽에 걸었던 펠트와 각종 집기를 넣었다. 관의 옆에는 생명의 원천인 우유를 담은 토기와 저승에 가서 먼저 간 친척들과 잔치를 벌이기 위한 양고기 요리를 넣는 것도 잊지 않았다. 그녀와 함께 천상에 올라갈 말들을 화려하게 치장하여 무덤 위에 순장했다. 사람들은 병이나 아픔이 없는 저승에서 푸른 목초지와 여러 약초가 피어 있는 초원에서 행복하게 살기를 바랐을 것이다.

알타이 미라의 저주인가, 미신인가?

무덤에 묻힌 2,400년 전의 사람을 이렇게 생동감 있게 묘사할 수 있는 것은 미라 상태로 완벽하게 발견된 것이 첫 번째 이유이고, 그 자료를 수십 년 동안 현대 과학기술의 힘으로 분석한 고고학자의 노력 덕이다. 하지만 이렇게 알타이의 미라가 세계적인 발견품이 되자 사람들은 마치 이집트의 투탕카멘왕의 발굴에서 그랬듯이 '미라의 저주'를 이야기하기 시작했다.

우연의 일치인지 미라가 발굴된 지 10년 뒤인 2003년과 약 20년 뒤인 2012년에 실제로 우코크 고원 근처에서 진도 7의 큰 지진이 일어났다.

노보시비르스크에 소재한 시베리아과학원 고고민족학연구소에서 보존·전시 중이던 미라는 결국 2012년에 알타이공화국에 반환되었다. 그 이후 알타이의 얼음공주 미라는 고르노알타이스크에 소재한 박물관에서 보관하게 되었다. 사실 문화재속지주의(문화재는 발견된 곳에서 보존하도록 함)는 합리적인 판단이다. 다만 이후 알타이공화국은 수많은 천재지변과 그에 따른 피해를 알타이 미라의 저주로 돌렸다. 2016년에도 강진이 발생하고 2020년 코로나19가 세계적으로 창궐할 때도 어김없이 그녀의 저주에 대한 이야기가 나왔고, 샤먼은 그녀가 발굴된 곳을 찾아가서 위령제를 지냈다. 문제는 이러한 미라의 저주에 대한 우려를 개인이 아니라 지역 정부 차원에서 벌인다는 것이다. 지역 언론은 땅속에서 안식을 취하던 고대 샤먼을 깨워서 그녀가 노했다면서 미라를 다시 묻어야 한다고 항의하기 시작했다. 자신들의 조상인 얼음공주의 안식을 방해했으니 나라에 조만간 큰 화가 닥칠 것이라고 알타이의 샤먼이 경고했기 때문이다. 그리고 이런 항의는 일부 받아들여져서 박물관에 있는 미라는 샤먼이 정한 길일에만 공개되고 있다.

미라를 원래 발굴된 지역에서 전시하는 것은 환영할 일이다. 하지만 과거 유목민의 생활을 연구할 수 있는 중요한 자료가 단순히 미신 때문에 재매장될 상황에 처하는 건 비극이다. 사실 현재 알타이인은 13세기에 처음 등장하는 몽골시대의 한 부족이었던 오이라트족이 기반이다. 이들이 우코크 고원 지역으로 이주한 건 파지릭문화 이후에 흉노, 투르크, 몽골 시대를 거치고 난 직후이다. 파지릭문화로부터 2000년 가까이 지난 후이며 형질적으로도 전형적인 몽골로이드에 가깝다. 반면에 알타이의 미라는 여러 계통이 섞여 있지만 대체로 이란 계통과 토착 몽골로이드 혼혈로 보고 있다. 어쨌거나 직접적인 관계는 거의 없다. 하지만 사람들은 지진과 미래에 대한 불안감을 해소하기 위해 어떻게든 구실을 찾아야 했고, 미라가 여기에 동원된 것이었다.

사실 알타이만의 문제가 아니다. 지금도 이집트를 비롯하여 미라가 등장하면 수많은 음모론과 저주가 등장한다. 그런 저주를 믿는 것을 단순히 개인의 선택이라고 보기 어렵다. 유튜브나 황색저널에서는 자극적인 콘텐츠가 선호되기 때문에 제대

7장 가짜와 진짜, 고고학을 바라보는 또 다른 시선

로 된 정보를 찾기가 너무 어렵다. 여전히 고고학자는 전체 사회에서 극히 소수여서 그들의 이야기는 널리 알려지지 못하기 때문이다. 고고학의 목적은 과거 사람의 삶을 밝혀내는 것이다. 겉보기엔 흉해도 과거 인간의 삶에 대한 정보가 담겨 있는 미라는 무엇보다 소중한 유물이다. 저주 같은 이야기에 현혹되기에는 미라가 알려주는 생생한 삶이 우리 눈앞에 있다.

2   태초에 창조론이 있었다

 고고학을 하면서 안타까운 때가 한두 번이 아니지만, 특히
나 종교적인 신념으로 고고학과 고고학자의 연구에 회의적인
시각을 볼 때 많이 아쉽다. 지금도 종종 고고학자의 발굴은 다
잘못되었으며 인간의 역사는 6,000년을 넘지 못한다는 주장을
찾아볼 수 있다. 사실 고고학자에게 이런 이야기는 낯설지 않
다. 이것은 중세 이후 수백 년간 서양을 지배해온 생각이었고,
고고학은 그런 편견을 극복하며 발전했기 때문이다.

 지구의 역사는 6,000년일까?

 20세기 초반까지도 고고학자는 인류의 역사가 언제부터 시
작되었는지 연구하는 데에 많은 제약이 있었다. 그 이유는 서
양 사회를 지배해온 창조론 때문이었다. 성경을 글자 그대로

해석해서 천지창조를 글자 그대로 믿는 시각이 강했다. 심지어 최근에도 그런 주장을 믿는 사람이 있다. 몇 년 전에 어떤 장관의 청문회를 하는 과정에서 창조론이 등장해서 화제가 된 적이 있다. 자연과학을 다년간 연구한 어떤 교수 출신 후보자가 정작 지구의 역사는 6,000년이라는 시각을 보였기 때문이다. 물론 후보자는 그러한 이야기를 신앙 차원에서 했을 뿐 진화론도 존중한다고 설명했지만 많은 사람은 진지하게 지구의 역사를 6,000년이라 믿는 사람이 생각보다 많다는 것에 놀라움을 느꼈다.

근대까지도 서양 사회에서 지구 역사 6,000년설은 너무나 당연한 것이었고, 그것을 비판할 시에는 엄청난 비난과 고통을 감내해야 했다. 사실 지구 역사 6,000년설을 본격적으로 주장한 대표적인 사람은 아일랜드의 제임스 어셔James Ussher로, 그는 성경을 역산해서 기원전 4004년 10월 23일 오전 9시 30분에 세계가 창조되었다고 보았다. 성경의 〈창세기〉에 나온 사람의 나이와 사건을 역산한 결과라고 한다. 어셔 이외에도 17세기에 성경으로 지구의 연대를 산출하려는 사람은 많았고, 대부분 기원전 4000년 전후로 생각했다. 구약을 제대로 읽어 본 사람은 알겠지만, 구약의 내용만으로 대체적인 수준에서라도 연대를 추정하기는 결코 불가능하다. 절대로 이렇게 자세하게 나올 수 있는 정도의 정보는 없다. 상당 부분은 자의적인 해석에 근거한 것이다. 그럼에도 당시 신학자가 6,000년 전(즉 기원전

4000년)으로 지구의 역사를 보고 싶었던 데에는 성경의 구절을 한 자 한 자 사실로 믿고 해석하는 축자주의逐字主義에 근거한 것이다.

예컨대 신약 〈베드로후서〉 3장 8장 구절 "사랑하는 자들아 주께는 하루가 천 년 같고 천 년이 하루 같다는 이 한 가지를 잊지 말라"나 구약 〈시편〉 90장 4절에 나온 "주의 목전에는 천 년이 지나간 어제 같으며"라는 표현에 근거한다. 이 구절을 문자적으로 해석하면 하느님의 하루는 천 년에 해당한다. 그리고 하느님은 6일 만에 세상을 창조했으니 지금부터 6,000년 전에 대략 지구가 만들어졌다는 뜻이 된다. 이런 역법은 중세 시대 유럽에 널리 퍼져 있었다. 별다른 연대 추정 방법이 없었기 때문에 성경에 나온 문구를 글자 그대로 믿어서 지구의 역사를 추정해왔다. 게다가 나라마다 자기의 입맛에 맞는 창조설을 믿었다. 이를테면 러시아에서는 기원전 300년경에 정리된 《70인역의 성경septuagint》에 근거해서 기원전 5508년에 지구가 창조되었다고 믿었다. 러시아에서 이 70인역의 비잔틴력Byzantine calendar을 믿은 이유는 몽골의 침략과 관련이 있다. 러시아는 1236년에 시작된 칭기즈칸의 손자 바투의 침략으로 금장한국(킵차크한국)의 지배에 놓였다. 그리고 지긋지긋한 200년 몽골의 지배를 벗어나 15세기 중반이 되어서야 독립하고 '모스크바 대공국'을 건설했다. 전통적으로 러시아에서 몽골로부터 완전한 독립을 이루는 시기는 1480년이다. 그러니 역사가들은 이 사건을 하느님이 예비하신 사건이라고 생각하게 되었다. 창조 시기에 관한 여러 설 중에서 기원전 5508년 설을 따르면 공교롭게 러시아가 완전한 독립을 이룬 1480년은 천지창조 후 6,988년, 거의 7,000년이 된다. 성경에 나와 있는 하느님의 하루는 지상의 천 년이라는 설을 대입하면 하느님의 일주일이 끝나고 새로운 시대가 도래하는 것이다. 그러니 타타르의 지배를 종식하는 것은 바로 이러한 하느님이 이 세상을 구원하기 위한 큰 사건에 맞추어진 셈이다.

얼핏 들으면 예전 사람의 비과학적인 생각이라고 할지 모르겠다. 하지만 이러한 사고는 단순히 지나간 믿음이 아니라 지금도 우리 안에서 일상다반사로 일어나고 있다. 오늘날에도 수많은 사이비종교는 자신의 해석에 맞추어서 종말론을 주장하고 미래를 예언한다. 1980년대에 한국과 일본을 강타했던 노스트라다무스의 1999년 지구멸망론, 그리고 마야력을 해석하여 나타난 2012년 세계종말론 같은 이야기가 사실은 자기의 입맛에 맞게 다양하게 역법을 추산하고 숫자에 의미를 부여하며 자신의 역사 해석에 신성과 권위를 부여한다는 증거이다.

"모든 것은 중세에 발생했다!"

중세의 학자는 극히 단편적인 증거를 확대 해석해서 연대를 자신의 마음대로 정해버렸고, 그것을 종교적인 권위로 모든 사람에게 강조했다. 사실 이런 식의 유사과학psedoscience이 세계 곳곳에서 그 영향을 미치고 있다.

러시아에서는 10월혁명 직후에 유사역사학자가 등장했으니, 바로 레닌Vladimir Ilyich Lenin과 함께 혁명을 주도한 모로조프Nikolai Morozov라는 과학자였다. 그의 유사역사학은 황당한 역사 해석에서 시작되었다. 모로조프의 방법은 중세 신학자들이 주장한 '6,000년설'과 크게 다르지 않았다. 그는 1921년에《크리스토스》라는 책을 통해 예수님이 십자가에 달린 시점의 월식과 일식을 근거로 예수는 실제로 5세기에 살았다고 주장했다. 심지어 '타타르의 멍에'라 불리는, 1240~1480년간 러시아가 몽골 킵차크한국의 지배를 받았던 시기도 아예 존재하지 않았다고 하는 황당한 주장이었다. 하지만 모로조프는 소련 시절 영향력 있는 당원이었기에 자신의 책을 출판할 수 있었고, 그의 유사역사관은 최근에도 러시아에서 포멘코Anatoly Fomenko라는 수학자로 이어졌다. 포멘코는 모스크바대학 수학과 교수이며 러시아과학원의 정회원으로 선발될 정도로 자신의 학문에서는 큰 성과를 인정받았다. 그런데 그는 자신만의 기법으로 개발한 계산법에 따르면 고대 로마, 이집트, 그리스도의 탄생 등이 모두 중세에 일어난 일이며, 실제로 이 세상의 역사는 1,000년 정도밖에 되지 않았다고 주장한다. 그는 모든 고대 문명의 연도를 완전히 다르게 작성해서 혼란을 주고 있다.

포멘코의 황당한 주장은 일고의 가치가 없을 정도였지만 그는 언제나 자신의 전문인 수학 연구를 통해서 쌓은 여러 직위를 강조하고 '수학 전문가'이기 때문에 다른 역사학자와는 다르다는 억지 논리를 내세웠다. 그의 이러한 황당한 주장은 일반인의 관심을 끌었고 2011년 이후 그의 책은 수십만 권이 팔렸다. 그리고 진정한 역사와 엉터리 역사가 섞여 있는 주장 속에서 피해자는 제대로 된 판단을 하기 어려운 젊은 사람들이었다.

한국도 비슷한 경우가 있으니, 우리나라 사람은 입버릇처럼 '반만 년 역사'를 이야기한다. 그 근거는 사실 매우 빈약하다. 《삼국유사》의 '단군신화'를 기원전 2333년으로 간주하고 그에 근거해서 우리 민족의 기원을 본 것이다. 1919년 2·8 독립선언문에서는 4,300년 역사로 되어 있다. 그 후에 1923년에 간행된 박해득이 쓴 《반만 년 조선 역사》에서 본격적으로 5,000년 우리 역사라는 말이 등장했다. 지금도 반만 년 역사라는 말이 참 많이 쓰인다. 하지만 실제 한국의 역사가 5,000년이라고 생각하는 학자나 교과서는 없다. 다만 '반만 년 역사'라는 말은 식민지 시절 한국도 독자적인 역사가 있었다는 점을 강조하기 위한 상징성으로만 남아 있다.

어떤 사람은 왜 고고학자는 이런 잘못된 주장에 침묵하거나 적극적인 비판을 하지 않는지 궁금해하기도 한다. 실제로 나를 포함한 많은 학자가 다양한 매체와 유튜브 등을 통해서 이러한 의견에 문제가 있음을 설명하려고 노력한다. 문제는 학자들의 설명은 신중하고 또 자세하게 논지를 들기 때문에 일반인이 쉽게 이해하거나 재미있게 보기 어렵다는 것이다. 유튜브 같은 매체의 특성상 자극적이고 사람의 오감을 자극하는 흥미로운 주제가 더욱 인기를 끌고 검색에서 상위를 점한다. 홍산紅山문화, 고조선, 파라오의 저주 같은 주제를 검색하면 학자들이 정확하게 알려주는 콘텐츠보다는 자극적인 콘텐츠가 상위를 점하는 것이 사실이다. 문제는 또 있다. 대부분의 나라에서 고고학자는 언제나 적은 인력과 자본으로 발굴과 연구를 하며 고군분투 중이다. 수많은 발굴과 연구에 시간을 들이기도 바쁜 상황에서 어처구니없는 주장에 일일이 반박한다는 것은 사회적으로 큰 손실이다. 상징적인 연대와 실제 역사를 구분하지 못하는 역사는 고고학의 큰 걸림돌이다. 나아가 한번 잘못 형성된 과거에 대한 인식을 교정하는 데에는 더 많은 시간과 비용이 필요하다.

증거는 누적되고 반복된다

고고학자는 창조론을 글자 그대로 믿는 신학관에 맞서고, 인류의 역사를 증명하기 위해서 수백 년을 싸워왔다. 고고학이 창조론을 극복하는 첫 번째 발견은 지질학에서 이루어졌다. 18세기 아일랜드 학자 제임스 허턴James Hutton, 그리고 그의 뒤를 이은 찰스 라이엘Charles Lyell을 통해서 지층 누적의 법칙(또는 동일 과정 반복의 원칙)이 세상에 널리 알려졌다. 이 법칙은 땅에 지층은 동일한 과정으로 한 층 한 층 쌓여간다는 것이 주요 골자이다. 즉 밑에 깔려 있는 지층은 위의 지층보다 더 오래되었다는 뜻이다. 흙을 쌓아올리면 밑에 깔려 있는 것이 위의 층보다 먼저 생겼다는 원리이다. 누구나 쉽게 알 수 있는 원리가 지질학과 고고학이 탄생하는 데에 큰 공헌을 했다. 그 이전까지의 지질학적 인식은 성경의 틀에 갇혀 서 흙이 한 층씩 쌓여 지층이 만들어졌다고 생각할 수 없었기 때문이다. 이러한 연대를 믿지 않는 사람은 땅을 파고 조사하다 보면 매머드나 공룡같이 지금은 없는 동물 뼈가 나오는 경우에 '천변지이설Catastrophism'을 제기했다. 성경의 대홍수 시절에 공룡같이 거대한 동물은 노아의 방주에 들어갈 수 없었다고 설명하기도 했고, 하느님이 인간을 만들기 전에 창조를 몇 차례 했었던 흔적이라고 생각하기도 했다.

하지만 고고학 증거는 계속 나왔고, 급기야 구석기시대의 유적에서 지금은 사라진 동물과 인간의 뼈가 같이 발견되었다. 공식적으로 구석기를 최초로 발견한 사람은 프랑스의 세관원이며 고고학을 연구했던 자크 부셰Jacques Boucher de Crèvecœur de Perthes이다. 그는 1830년대에 솜므강 근처에서 50만 년 전 유적에서 구석기를 발견했다. 그리고 그의 발견은 1847년에 처음으로 세상에 공표되었다. 자크 부셰는 실제 자기가 발견한 구석기시대의 유물이 언제 만들어진 것이 제대로 알아낼 수는 없었다. 그럼에도 그가 발견한 구석기는 창조론이 믿는 6,000년 이전에 이미 사람이 존재했다는 점에서 당시로서는 세상을 뒤흔드는 패러다임의 전환이었다. 물론 기독교계는 이러한 발견에 대해 지속적으로 비판했다. 고고학자가 기존 성경 중심의 연대를 벗어나서 자유롭게 연구할 수 있었던 때는 다윈의 진화론과 마르크스의 유물론이 널리 받아들여진 19세기 후반이 되어서였다.

지금도 고고학에서 밝힌 역사의 전개와 자신이 믿는 종교적인 신념이 다르다고 고민하는 사람이 있을지 모른다. 하지만 6,000년설은 중세 이후 등장한 하나의 설일 뿐이다. 잘못된 신념은 고고학의 발달을 저해할 뿐이지만 여전히 우리 주변에는 '창조과학'을 주장하는 사람들이 많이 있다. 나는 그분들의 신념과 종교에 대한 열정을 존경한다. 그러나 안타깝게도 창조과학자가 이야기하는 고고학 자료는 19세기 고고학이 아직 걸음마 단계일 때의 수준을 벗어나지 못했고, 일부 증거만을 조합해서 만든 논리의 전개는 '초고대 문명론'이나 수많은 유사역사학자들의 이야기급이다. 역설적이게도 6,000년설을 처음 주장한 기독교의 성직자들이 고고학의 발달에 크게 공헌했다. 《인간현상》이라는 책으로 유명한 테야르 드 샤르댕 Pierre Teilhard de Chardin 신부는 중국과 만주 지역 고고학(특히 구석기)에 큰 공헌을 했다. 그리고 100여 년 전에 한국 함경북도에서도 최초로 청동기시대를 조사한 사람도 독일인 짐머만F. Zimmermann 신부였다. 기독교를 믿는 것이 현재의 고고학적인 연구를 하는 것과 전혀 배치된다고 생각하지 않는다.

유사과학에 대한 반대를 창조론이나 특정한 종교에 대한 무조건적인 반대라고 오해해서는 안 된다. 고고학에서 필요한 것은 실제 유물과 자료에 근거한 논리적인 추론과 연구이며, 어떠한 결과도 열린 마음으로 해석하는 것이다. 고고학적으로 증명되고, 지속된 연구로 검증이 된다면 어떠한 기존의 고고학적 통설에 얽매이지 않고 기꺼이 견해를 수정할 수 있는 것이 진정한 고고학자의 태도이다. 하나의 데이터를 내고 기존의 통설에서 한 줄을 바꾸기 위하여 지금도 고고학자는 수십 년을 바치고 있다. 마찬가지로 수만 점의 증거는 외면한 채 예외적이거나 잘못 인용한 증거 한두 개로 자신의 종교적인 신념을 내세우고 고고학의 연구를 부정하는 일도 없어야 한다.

3 가짜라고
다 나쁜 것은 아니다

고고학이 막연하게 땅을 파고 유물을 캐는 것이라고만 생각한다면 그것은 분명 아니라고 말해두겠다. 고고학자가 발굴한 유물과 유적은 우리 모두의 것이기 때문에 다양한 방법으로 널리 활용되어 우리와 함께한다. 고고학자가 발굴한 유적은 때로는 유네스코 세계문화유산으로 등재되어서 지역의 자랑이 되기도 하고, 때로는 전쟁에서 희생된 전사를 찾는 기법에도 동원된다. 고고학자가 발굴한 유물 역시 다양한 박물관에서 전시되어서 사람들과 함께해야 한다. 하지만 수천 년의 시간이 지나서 발견된 유물은 대부분 상태가 불안정하여 추가 손상의 위험이 있기 때문에 무작정 전시할 수도 없다. 그리고 중요한 유물은 사방에서 전시하고 싶어도 옮겨 다니기 어렵다. 그래서 다양한 방법으로 유물을 복제해서 전시하는 기법이 도입되고 있다.

위조와 복제, 비슷해 보이지만 그 차이는 하늘과 땅 차이이다. 유물은 한정되어 있고 세월이 흐르면서 그 원형이 사라지기 마련이다. 게다가 과거 유물을 직접 보고 그것을 느끼려는 사람의 욕구 또한 외면할 수 없다. 이런 이유로 유물을 진본에 가깝게 복제해서 많은 사람과 함께 그 아름다움을 느낄 수 있도록 한다면 금상첨화가 아닐 수 없다.

복제에는 또 다른 순기능도 있다. 땅속에서 수천 년 동안 묻혀서 원래의 빛을 잃어버리고 초라하게 남은 것을 다시 찬란한 모습으로 돌려서 보여줄 수 있다는 점에서 아주 중요한 기술이다. 집에 있는 낡은 흑백사진을 복원해서 생생한 모습으로 보여주는 것과 비슷하다.

〈인디애나 존스〉 같은 영화부터 우리 주변의 전시까지, 자신이 보는 유물이 진짜인지 의심을 품는 사람이 많다. 복제품과 위조품은 얼핏 비슷해 보여도 그 뜻은 완전히 다르다. 위조는 사람을 속이려는 목적으로 만드는 것인 반면에 복제는 고고학 유물을 모두가 함께 즐기면서 후대에도 그 유물을 전하기 위해서 필요한 방법이다. 제대로 전시되기가 어렵거나 여러 곳에서 모두 보고 싶어 할 때에 정교한 복제는 그 유물의 느낌을 모두에게 전하는 동시에 유물을 제대로 보존할 수 있는 좋은 방법이다. 심지어 세계적으로 유명한 유물은 복제품이 진품 못지않은 인기를 누리기도 한다. 2021~2022년에 용산 전쟁기념관에서 열린 〈투탕카멘 파라오의 비밀〉전은 오로지 모조품으로만 구성되었지만 위화감을 전혀 느끼지 못했으며 생생한 발굴 현장의 느낌을 전했다는 평을 받았다. 고고학에서 복제는 단순하게 유물을 복사하는 것을 넘어서 실제 유물을 대체하는 주요한 역할을 하기도 한다.

고구려 벽화, 진품보다 더 좋은 복제품

일반적으로 진품이 더 낫다고 생각하지만 복제품이 더 나은 경우도 있다. 바로 고구려의 벽화에 대한 이야기이다. 벽화는 땅속에서 밀폐되었기 때문에 몇천 년간 보존될 수 있었다. 하지만 개봉하는 순간 벽화의 원형은 급격하게 망가질 수밖에 없다. 사람이 드나들면 그 열기와 입김으로 무덤 방 안에는 물방울이 송골송골 맺힌다. 그리고 그 물방울이 떨어지거나 흐르면 벽에 붙어 있는 벽화의 안료도 함께 떨어지거나 번지게 된다. 아무리 조심한다고 해도 현재 기술로는 밀봉된 상태보다 더 좋게 유물을 보존하는 방법은 없다. 그러니 벽화가 발견되면 함부로 공개하지 않고 보존을 완벽히 하는 것이 제일 좋다.

그런데 100여 년 전에 발견된 수많은 고구려 벽화의 경우는 사정이 완전히 달랐다. 유물이나 벽화에 대한 제대로 된 이해가 없는 상태에서 무작정 벽화고분의 돌문을 열고 조사를 했다. 그렇게 개방되고 수십 년이 지나자 대부분의 벽화고분은 그 원형을 알아볼 수 없게 훼손되었다. 게다가 적외선카메라가 등장하기 전까지는 어두컴컴한 무덤의 실내에서 카메라로 촬영하는 것은 기술적으로 불가능했다. 20세기 전반기는 흑백카메라가 전부이니 기계로 벽화의 생생한 색감을 재현하기란 도저히 불가능하다. 그래서 당시 고고학자는 벽화를 조사하는 데에 화가를 동행했다. 카메라 같은 것이 제대로 발달하지 않았던 시절에 화가를 동원해서 벽화가 발견될 당시 화려한 색감을 그대로 재현해서 복제 그림을 그렸다. 화가가 그린 복제그림은 모사도라 불리며 발견 당시의 생생한 고구려 벽화의 모습을 가장 정확히 전한다. 지금은 이미 벽화가 많이 손상되었기 때문에 아무리 첨단 기술을 동원한다고 해도 모사도보다 더 정확할 수는 없다. 우리가 알고 있는 모습의 생생한 고구려 벽화는 바로 이 모사도에서 근거한 것이 대부분이다. 100년 전 모사도는 지금도 국립중앙박물관의 고구려실에 전시되어 있는 사신도 벽화 그림에서 볼 수 있다.

사실 이런 복제 기술은 고분벽화뿐 아니라 수만 년간 밀봉되어서 보존될 수 있었던 구석기시대의 동굴벽화에도 해당된다. 동굴벽화의 복제 기술이 가장 잘 발달된 나라도 라스코 Lascaux 동굴 같은 동굴벽화가 많이 발견된 프랑스이다. 프랑스는 수많은 구석기시대 동굴벽화를 밀봉하고, 그 근처에 비슷한 복제동굴을 만들어 관광객에게 공개하고 있다. 이 복제된 동굴마저도 사람이 많이 가면 그 그림이 손상된다는 이유로 관람객의 수를 제한하기도 한다. 프랑스의 복제 기술로 연천 전곡선사박물관에서는 정말 진품 같은 구석기시대의 동굴 벽화와 매머드 뼈로 지은 집의 복제품이 전시되어 있다. 이런 복제 기술은 유물도 보호하고 관광객도 만족시키는 일석이조의 역할을 한다.

비파형동검, 북한과 중국의 고조선 역사 전쟁

우리는 역사 시간에 고조선을 대표하는 유물로 비파형동검을 배운다. 이 비파형동검은 한국을 대표하는 국립중앙박물관의 고조선실에도 전시되어 있다. 이 중에는 휘어지고 부러져서 대부분의 관객은 그냥 지나치는 비파형동검 하나가 있다. 사실 그 유물에는 놀라운 사연이 숨어 있다. 약 60년 전에 중국의 다롄시 근처에서 발굴된 고조선의 무덤에서 북한과 중국의 학자들이 공동 조사한 발굴품을 복제한 것이다. 이 복제품에는 지난 60년간 치열하게 고조선의 역사를 밝히려고 했던 북한의 노력이 숨어 있다.

1949년에 중국공산당은 중국을 통일하면서 역사적으로 한국의 일부였던 간도 지역을 모두 차지했고, 이에 북한은 중국에 강력하게 항의하던 시점이었다. 새로 통일한 나라의 기반이 약한 중국은 북한의 눈치를 볼 수밖에 없었다. 심지어 당시 중국의 고고학 연구서에서 고구려와 관련된 부분을 자체적으로 검열해서 삭제할 정도였다. 북한은 먼저 1957년에 리지린을 베이징대학에 보내서 고조선을 연구하도록 하는 한편, 외

국립중앙박물관에 전시 중인 비파형동검. 가장 왼쪽이 조중고고발굴대가 다롄에서 발굴한 것의 복제품이다.

교 채널을 통해서 중국과 협의했다. 그 결과 1963년 6월에 북한 학자 20여 명 앞에서 저우언라이周恩來는 만주는 한국 역사의 일부라는 점을 수긍하고 중국과 북한이 만주에 있는 고대 한국사를 공동 조사하는 것을 공식적으로 승인했다. 이후 1963년부터 1965년까지 3년간 만주 일대에서 공동으로 유적 발굴을 했다. 중화인민공화국이 성립된 이후 처음이자 마지막이었던, 한국사를 위한 공동 발굴이었다. 하지만 북한이 만주의 역사를 가져가는 것에 불안을 느낀 중국과의 갈등으로 사회주의 형제라는 북한과 중국의 역사 인식은 이때를 기점으로 서로 완전히 다른 길로 가게 되었다. 북한은 고조선이라는 우리나라 최초의 역사를 얻어 갔고 중국은 강력한 중화사관으로 나아갔다. '동북공정'이라는 사업은 공식적으로 2002년에 시작되었지만, 그 발단은 1930년대 일본의 만주 침략에서 태동했고, 북한과 고조선 역사 전쟁으로 1960년대에 이미 시작되었다고 해도 과언이 아니다.

당시 중국과 북한은 발굴한 유물을 선별해서 반반씩 나누기로 했다. 그 결과 비파형동검을 포함한 중요 유물의 반은 북한에서 소장했다. 그리고 2006년에《북녘의 문화유산》이라는 제목으로 북한의 조선중앙력사박물관의 유물 90여 점이 국립중앙박물관에서 전시되었다. 그 전시품에 당시 다롄시에서 발굴한 비파형동검도 포함되어 있었다. 이후 유물을 북한으로 반환하기 전에 그 동검을 복제해두었고, 지금도 국립중앙박물관에 진열되어 있다. 비록 남한과 북한은 수많은 갈등으로 점철되었지만, 역사의 시작에 대해서는 모두 한목소리로 고조선과 비파형동검을 이야기한다. 이렇듯 볼품없어 보이는 동검 하나에 지난 60여 년간 이어진 한국과 중국의 역사 전쟁, 그리고 비록 분단되었지만 한결같은 남북의 고조선에 대한 열정이 담겨 있다.

베이징원인, 동아시아 인류의 기원을 밝히다

동아시아 인류의 기원을 밝히는 대표적인 고인류화석, 베이징원인北京猿人을 들어본 사람이 많을 것이다. 하지만 현재 진짜 유물은 없다는 사실을 아는 사람은 많지 않다. 베이징원인은 중국, 나아가 동아시아의 고인류를 대표하는 유물로서 그것이 발견된 유적은 베이징 동남쪽 저어커우뎬周口店 동굴이다. 1920년대에 처음 발견된 이래 세계적인 센세이션을 일으켰는데, 당시 중국은 혼란스러운 시절이었다. 처음에 미국의 학자를 중심으로 연구하다가 후에 그들과 협력하던 페이원중裵文中이 조사를 이어왔다. 하지만 국공내전과 일본의 중국 침략으로 혼란스럽던 시절에 이 세계적인 유산인 베이징원인의 인골이 그만 분실되고 말았다.

베이징원인의 실종은 수많은 책이 나올 정도로 영원한 고고학계의 이야깃거리이다. 1941년에 당시 일본군이 베이징을 침략하면서 급하게 이 인골을 미국으로 옮기려고 했고, 그 와중에 친황다오 항구 부둣가에서 사라져 버렸다. 지금도 CIA와 일본 공작설이 난무하는 등 수많은 가십거리가 되고 있다. 어쨌거나 분명한 점은 당시 중국도 전란으로 유물을 제대로 지킬 수 없었던 상황이었다. 그때 중국에서 고인골을 '중화민족의 역사'로 생각하면서 보물로 생각하는 일반인은 거의 없었다. 아마 베이징원인을 어떤 나라가 훔쳐갔다기보다는 그냥 전란 중에 아무도 제대로 챙기지 못한 채 분실되었을 가능성이 더 크다고 본다(부둣가의 어딘가에 묻혀 있다는 설이 가장 유력하다). 어쨌거나 수많은 공작 이전에 자기의 역사적 유물인 인골을 제대로 못 챙긴 중국에게 뼈아픈 역사가 아니겠는가.

하지만 우리는 오늘날에도 많은 베이징원인의 모습과 인골을 볼 수 있다. 사실 이것은 진품이 없어지기 전에 이 인골을 연구한 바이덴라이히Framz Weidenreich가 자세하게 떠 놓은 복

제품이다. 그는 연구의 편의를 위해서 아주 세밀하게 복제했
고, 그 덕에 지금도 베이징원인에 대한 많은 연구가 이어지고
있다.

우리 곁의 소중한 가짜

우리나라의 수많은 신시가지에는 유적 공원이 있고 복제된
그 지역의 선사시대 유적과 유물이 있다. 암사동의 선사시대
공원, 김포의 운양동 지역 등 우리 근처에는 많은 복제품이 있
다. 사실 그들은 우리가 살 터전을 짓는 과정에서 어쩔 수 없
이 발굴된 유적의 흔적이다. 단순한 복제품이 아니라 우리가
기억해야 할 옛 사람의 흔적인 셈이다.

사실 가짜와 복제품은 비슷해 보이지만 그 의미는 하늘과
땅 차이이다. 가짜는 사람을 속이기 위해서 악의적으로 만든
것이고, 복제품은 다양하게 생기는 부득이한 상황에서 진품을
대신하는 역할을 하는 것으로 박물관에서 반드시 필요하다.
진품이 사라지거나 파괴될 경우 진품을 대신하는 유물로 역할
을 하기도 한다.

고고학에 대한 관심이 높아지고 박물관도 많아지면서 전시
에도 복제품이 차지하는 비중이 많아지고 있다. 관람객 중에
서는 관람하다가 복제품이라고 하면 흥미를 잃거나 대충 보려
는 사람이 많다. 하지만 복제품이야말로 소중한 유물을 잘 보
존하고 더 많은 사람에게 진짜 유물과 역사를 알려주는 선한

복원 전시의 예. 나주 정촌 고분에서 출토된 황금 신발의 복제품.

역할을 한다. 고고학자의 고증을 거친 복제품에 대한 인식이 바뀌고 많은 사람들이 사랑할 때 우리의 역사와 문화재는 더욱더 많이 보존될 것이다.

4 공인된 유적,
   유네스코 세계유산

  고고학 유적이 세계유산이 된다는 의미는 무척 각별하다. 유네스코라는 세계 기관에서 지정하는 만큼 그 절차도 복잡하고 경쟁도 치열하다. 전 국토가 박물관이라는 말처럼 유적이 많은 우리나라지만 그중에서도 유네스코 지정 세계유산은 특별하다. 1978년에 등재가 시작된 세계유산제도의 역사는 45년밖에 되지 않지만 문화재청과 각 지자체에 세계유산을 담당하는 부서가 따로 있고, 또 매년 전 국민적인 이슈가 되기도 한다. 우리의 문화유산을 대표하는 세계유산은 어떻게 태동했고 우리는 왜 세계유산에 관심을 가지게 되었을까? 세계유산의 등장과 그 과정을 통해서 지금도 이어지고 있는 유적을 둘러싼 의미를 살펴보자.

현재 유네스코 등재 세계유산은 크게 문화유산과 자연유산 그리고 둘이 합쳐진 복합유산 등으로 구분되며, 문화유산은 흔히 세계문화유산이라고 불린다. 세계유산제도는 2023년까지 전 세계적으로 1,199개가 지정되어 명실상부한 유네스코의 대표적인 사업이 되었다.

본래 세계유산은 자기 나라의 유산을 경쟁하며 등재하는 것이 아니라 세계적인 유산을 국적을 불문하고 힘을 합쳐서 지키자는 뜻에서 시작되었다. 그 시작은 고대 문명의 발상지인 이집트의 나일강 유역이었다. 나일강은 이집트 고대 문명의 중심지인 동시에 현대 이집트인의 유일한 젖줄이다. 현대에도 이집트 전체 인구의 97퍼센트가 이 나일강 주변에 몰려 살고 있어서 고질적인 물 부족에 시달려왔다. 1950년대에 이집트 정부는 아스완댐의 건설 계획을 수립했고, 그에 따라 아부심벨 사원과 같은 세계적인 유적이 수몰될 위기에 처했다. 이에 한국을 포함한 50여 개국이 국제적으로 모금을 하고 서방 각국에서 기술을 보조해서 아부심벨 사원을 이전하는 프로젝트를 추진했다.

이 사업의 성공 직후 세계 곳곳에서 개발로 소멸되어 가는 문화유산에 대한 국제적인 공동대처가 발의되었다. 이집트는 나폴레옹의 침략 이래 근대 서구 열강으로부터 문화재의 약탈과 파괴를 가장 심각하게 당한 곳이었다. 바로 그 이집트에서

아부심벨 사원의 이전 광경.

7장 가짜와 진짜, 고고학을 바라보는 또 다른 시선

세계 여러 나라가 힘을 모아서 문화재를 보호한 것은 역사적으로 큰 의의가 있었다.

세계유산제도가 시행되면서 가장 많은 유적이 지정된 곳은 서유럽이었다. 지금도 세계유산의 절반이 좁은 서유럽에 몰려 있고 심지어 유럽에서는 경제활동에 제약이 많으니 세계유산에서 해제해달라는 청원이 등장할 정도이다. 이런 등재 유적의 편중은 세계유산 목록에 등재하기 위해 많은 절차와 행정적인 지원이 필요하기 때문에 벌어진 현상이다. 개발이 뒤처진 나라의 경우 아무리 유적이 세계적인 의의를 지니고 있다고 해도 그 과정을 처리할 인력과 재정이 충분치 않으면 등재에 적극적이지 않았다.

유럽 중심의 세계유산제도에 변화가 시작된 것은 1990년대로 경제적인 번영을 이룬 동아시아 각국이 이 경쟁에 뛰어들면서이다. 가장 적극적인 나라는 중국으로 2024년 현재 등재 유적 수가 59개인 이탈리아 다음인 57개에 달한다. 중국은 문화유산 자체가 매우 풍부하며 등재 및 심사 과정을 국가 차원에서 체계적으로 관리하고 엄청난 예산을 투입하기 때문에 선정 가능성 또한 매우 높은 편이다. 이제까지 16개가 선정된 한국은 1995년에 석굴암과 불국사가 선정되면서 본격적으로 경쟁에 뛰어들었고, 지금도 매년 다양한 지자체에서 지역 유적이 세계유산으로 선정될 수 있도록 노력하고 있다.

선정을 둘러싼 정치적 이해관계와 잡음

실제로 1990년대까지 유네스코의 세계문화유산에 대한 보편적 가치는 비교적 잘 구현되었다. 하지만 역설적으로 2000년대 이후 아시아를 비롯한 제3세계권의 국가에서 적극적으로 세계문화유산 사업에 관심을 가지고 참여하면서 예기치 않은 문제가 발생했다. 경제적인 부흥을 등에 업은 신생 국가는 경쟁적으로 자국의 문화적 유산을 관리하고 홍보하면서 자국 중심 문화정책의 일환으로 세계문화유산에 주목했다. 이로 인한 문제의 예로 고구려 문화유산을 자국의 것으로 등록하려는 중국과 북한의 갈등이 있었다. 2004년에 중국과 북한은 각각 따로 고구려를 세계문화유산으로 등록했는데, 중국은 지린성 지안시 일대의 고분을 "Capital Cities and Tombs of the Ancient Koguryo Kingdom"으로 신청했고, 북한은 "The Complex of the Koguryo Tombs"으로 따로 등재했다. 두 세계문화유산은 지역적으로 인접했고 문화적으로도 거의 동일한 고구려 수도의 벽화고분과 산성이다. 이들을 가르는 기준은 오로지 현대의 국경밖에 없다고 해도 과언이 아니다. 이런 역설적인 상황은 유네스코 세계문화유산 사업을 둘러싼 현대 정치의 한계를 극명하게 보여주었다. 자국의 문화유산을 통치 수단으로 연결시키는 현상은 여전히 지속되고 있어서 자칫하면 세계문화유산이 국가 간의 갈등을 일으키는 기제가 될 가능성마저 무시할 수 없다.

2017년에 요르단강 서쪽의 헤브론 구시가지가 팔레스타인

팔레스타인 헤브론 구시가지 전경. 2017년 세계유산에 선정되자 미국과 이스라엘이 유네스코에서 탈퇴했다.

의 세계유산으로 등재되자 이에 항의하여 유네스코 최대 지원국이었던 미국과 이스라엘은 유네스코를 탈퇴했다. 유네스코 세계유산을 정치적인 활동의 일환으로 생각했음을 반증한 것이다. 일본은 세계유산을 통해 자신의 부끄러운 과거를 지우고 '선택적인 기억'을 합리화하고자 한다. 2015년에 크게 논란이 되었던 이른바 '군함도'로 더 유명한 '메이지 산업혁명 유산'이 좋은 예이다. 유네스코는 군함도가 일본 근대화가 지닌 세계사적 상징성을 공인받기 위해서는 그 과정에서 이루어진 잘못된 역사도 모두 표기해야 한다고 결의했다. 이에 일본이 감추고 싶어 하는 강제징용 문제를 명기하는 것을 조건으로 등재시켰다. 하지만 일본은 강제징용 부분을 보란 듯이 삭제

강제징용의 역사를 은폐하려 해서 논란이 되고 있는 일본의 군함도 전경.

하여 전시해서 큰 반발을 불러일으켰다.

2022년에도 일본은 사가현의 대표적인 금광 유적인 사도광산의 신청서를 올리면서 조선인의 강제노동을 삭제하여 또다시 논쟁을 불러일으키고 있다. 또한 세계유산과 함께 최근 주목받고 있는 유네스코 기록유산에서도 일본은 '가미카제 자살특공대 유서'의 등재 추진을 공식적으로 포기하지 않았다. 가미카제에 희생된 개인에게 큰 비극이라는 점이 표면적인 이유지만, 궁극적으로 그 원인이 된 전범국으로서의 역사를 숨기려는 의도이다. 이러한 일본의 의도가 성공한다면 유대인 수용소에서 근무하던 독일 나치병의 일기도 등재 후보에 올릴 수 있다는 뜻이 된다. 최근 들어 각국의 노골적인 정치색으로 유네스코 세계유산의 취지가 근본부터 흔들릴 것을 우려하는 목소리가 높아지고 있다.

한국에서도 최근 몇 년간 세계유산을 둘러싼 경쟁은 치열하여, 각종 선거 때마다 빠지지 않는 공약으로 등장한다. 이렇게 세계유산의 선정을 기대하는 주요한 이유 중 하나는 관광에 대한 기대이다. 그런데 최근 단일 유적이 아니라 여러 유적을 함께 지정하는 경향이 강해지면서 어느덧 우리 주변에서 세계유산을 보는 것이 흔해지고 있다. 예컨대 백제유산지구의 경우 서울, 부여, 공주, 익산 등지가 함께 선정되었다. 가야나 한국의 서원도 마찬가지여서 넓은 지역에서 골고루 널리 퍼져 있다. 때로는 시가지 전체를 한번에 선정하기도 한다. 중국 베이징은 이미 일곱 개나 선정되었음에도 잠정 목록으로 베이징 구시가지北京中軸線, Beijing Central Axis를 내년에 등재하기 위하여 준비하고 있다.

앞서 말했듯이 관광자원으로 이용하기 위해 세계유산으로 선정되길 바라지만 주변에서 세계유산이 많아질수록 관광자원으로서의 희소성은 감소할 것이다. 이제 세계유산의 등재 자체에 목적을 두고 관심을 기울이기보다는 그것을 유지 관리할 비용과 효과를 면밀히 검토하는 것이 필요하다.

우리가 놓치고 있는 것들

 과도한 세계유산의 경쟁 이면에 문화유산의 파괴라는 문제
도 여전히 남아 있다. 김포 장릉과 같이 이미 지정된 세계유산
의 근처에 아파트가 건설되면서 법정으로까지 이어지는 논란
이 계속되고 있다. 세계유산에 대한 열풍과 함께 경제개발에
따른 문화재 논란도 이어지고 있다. 춘천 중도 레고랜드 부지
의 경우 청동기시대 집터 1,300여 기와 고인돌 150여 기가 발
견되었다. 한국을 대표하는 선사시대 유적으로 대를 이어서
사랑받을 법한 남한 최대의 유적이었다. 하지만 유적은 모두
발굴되었고 그 위에는 레고랜드가 지어졌다. 반면 비슷한 규
모의 일본 도호쿠에 위치한 산나이마루야마三內丸山遺 유적은
2021년에 세계유산에 등재되었다. 그리고 한국의 청동기시대
에 필적할 만한 규슈의 요시노가리吉野ヶ里 야요이문화 유적도
개발 대신에 유적 공원을 만들어 세계적인 고고학 명소가 되
었다.

 최근 경제개발에 박차를 가하는 중국도 유적의 보호에는 한
국보다 더욱 엄격하다. 2008년에는 만주 서쪽 랴오허 상류의
대표적인 청동기시대 유적인 샤자뎬夏家店 하층문화에 속하는
'얼다오징즈二道井子'라는 성터 유적이 고속도로 건설 중에 발
견되었다. 이 유적 주변에는 이미 수백 개의 비슷한 성터가 발
견된 바가 있으니 유적을 발굴하고 공사를 계속할 것으로 예
상했다. 하지만 중국 정부는 중도 레고랜드의 4분의 1밖에 안

지금은 레고랜드가 들어선 중도 유적. 이곳에는 청동기시대에만 2,000기가 넘는 주거지가 있었다.

중국 네이멍구 얼다오징즈 유적과 유적을 보존하기 위해 그 밑을 지나가는 고속도로.

되는 얼다오징즈 유적을 보존하기 위해 유적 밑으로 터널을 뚫어서 고속도로가 지나가게 하여 유적을 보존했다. 중국과 비교해도 너무 초라한 우리의 현실이 아닐 수 없다. 사정이 이러니 '중국에서 지안의 고구려 고분을 발굴하고 그 위에 놀이 동산을 짓는다고 해도 우리는 할 말이 없다'라는 자탄이 나올 지경이다.

많은 전문가는 제2차 세계대전 이후 설립된, 교육과 문화를 위한 국제기구인 유네스코가 벌인 가장 성공적인 사업으로 세계유산을 꼽는다. 그 배경에는 세계대전이 끝나고 세계 각국이 경제적으로 개발되면서 무차별적으로 세계유산이 파괴되는 것을 막기 위한 활동이 있다. 21세기에 들어서 세계유산에 대한 관심은 더 높아지고 있지만, 정작 그 원래의 취지는 희미해지고 정치적으로 악용되기도 하며, 여전히 문화재와 경제개발의 갈등은 깊어지고 있다. 단순히 세계유산의 숫자가 많은 것으로 문화 수준의 우열을 평가하기 어려울 것이다. 문화유산 등재를 둘러싼 과도한 경쟁은 잠시 멈추고 고고학 유적을 발굴하고 보존하는 진정한 목적이 과연 세계유산뿐인지 좀 더 진지하게 고민해야 할 때가 된 것 같다.

7장 가짜와 진짜, 고고학을 바라보는 또 다른 시선

8장

고고학,
미래를 꿈꾸다

1 타임머신보다 강력한
AI의 등장

    최근에 AI가 발달하면서 유물의 분류와 연구에도 새로운 바람이 예고되고 있다. 사람 못지않게 그림을 그리고 분석해내는 AI에게 만약 과거 유물의 형식을 분류하라고 하면 어떨까? 지난 2017년에 알파고가 등장한 충격이 엊그제 같은데 이제는 딥러닝에 기반한 훨씬 강력한 AI가 우리의 삶 속으로 치고 들어오고 있다. 물론 모든 첨단 기술이 곧바로 우리 생활에 도입된다는 보장은 없다. 의사로봇 왓슨처럼 처음 기대와 달리 그 효과가 그리 크지 않은 것도 있지만 자율주행 자동차처럼 차곡차곡 우리의 곁에 도입되는 기술이 늘어나고 있다. 분명한 것은 AI의 물결에서 자유로운 분야는 거의 없을 것이며, 고고학 역시 이러한 4차 혁명과 AI의 등장에 따른 변화에서 자유롭지 못할 것이다. 이 혼돈의 시대, 과연 고고학의 미래는 어

           8장 고고학, 미래를 꿈꾸다

떻게 될까?

 흔히 고고학자에게 가장 위협적인 발명품은 타임머신일 것
이라고들 한다. 이런 말에 "그런 기계가 있으면 로또를 사서
팔자를 고치지 굳이 과거 역사를 알겠습니까"라고 농담으로
받아치곤 한다. 설사 타임머신(아마 나나 이 글을 읽는 여러분이 살
아생전에 볼 일은 없겠지만)이 나온다고 해도 고고학자의 임무는
더욱 커질 것이다. 얼핏 생각해볼 때 타임머신을 타고 원하는
시간으로 타임 슬립을 할 수 있다면 굳이 힘들게 땅을 팔 필요
가 없어 보인다. 하지만 실제로는 그렇게 만만치 않다. 한 인
간이 볼 수 있는 장면과 느낌은 한정적이기 때문이다. 예컨대
수천 년 뒤의 학자가 최근에 인기 있는 BTS나 블랙핑크의 공
연을 연구한다고 치자. 최고의 인기라고 해도 음악은 각자 정
말 다양하게 느낄 것이다. 그 수백만 명의 느낌과 감상을 제대
로 정리해서 결론을 내릴 수 있을까? 지금도 같은 영화를 보아
도 서로 다른 감상평을 내놓는 판에 타임머신을 타고 다녀온
다면 그 타임머신을 탄 고고학자의 배경(예컨대 성별, 국적, 가족
관계, 종교 등)에 따라 다양한 의견이 생길 것이다. 그러니 타임
머신이 생긴다면 오히려 고고학자의 연구거리와 논쟁은 더 많
이 일어날 것이다. 당장 발명될 것 같지도 않은 타임머신에 대
한 걱정은 막연한 탁상공론일 뿐이지만 AI의 등장은 보다 더
큰 충격을 고고학계에 줄 수 있다.

 AI의 등장은 고고학에 실질적인 변화를 줄 것이다. 지금도

이미 AI는 비슷한 그림을 골라내거나 작문을 하는 데에 탁월한 능력을 보여주고 있다. 고고학자는 현장에서 유물의 기록, 분류, 실측, 보관과 같은 1차적인 작업을 하는 데에 대부분의 시간을 쓰고 있다. 이런 단순히 관찰하고 기록하는 작업의 상당수는 AI로 쉽게 대체할 수 있다. 다만 아직도 문화재 발굴과 같은 작업을 AI 로봇의 손에 직접 맡길 수 있을까 의심을 표시하는 고고학자도 있다. 하지만 내 생각은 다르다. 인간의 목숨을 좌우할 수 있는 자동차의 운전마저 자율주행에게 맡기는 상황이니 발굴을 하고 흙의 색깔이나 농도를 파악해서 층위를 가르는 작업 역시 AI의 도움을 받는 편이 나을 수 있다. 예컨대 발굴을 할 때 유물에 바코드 같은 것을 부여하면 자연스럽게 유물의 위치가 GPS로 표시되고, 이후 세척하고 보관되는 전 과정이 남기 때문에 박물관에서 유물을 관리하기에도 편할 것이며 도난도 막을 수 있다. 또한 실측이라는 과정을 통해서 일일이 유물과 유적을 그리는 대신 3D 스캔이 도입될 수 있다. 보존하기 어려운 벽화나 금방 부스러지는 유물의 경우 3D 프린터를 이용해서 발굴 당시의 가장 정확한 정보를 기준으로 복제품을 손쉽게 만들어낼 수 있다.

고고학의 가장 기본적 방법인, 비슷한 유물을 같이 묶어서 배열하는 형식학도 AI로 대체하는 것이 예상 가능하다. 딥러닝으로 이제까지 발견된 모든 발굴보고서를 학습시키고 하나의 유물이 발굴되면 그것과 비슷한 유물을 찾고 형식을 늘어

8장 고고학, 미래를 꿈꾸다

놓아서 편년을 하는 데에 도움을 주는 것은 그리 어렵지 않다. 지금도 구글 같은 사이트에서는 비슷한 이미지를 자동으로 모아서 보여주는 기능이 있는데, 그 알고리즘에 고고학적인 원칙을 조금만 더 가미하면 고고학자의 직감을 넘어서는 결과가 나타날 수 있다.

몇 년 뒤의 발굴 작업을 생각해보자. 발굴과 보고서 작성의 과정은 AI와 보조를 맞추어서 인간의 작업을 최소화하는 단계로 진행될 것이다. 현장에서 발굴을 하면 고고학자는 태블릿 PC나 스마트폰에 층위적 정보를 클릭하고, 적외선·접사카메라 등을 이용한 정밀 촬영으로 층위를 구분한다. 그 자료를 전송하면 기존에 보고된 사진과 도면을 딥러닝한 AI가 그 유물의 시대와 용도를 추정해낸다. 그리고 기존 발굴 자료를 유추해서 전체 유적의 전모를 추정해 아직 발굴되지 않은 유적의 현황을 예측할 수도 있다. 물론 이런 방법이 제대로 적용되려면 AI의 작업에서 나타난 오차를 보정하는 시간이 제법 많이 필요하다.

AI는 이미 현장에서 도입되고 있다. 파편만 남은 유물이나 유적을 AI 기법을 사용하여 전체 규모를 복원하거나 땅속에 숨겨진 나머지 부분을 찾는 데에 상당히 효과를 보이고 있다. 사실 AI가 문제를 해결하는 방법인 딥러닝은 고고학의 방법과 일맥상통한다. 고고학은 과거의 단편적인 데이터를 모아서 결과를 도출하기 때문에 많은 자료가 쌓일수록 정확하다. AI 역시 과거의 데이터를 모아서 원하는 대답을 예측하는 방식으로 딥러닝을 한다. 하나의 과거를 구성하는 고고학은 많은 자료를 분석할수록 과거 사람들이 취한 방법과 더 유사해진다. 고고학이라는 분야에서 AI의 도입이 긍정적일 수밖에 없는 이유이다. 고고학은 다른 인문학보다 가장 먼저 첨단의 기술과 과학을 받아들이면서 발전해왔고, 앞으로도 AI를 비롯한 수많은 기술에도 열린 자세가 필요할 것이다.

2 21세기의
디지털 유물들

미래 고고학자에게 또 다른 도전은 바로 21세기 우리 자산의 보존이다. 고고학은 단순히 과거 자산을 발굴하는 것에 그치지 않는다. 그 주요한 업무 중 하나는 유물을 보존하고 정리하여 미래 세대에게 전달하는 것도 있다. 그렇다면 과연 21세기에 보편화된 디지털 자산은 어떻게 유물로 전달될까도 고민해야 한다.

우리는 이제 종이 대신에 PDF로 된 문서를 읽는 예가 많아지고 있다. 그리고 스마트폰의 보급과 함께 빠르게 바뀌는 디지털 인터페이스를 따라가기도 바쁜 상황이다. 게다가 젊은 세대의 삶은 대부분 온라인을 통해 이루어지고 있다. 즉 앞으로 21세기 사람의 인생을 알기 위해서는 실제 발굴해서 나온 유물만큼이나 그들이 소통했던 디지털 증거도 소중한 시대가 될 것이다. 최근 디지털고고학이라는 분야도 각광받고 있는데, 과연 미래의 고고학자는 21세기 디지털 문명을 어떻게 발굴할지 궁금하다. 그러나 미래의 고고학자에 대한 걱정보다 급한 게 있으니, 바로 지금 빠르게 쌓여가고 있는 디지털데이터는 어떻게 보존해야 할지가 21세기 고고학자에게도 급하게 닥친 현안이다.

백남준의 예술이 보여주는 미래의 전시

고고학자와 박물관의 가장 큰 역할은 문화재의 발굴과 보호이다. 세월의 무게를 견디지 못하고 사라져가는 과거의 유물을 보존하고 지키기 위해서 첨단 과학을 동원하는 것은 이제 상식이 되었다. 그런데 가능한 한 유물은 파괴하지 않고 우리의 후손에게 전하는 것이라는 박물관의 상식에 혼란을 주는 유물이 있다. 바로 전자기기를 이용한 예술품이다. 백남준의 비디오 아트라는 혁명을 거쳐 지금 세상은 빠르게 디지털화가 되면서 한시라도 전자기기가 없으면 살 수 없는 나날이 이어지고 있다. 과연 우리는 이것들을 어떻게 보존하고 후대에 남길 것인가. AI혁명만큼이나 새로운 디지털 자산을 둘러싼 전쟁이 시작되었다.

이런 고고학자의 고뇌를 미리 보여주는 좋은 예가 있다. 바로 과천 국립현대미술관에서 전시 중인 백남준의 작품 〈다다익선〉이다. 1988년에 서울 올림픽과 개천절을 기념하여 1,003대의

TV로 쌓은 탑은 숨 가쁜 한국의 현대사를 상징한다. 나선형의 경사로를 따로 올라가면서 보이는 브라운관에는 다양한 장면이 나오고, 알 듯 모를 듯한 그 그로테스크한 작품은 과천 국립현대미술관의 대표적인 작품이었다. 하지만 세월이 지나면서 백남준이 만들 때의 브라운관은 수명이 다하고 더 이상 만들어 낼 수 있는 회사도 없다. 과연 그 화면을 LED와 같은 현대의 모니터로 바꾸는 게 맞을까, 불 꺼진 채로 그냥 두는 것이 나을까, 아니면 수명을 다했으니 폐기하는 것이 맞을까?

현대의 모니터로 바꾼다면 원래의 브라운관이라는 오리지널을 파괴하는 것이요, 불 꺼진 채로 두면 전력을 이용한 본래 비디오 아트의 성격을 잃어버린 거대한 흉물일 뿐이다. 그렇다고 버리거나 창고에 방치한다면 예술품을 없앤다는 비판을 받을 처지이다.

사실 〈다다익선〉뿐 아니라 수많은 비디오 아트 작품, 나아가 디지털 기기는 위기에 처할 운명일 듯하다. 집에 있는 전자기기도 몇 년만 안 쓰면 먼지가 쌓이고 고장 난 채 방치되기 일쑤이다. 하물며 수십 년 전의 전자기기는 어떻게 가동되는지도 모른다. 게다가 공간도 많이 차지하는데, 이들을 관리하려면 단순한 박물관 큐레이터가 아니라 수십 년 전 기계를 관리하는 기술과 인력을 갖춰야 하고, 그러려면 천문학적인 예산이 필요하다. 과연 그럴 만한 비용과 공간이 있을까? 그렇지 않아도 수많은 작품으로 넘치는 기존 박물관에서 감당하기는 쉽지 않을 것이다.

결국 백남준의 비디오 아트는 빠르게 디지털시대가 되면서 쌓여가는 유물의 보존과 관리에 대한 예언이기도 한 셈이다.

플로피디스크의 역설

고고학 유물이 보존되려면 원래의 모습과 기능을 유지하고 있어야 한다. 그런데 디지털 전자기기는 외장 케이스가 아니라 실제 그것이 작동되고 그 안의 디지털 정보가 유지될 때에 비로소 가치를 지닌다. 하지만 저장 매체는 빠르게 바뀌기 때문에 그 원래 기능을 유지하려면 많은 비용이 든다. 이제는 저장 버튼의 아이콘으로만 남아 있고 40대 이상만 실물을 접한 플로피디스크가 그 좋은 예이다. 나는 30여 년 전부터 컴퓨터로 작업하며 수많은 자료를 다양한 저장 매체에 담아왔다. 그 중에서 플로피디스크에 담긴 내 기억은 더 이상 꺼내 볼 수 없다. 이렇게 디지털 정보를 꺼내 볼 수 없다면 문화재로서의 가치가 있을까 하는 의문이 나온다.

이제 사람들도 디지털시대의 문화재가 가진 특성을 알아채기 시작했다. 최근에 NFT라고 하여 디지털에도 문화재적 가치를 부여하려고 한다. 하지만 여기엔 또 다른 문제가 있으니, 디지털시대의 기술 변화가 너무 빠르다는 것이다. 도자기, 불상 등 우리가 흔히 생각하는 어떠한 유물보다 빠르게 그 사용법이 바뀐다. 어디 그뿐인가, AI와 메타버스Metaverse의 등장으로 가상 세계의 유산도 보존할 수 있는가라는 문제도 등장한다.

디지털로 시작된 망각의 시대

디지털시대는 이제 역행할 수 없는 대세가 되었다. 여기에는 또 다른 역설이 존재한다. 기술의 빠른 발전으로 수십 년만 지나도 그 시대의 데이터를 제대로 열어 볼 수 없다. 바로 망각의 시대가 되는 것이다. 유형화된 책이나 신문이 사라지고 디지털사회가 된 지금, 만약 인터넷이 사라지고 새로운 기술이 등장하면 아마 이 시대를 기록하는 자료는 대부분 소실되는 셈이다. 그러니 정작 중요한 디지털 자료는 책과 같은 유형의 출력물로 백업해서 보존하는 것이 현실적인 대안이다. 디지털을 가장 확실히 보존하는 것은 아날로그라는 구시대의 유산인 셈이다. 지금 할 일도 많은 고고학자가 수백 년 또는 수천 년 뒤의 우리 후손들에게 남겨질 유산을 걱정하는 것은 쓸데없어 보일지도 모른다. 하지만 고고학자에게 과거와 미래는 따로 떨어진 것이 아니라 뫼비우스의 띠처럼 이어진 것이다. 고고학자의 역할은 단순히 과거의 유물을 발굴하는 것에 그치지 않는다. 우리가 가진 역사의 유물을 온전히 전하는 것이 궁극적인 고고학자의 역할이다.

3 인류세를 발굴할
   미래의 고고학자

AI와 함께 빅데이터의 시대가 도래한 21세기는 여러모로
미래의 고고학자에게 새로운 연구 기법을 필요로 할 것이다.
지금 세계는 이미 데이터와 알고리듬으로 유지된다. 그렇다면
미래의 고고학자는 남아 있는 물질문화에 반영된 빅데이터의
알고리듬을 분석해야 현대사회를 제대로 이해할 수 있을 것이
다. 또한 단순한 유물을 주로 관리하는 것을 넘어 다양한 클라
우드Cloud와 저장 매체에 기록된 여러 데이터를 분석하는 기
법도 필요하다. 아울러 현대사회는 거대한 콘크리트로 만들어
진 끝도 없는 도시로 이어져 있다. 과연 그 거대한 도시를 일
일이 발굴할 수 있을까, 또 발굴된 거대한 건축물을 어떻게 처
리할까와 같은 질문이 끝없이 든다. 사실 지금도 워낙 빠르게
바뀌고 있는 세상이라 미래의 고고학자가 어떤 일을 할지 벌

써부터 걱정하는 것은 쓸데없어 보일지 모른다. 하지만 고고학자의 입지는 줄어들지 않을 것이라는 점만은 분명하다. 고고학자로서의 안목과 식견이 더욱 많이 필요한 시대가 되기 때문에 진정한 고고학의 황금기가 도래할 수 있다.

이제까지 고고학자는 대부분의 시간을 현장에서 기초자료를 정리하는 데 소요했다. 지금도 고고학자는 현장에서 발굴하면서 유물을 정리하고 도면화하는 데 많은 시간을 보낸다. 이러한 과정을 줄인다면 고고학자는 본연의 목적인 '과거의 유물을 통해 사람의 본질을 연구하는 것'에 더 집중할 수 있다. 고고학을 요리에 비유해보자. 이전의 고고학자는 일일이 밭에서 채소를 키우고 가축을 길러 요리의 재료를 만들었다면 AI시대의 고고학자는 그런 번잡한 과정을 대신해주는 도구가 생기는 셈이다. 그렇다면 남은 시간에 더 맛있는 요리를 만들기 위하여 다양한 시도를 해볼 수 있는 것처럼 고고학자도 더 과감하게 인간의 과거를 탐구할 수 있을 것이다.

지난 1950년대 방사성탄소연대측정법이 개발되기 이전 서양에서도 고고학자는 각종 유물을 상호 비교하면서 편년을 하는 복잡한 상대 편년에 많은 시간을 보냈다. 하지만 방사성탄소연대측정법이 널리 도입되면서 고고학자는 복잡한 형식학 대신 다양한 고고학적 방법을 개발하고 도입하기 시작했다. 1960년대 이후 고고학계에 등장한 새로운 연구 방법론인 '과정고고학'도 바로 방사성탄소연대측정법이 등장해 고고학자가 단순 작업에서 해방됐기 때문에 가능했다.

미래 고고학의 전망이 무조건 장밋빛만은 아니다. 반대로 고고학은 AI의 손길이 미치지 않는 몇 안 되는 인간만의 직업으로 남을 가능성도 적지 않다. 그 둘 사이를 결정하는 것은 결국 경제 논리가 될 것이다. 고고학에 AI가 도입될 수 있는지 여부는 기술적 어려움이 아니라 과연 수백억 원의 자본을 들여서 AI와 같은 머신을 도입할 정도로 채산성이 있는가의 문제이기 때문이다. 현재 고고학이 지닌 경제 규모는 매우 크다. 우리나라의 경우 매년 건설에 따른 구제발굴의 총액이 수천억 원대에 이른다. 앞으로 남북 통일이 이뤄져 북한에 엄청난 건설 사업이 필요하게 된다면 수십 년간 수조 원대의 발굴 사업이 매년 진행될 수도 있다. 한참 경제개발 중인 러시아, 중국, 중앙아시아 등 유라시아의 신흥 경제대국에서도 대형으로 택지를 개발하고 고고학에 대한 수요가 있다면 수천 억을 들여서 문화재를 발굴하고 있다. 경제적으로 더 효과적이라는 판단이 든다면 적극적으로 AI에 기반을 둔 기술이 도입될 수도 있다. 반대로 포스트 코로나의 경제 위기로 세계경제가 침체를 맞는다면 건설 경기도 크게 위축될 것이고, 똑같이 고고학에 대한 수요도 줄어들 것이다.

19세기 서양 제국주의가 사방에 식민지를 건설하면서 시작된, 약탈하는 고고학의 열풍은 '인디애나 존스'와 같은 기형적인 영웅을 만들어냈다. 20세기 한국을 포함한 유라시아 각국은 민족주의를 앞세워서 자국 역사의 위대함을 발견하는 데 고고학을 이용했다. 그리고 21세기 디지털사회로 재편되며 고고학은 또 한번의 탈바꿈을 예고하고 있다. 과거를 통해서 미래를 예측한다는 원리는 최근 세상을 바꾸고 있는 AI에도 해당된다. AI 기술의 핵심인 딥러닝은 인간이 쌓아놓은 과거의 데이터를 학습하는 것이다. 과거는 똑같이 반복되지 않지만 각각의 다양한 모습은 우리의 현재, 나아가 미래를 살아가는 주요한 근거가 된다. 그 시야를 확장한다면 인간이 살아왔던 모든 과정은 유물로 수렴되고 고고학자는 그 유물에서 과거의 데이터를 하나씩 추가한다. 비록 그 과정은 매우 느리게 이루어지지만 이미 우리에게 도움이 되는 유의미한 연구와 저서가 나오고 있다. 유발 하라리Yuval Noah Harari의 《사피엔스》나 제레드 다이아몬드Jared Mason Diamond의 《총 균 쇠》와 같은 세계적 베스트셀러를 보자. 그들은 고고학자들은 아니지만 고고학이 연구해온 수많은 데이터를 활용하여 인간의 앞날에 대한 담론을 제기한 것이다. 단순한 과거의 삶에 대한 천착에서 인류 문명의 거대 담론에 이르기까지 고고학이 미치는 영향은 대중이 생각하는 것보다 훨씬 크다.

어쨌거나 미래에 다양한 기술이 발달한다고 한들 조상의 과거를 알고자 하는 호기심과 인간 자체에 대한 탐구 정신이 있는 한 고고학은 계속 발전할 것이다. 아무리 현대 과학이 진화한다고 해도 흙 속에서 자기 손으로 유물 한 조각을 찾아내는 기쁨, 그리고 그 순간 고고학자가 느끼는 과거와의 소통은 무엇과도 바꿀 수 없기 때문이다. 인류가 멸망하지 않는 한 고고학은 계속된다.

다시 과거로

이 원고를 마무리하던 2023년 12월 둘째 주에 나는 매년 2학기에 하는 '고고학 연구의 기초'라는 고고학 입문의 수업을 마쳤다. 고고학에 대한 이해가 전혀 없는 사학과 학생에게 고고학이 무엇인지를 처음 알려주는 전공 필수 수업이다. 그런데 수강생 중 3분의 1 정도의 학생은 타 학과 학생이다. 타 학과 학생은 아무래도 전공 이해도가 떨어지기 때문에 선뜻 수강 신청하기는 쉽지 않다. 그래서 나는 매번 학기 초에 왜 이 수업을 신청했냐고 물어보곤 하는데 대부분 "재미있을 것 같아서"라고 대답한다. 단순해 보이지만 정답인 것 같다. 나도 고고학이 재미있을 것 같아서 입학을 했고, 지금도 새로운 유적과 유물을 볼 때마다 새로운 흥미로 가득하다. 그런데 돌아보면 고고학이 주는 즐거움이라는 것은 같지만 그 내용은 계속 변화해왔다.

고고학에 처음 관심을 가질 때는 영화에서나 볼 법한 보물찾기나 고대 문명의 미스터리에 대한 관심이 컸다. 하지만 고고학을 본격적으로 전공하면서 땅속에서 산산조각 난 토기 편을 닦고 맞추는 데에 대부분의 시간을 보냈다. 그렇게 현장에서 또는 박물관 정리실에서 쉽게 지나치기 쉬운 토기들 한 점 한 점을 분석하면서 아무도 몰랐던 고대에 대한 지식이 주는 지적 만족감이 나를 즐겁게 했다. 토기 하나하나를 맞추는 과정은 과거를 통해서 우리 자신의 모습을 알아가는 과정이다. 유물 조각 하나하나가 모여서 그릇이 맞추어지면 고고학자는 다시 그 유물을 모아서 시대와 지역에 따라 과거의 문화가 어떻게 변천되었는지를 연구한다. 마치 사람 한 명 한 명이 모여서 거대한 인류의 역사를 이루듯 사소해 보이는 유물들을 모아서 거대한 과거의 모습을 완성한다.

나는 이 책에서 고고학 전공자가 현장에서 사용하는 지침서가 아니라 고고학만이 가지는 진정한 가치를 설명하고 싶었다. 사피엔스는 과거를 꿈꾸면서 살아왔기에 우리는 본능적으로 과거를 그리며 산다. 그 본능은 수천 년을 거쳐서 하나의 학문인 고고학으로 발전했고, 우리는 박물관에서, 그리고 세계유산으로 그 가치를 누리며 산다. 하지만 정작 고고학자를 제외하면 고고학의 진정한 존재를 느끼기 어렵게 마련이다. 고고학은 질문이다. 끊임없이 과거에 질문을 시도하고 답을 구한다. 파편이 되어서 침묵하고 있는 유물에서 답을 얻기 위해서 우리는 다양한 과학을 동원하고 여러 논리적인 과정을 거친다. 막연하게 꿈꾸던 과거가 아니라 구체적인 답을 얻기 위한 과정을 거쳐서 고고학은 발달해오고 있다. 그리고 그렇게 내린 결론은 언제나 새롭게 발견되는 유물로 반박되기 일쑤이다. 이러한 과정을 통해서 언제나 새로운 자료와 만나며 새롭게 등장하는 과거와 만나는 것이 고고학의 매력이다.

현실 사회에서 〈인디애나 존스〉와 같은 모험은 없다. 대신에 지구 곳곳은 고고학자의 발굴이 미치지 않은 곳이 거의 없을 정도로 지금은 수많은 고고학자가 사방을 발굴하고 있다. 하지만 박물관의 설명 어디에도 유물을 발굴한 고고학자의 이름은 찾기가 어렵다. 이 책으로 그 가깝지만 먼 고고학, 그리고 고고학자가 좀 더 친밀하게 느껴지기 바란다.

고고학은 역사학과 비슷하지만 좀 더 현대사회와 밀접하게 이어져 있다. 바로 인간의 발달과 함께 외형적인 성장을 거듭할 수밖에 없는 고고학의 특징 때문이다. 세계적인 경제 발전과 도시화로 지구 곳곳에서 건설 사업이 진행되고, 그에 따라 파괴되는 유적을 발굴하는 구제발굴은 계속 번창하고 있다. 신도시나 도로 건설을 하면 어쩔 수 없이 파괴되는 문화재를 발굴하는 구제발굴은 이미 전 세계 대부분 지역에서 고고학의 대세가 되고 있다. 그 덕에 매해 발굴 자료는 기하급수적으로 증가하고 있다. 30년 전에 우리나라 고고학자의 수는 100명 내외였지만 지금은 2,000명에 육박한다. 이들 고고학 종사자는 대부분 고고학을 전공하는 것이 아니라 발굴 사업에 종사한다. 구제발굴 사업은 대개 시간을 다투는 경제개발 사업과 연계되어 있다. 그러니 고고학 발굴이 회사나 지역 주민과 심각한 마찰을 일으키는 일이 어느덧 일상화가 되었다. 그렇게 정신없이 기하급수적으로 증가하는 유물의 양은 이미 현재 활동하고 있는 고고학자가 연구할 수 있는 양을 훨씬 초과한 지 한참 되었다. 우리가 제대로 연구할 틈도 없이 고고학 자료는 창고에 쌓이고, 또 그렇게 발굴된 유적은 개발되면서 빠른 속도로 없어지고 있다.

'전 국토가 박물관'이라는 말처럼 한국은 유적이 많기로 유명하다. 하지만 산이 많아 사람이 살 수 있는 곳은 한정되어 있다. 더하여 대형 건설 사업과 인구의 과밀로 단위 면적당 유적의 수는 세계적으로 가장 밀도가 높다. 4대강을 개발하던 2009년에 1년간 발굴에 들어간 예산은 4,900억 원이었고 10년 뒤인 2018년에는 2,400억 원 정도였다. 그리고 발굴한 유적의 수는 3,500건으로 늘어났다. 거대한 대형 사업이 없어도 고고학 발굴의 수는 꾸준히 증가하고 있다. 아울러 과거 문화재에 관한 관심이 더욱 커지고 있다. 각 지방자치체는 경쟁적으로 자기 지역의 문화재를 발굴하여 홍보를 열심히 한다. 이것은 비단 한국뿐 아니라 전 세계적인 현상이다. 최근 우리 주변에는 유네스코 지정 세계문화유산 등재를 위한 발굴 사업이 많아지고 있다. 발굴을 통해서 자기 지역의 문화재를 세계에 알리는 사업의 규모도 갈수록 커지고 있다.

고고학의 의미는 수치상 보여주는 증가에만 있지 않다. 사실 고고학의 매력은 아무도 찾지 않는 작은 것에 대한 배려에 있다. 유물 속에 숨어 있는 보이지 않는 고고학자의 노력처럼 우리 사회도 보이지 않는 사람들에 의해 움직인다. 역사에 기록된 왕이나 귀족의 이야기가 아니라 우리와 똑같은 사람 하나하나의 숨결이 깃들어 있는 유물 하나하나를 모아서 역사를 만든다. 바로 고고학은 우리와 같은 사람들을 찾아가는 작업이다.

21세기에 변하는 사회와 함께 현장의 고고학도 급격히 변화하고 있다. 앞으로 우리를 둘러싼 사회가 어떻게 바뀔지는 모른다. 하지만 인간이 자기 자신에 대한 호기심과 인간성에 대한 관심이 지속되는 한 고고학은 계속될 것이다.

사라진 시간과 만나는 법

1판 1쇄 인쇄 2024. 6. 10.
1판 1쇄 발행 2024. 6. 25.

지은이 강인욱

발행인 박강휘
편집 박보람 디자인 유향주 마케팅 윤준원 홍보 이한솔
발행처 김영사

등록 1979년 5월 17일 (제406-2003-036호)
주소 경기도 파주시 문발로 197(문발동) 우편번호 10881
전화 마케팅부 031)955-3100, 편집부 031)955-3200 | 팩스 031)955-3111

값은 뒤표지에 있습니다.
ISBN 978-89-349-3394-6   03900

홈페이지 www.gimmyoung.com   블로그 blog.naver.com/gybook
인스타그램 instagram.com/gimmyoung   이메일 bestbookgimmyoung.com

좋은 독자가 좋은 책을 만듭니다.
김영사는 독자 여러분의 의견에 항상 귀 기울이고 있습니다.